保险问道
之
行业战略布局

中国保险资产管理业协会 ■ 编著

中国财经出版传媒集团
中国财政经济出版社

图书在版编目（CIP）数据

保险问道之行业战略布局／中国保险资产管理业协会编著．－－北京：中国财政经济出版社，2022.9

ISBN 978－7－5223－1641－3

Ⅰ.①保… Ⅱ.①中… Ⅲ.①保险业－资产管理－研究－中国 Ⅳ.①F842.3

中国版本图书馆 CIP 数据核字（2022）第 142631 号

责任编辑：郁东敏　　　　责任校对：徐艳丽
封面设计：中通世奥　　　责任印制：刘春年

保险问道之行业战略布局

BAOXIAN WENDAO ZHI HANGYE ZHANLÜE BUJU

中国财政经济出版社 出版

URL：http：//www.cfeph.cn

E－mail：cfeph@cfeph.cn

（版权所有　翻印必究）

社址：北京市海淀区阜成路甲 28 号　邮政编码：100142

营销中心电话：010－88191522

天猫网店：中国财政经济出版社旗舰店

网址：https://zgczjjcbs.tmall.com

北京时捷印刷有限公司印刷　各地新华书店经销

成品尺寸：170mm×240mm　16 开　18 印张　315 500 字

2022 年 9 月第 1 版　2022 年 9 月北京第 1 次印刷

定价：68.00 元

ISBN 978－7－5223－1641－3

（图书出现印装问题，本社负责调换，电话：010－88190548）

本社质量投诉电话：010－88190744

打击盗版举报热线：010－88191661　QQ：2242791300

编 委 会

主　　　任：曹德云

编委会委员：苏罡　曹琦　丁璐莎　迟哲　白雪石
　　　　　　梁风波　郭涛

执 笔 人：（按课题顺序排序）
　　　　　　沈非若　吴浪　樊子飞　刘欣　邓安安
　　　　　　任贵菊　尹志敏　高兴　朱炜　余尚兵
　　　　　　陆悦　吴宇笛　卞松寒　李凡　滕贞旭
　　　　　　龙真真　郭文娟　陈洛霏　乞宁　吴怡宁
　　　　　　陈曧　胡焯犖　杜长春　曹珊　李子祎
　　　　　　国宇翔

统　　　稿：李书轩　乔国荣

PREFACE 前言

保险资金发挥长期资金积极作用的多重成效越来越显著,但保险资金发挥长期投资和价值投资的优势尚未充分体现。在世界百年未有之大变局的背景下,在共同富裕这一科学社会主义的价值追求下,保险资金作为长期资金,更要思考如何在新格局、新环境、新经济的背景下,通过行业前瞻战略布局更深度融入促进国家战略、实体经济、民生建设及金融市场改革的进程与发展之中。

世界经济数字化转型是大势所趋,要把握数字经济发展趋势与规律,促进数字技术与实体经济深度融合。保险资管行业也要在资产配置、投资策略、风险管理、业务拓展等关键领域,加快数字化转型探索。本书在此方向上,探索了数据科技在前台宏观策略投资中的应用,探索了数据科技如何助力数据中台设施的数字化转型,以及人工智能在养老金管理中的应用。作为大资管市场的重要参与者,近年来,保险资管的资金来源呈现以系统内保险资金为主、第三方保险资金及业外资金(统称"第三方业务")规模占比及增速明显上升的发展趋势,加快第三方业务布局成为保险资管行业未来极具潜能的发展方向,本书两个专题从不同视角对此进行了深入探讨。声誉风险对行业形象塑造与健康发展至关重要,本书专题六从风险视角出发,论述了保险资管在金融生态下声誉管理的普遍性与独特性,力求构筑行业的声誉关系网络生态系统。

本书在"2021IAMAC 年度课题"成果的基础上,精选来自阳光资产、太平资产、中国人保、泰康资产、长江养老以及协会六家机构的课题成果，以期充分展现行业对业务发展创新的总结、思考与探索，为当前形势下我国保险资管行业的转型发展提供理论参考和现实借鉴。同时，对参与协会年度课题活动的机构表示衷心感谢，希望业内外机构能够继续深入研究，形成更为丰富的研究成果，为我国保险资管行业的发展贡献力量。

中国保险资产管理业协会
执行副会长兼秘书长
2022 年 8 月

CONTENTS 目录

专题一　保险资管机构第三方业务战略布局与国际经验借鉴

第一章　我国保险资管机构第三方业务发展情况 ……………………… 2
　第一节　第三方业务的现状 ………………………………………… 2
　第二节　发展第三方业务的必要性 ………………………………… 3
　第三节　发展第三方业务面临的机遇与挑战 ……………………… 5

第二章　国外保险资管机构第三方业务发展的经验与启示 …………… 9
　第一节　全球资管市场及业务发展情况 …………………………… 9
　第二节　全球领先保险资产管理机构第三方业务发展模式与路径比较 …… 14
　第三节　全球保险资管行业发展特点与经验借鉴 ………………… 23

第三章　国内保险资管机构第三方业务的发展模式分析 ……………… 27
　第一节　保险资管机构的发展策略 ………………………………… 27
　第二节　第三方业务的目标客户及营销模式 ……………………… 29
　第三节　第三方业务产品策略布局 ………………………………… 39

第四章　保险资管机构发展第三方业务的策略及政策建议 …………… 41
　第一节　对保险资管机构发展第三方业务的策略建议 …………… 42
　第二节　对发展第三方业务的行业政策建议 ……………………… 44

参考文献 ………………………………………………………………… 45

专题二 保险资管机构第三方资管业务战略布局与国际经验借鉴

第一章　我国保险资管机构第三方资管业务发展现状 ······ 49
　　第一节　保险资管机构第三方资管业务发展概况 ······ 49
　　第二节　保险资管产品分类与发展情况 ······ 52
　　第三节　保险资管产品市场表现情况 ······ 55

第二章　保险资管第三方资管业务面临的发展机遇与环境 ······ 59
　　第一节　保险资管第三方资管业务面临的发展机遇 ······ 60
　　第二节　保险资管第三方资管业务发展政策基础 ······ 65
　　第三节　保险资管第三方资管业务发展面临的市场环境 ······ 66

第三章　国际保险资管机构第三方业务发展经验 ······ 77
　　第一节　国际保险资管第三方资管业务发展特征 ······ 77
　　第二节　国际保险资管机构产品结构与资产配置特征 ······ 80
　　第三节　国际保险资管机构第三方业务发展经验 ······ 85

第四章　国际经验下保险资管第三方业务面临的优势与不足 ······ 88
　　第一节　我国保险资管机构第三方资管业务发展优势 ······ 88
　　第二节　我国保险资管发展第三方资管业务面临的问题与不足 ······ 91
　　第三节　买方投顾引导资产管理向财富管理转型 ······ 93

第五章　我国保险资管第三方资管业务发展策略与建议 ······ 98
　　第一节　保险资管第三方资管业务布局策略 ······ 99
　　第二节　保险资管第三方资管业务产品化发展策略 ······ 100
　　第三节　保险资管行业第三方资管业务发展建议 ······ 102

参考文献 ······ 104

专题三 面向大规模多维度机构投资的数据中台建设方法与实务

- 第一章 国内外先进经验与探索 ··· 108
  - 第一节 国外领先数据平台介绍 ··· 108
  - 第二节 国内代表性数据平台介绍 ··· 112

- 第二章 投资数据中台建设方法论 ··· 119
  - 第一节 行业通用方法与面临的挑战 ··· 119
  - 第二节 数据中台与技术中台融合 ··· 124
  - 第三节 数据中台与业务中台融合 ··· 128

- 第三章 投资数据中台建设实务 ··· 132
  - 第一节 实务——技术篇 ··· 132
  - 第二节 实务——需求篇：如何平衡短期需求与长期需求，提升需求决策质量 ··· 142
  - 第三节 实务——组织篇：如何打造与之匹配的组织结构，实现中台价值 ··· 144

- 参考文献 ··· 148

专题四 数据科技在宏观策略中的应用研究

- 第一章 数据科技对宏观策略的赋能 ··· 150
  - 第一节 范式转变决定了数据科技的广泛应用 ··· 150
  - 第二节 宏观策略在数据科技时代的转变 ··· 153
  - 第三节 新冠肺炎疫情加速推动数据科技在宏观策略分析的应用 ··· 155

第二章　宏观策略中的数据科技实践　156

第一节　机器学习算法对传统数据的再挖掘　157

第二节　通过数据科技发掘另类数据　163

第三节　在数据技术下增强市场模式的识别　167

第三章　通过投资策略模型系统实现对传统投研体系的赋能　171

第一节　数据科技对传统投研体系的挑战　172

第二节　投资策略模型系统实现数据科技赋能　173

第三节　投资策略模型系统的具体实现　174

第四章　宏观策略中数据科技应用的未来展望　175

第一节　绿色金融投资中的数据科技　176

第二节　以人为中心的数据科技赋能　179

参考文献　180

专题五　人工智能在养老金管理中的应用研究

第一章　养老金管理引入人工智能的必要性　186

第一节　养老金市场的数字化转型要求　186

第二节　管理难点催生新型技术需求　188

第三节　人工智能技术不断成熟为实现养老金智能化管理提供可能　189

第二章　国内外人工智能在金融领域的相关应用现状　191

第一节　在投资方面　191

第二节　在研究方面　193

第三节　在风险管理方面　194

第四节　在交易方面　195

第五节　在智能化报告方面　195

第三章　人工智能赋能养老金管理 … 196
　第一节　投资经理画像方面 … 196
　第二节　受托直投方面 … 201
　第三节　养老金投研方面 … 204
　第四节　风险管理方面 … 211
　第五节　客户服务与运营方面 … 217

第四章　实现智能化养老金管理面临的主要限制因素与相关建议 … 222
　第一节　实现智能化养老金管理面临的主要限制因素 … 222
　第二节　相关建议 … 223

参考文献 … 225

专题六　金融生态视角下的保险资产管理业声誉网络系统建构研究

　第一节　现代声誉的理论发展及解析 … 230
　第二节　保险资产管理行业低声誉现状与问题分析 … 236
　第三节　公关生态学视角下的行业声誉建构 … 244
　第四节　金融生态视角下保险资管行业声誉网络系统建构 … 249
　第五节　金融生态视角下保险资管行业声誉关系网络价值分析 … 259

附表 1　保险资产管理行业利益相关者调查问卷 … 263

附表 2　保险资产管理行业利益相关者各项属性得分调查问卷 … 264

附表 3　保险资管行业声誉测评问卷 … 266

参考文献 … 268

专题一

保险资管机构第三方业务战略布局与国际经验借鉴

课题承担单位：中国人民保险集团股份有限公司
课题负责人：丁璐莎
课题组成员：滕贞旭　龙真真　郭文娟　陈洛霏

大资管时代，保险资管机构面临跨行业的市场竞争。在关联方保险可投资资产规模增速放缓的背景下，拓展第三方业务是保险资产管理机构扩大管理资产规模、增厚集团利润、保持市场竞争力的必然选择。本课题从我国保险资产管理机构第三方业务发展现状出发，研究借鉴全球领先的保险资产管理公司发展第三方业务的成功经验，在对国内保险资管机构第三方业务的发展策略、目标客户、营销渠道和产品策略等方面进行深入分析的基础上，提出了保险资管机构发展第三方业务的十大战略布局建议和行业政策建议。

报告的主要结论包括：一是保险资管机构发展第三方业务应围绕自身核心能力，发挥大类资产配置和固定收益投资方面的比较优势；二是重点打造以绝对收益为目标的"固收+"产品和FOF产品，打造能力标签；三是以银行、保险等机构客户为主，逐步规划个人高净值客群；四是加强与中介平台合作，丰富代销渠道；五是可通过并购迅速做大资产规模，获取客户资源和投资能力，实现跨越增长；六是加大金融科技和市场化机制的运用。从保险资管行业发展的角度，课题还提出了完善保险资管产品交易平台，加大创新支持力度，以及统筹平衡大资管制度政策，营造公平竞争环境等政策建议。

第一章
我国保险资管机构第三方业务发展情况

随着中国保险市场的快速发展壮大，保险资产管理业逐渐走向成熟，并成为中国金融市场上的重要力量。2003 年，中国首家保险资产管理公司——人保资产设立，标志着保险资产管理市场化、专业化改革进程的开启。截至 2020 年底，保险资产管理机构（以下简称"保险资管机构"）已发展至 35 家，资产管理规模达到 21 万亿元，成为中国资产管理行业重要的组成力量。随着大资管时代的来临，保险资管机构在服务保险主业的同时，加快业务创新，积极拓展市场，大力发展第三方资产管理业务，已成为大资管市场上具有重要竞争力和影响力的主体之一。

自 2005 年我国启动保险资产管理公司受托第三方资产管理业务试点以来，业务形式逐渐走向多元化，由原来单一受托管理集团内保险资金，扩展到银行资金、养老金、年金资产管理以及投资咨询、公募基金等各资产管理领域。目前，保险资管机构第三方业务的开展主要有以下形式：一是发行保险资管产品，包括基础设施债权投资计划、不动产债权投资计划、股权投资计划、项目资产支持计划及货币型、权益型、债权型等组合类产品；二是以专户的形式向银行、非关联方保险公司、主权财富基金、年金和养老金等各类资金提供资产投资管理服务；三是开展公募基金业务。随着行业发展，服务第三方的业务形式也在不断丰富和完善。

第一节　第三方业务的现状

随着行业市场化程度的不断提升，保险资管公司业务全面发展，截至 2020 年末，保险资管行业第三方资产管理总规模约 6.51 万亿元，占行业管理资产规模的 31%，占比较 2019 年提升 5 个百分点（见图 1-1-1）。预计到 2025 年，第三方资产管理规模有望达到约 20 万亿元。第三方资金中，第三方保险资金增长率为 46%、银行资金增长率为 62%、养老金增长率为 45%，远超系统内保险资金增长率（14%）。

图 1-1-1 表示 2018—2020 年保险资管公司资金规模及增长率情况

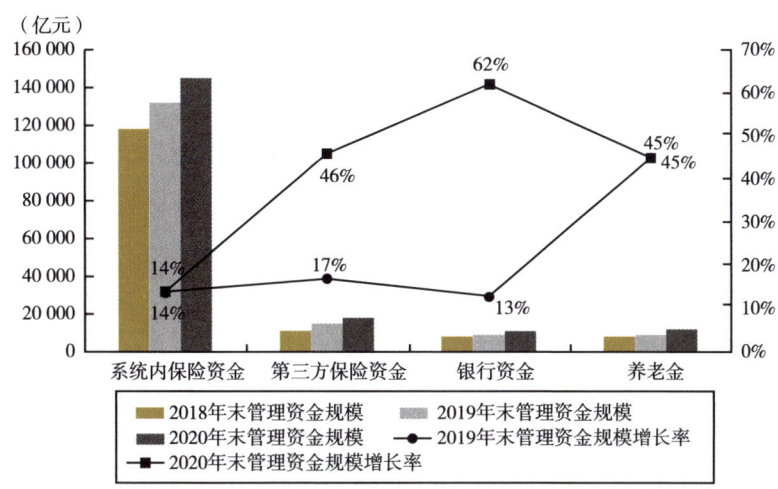

图 1-1-1　2018—2020 年保险资管公司资金规模及增长率情况

资料来源：中国保险资产管理业协会

第二节　发展第三方业务的必要性

近年来，保险资产管理机构普遍重视发展第三方业务主要有以下三个方面原因：

一、发展第三方业务是做大资产管理规模的重要途径

2010—2020 年，我国原保险保费收入呈逐年上升的趋势。增速方面，2011—2016 年我国保险保费收入增长率呈现爬坡态势，2016 年后连续两年下降，但 2019 年出现回升趋势。2020 年，全年原保险保费收入 45 257 亿元，同比增长 6.1%，低于 2019 年 6.1 个百分点（见图 1-1-2）。

图 1-1-2 表示 2010—2020 年我国保险行业原保费收入增长情况。

保费收入增长乏力，内部可投资资金增速放缓，为保险资管机构提高资产管理规模带来了压力。保险资管机构开始向吸纳业外第三方资金发力，积极扩大资金来源，银行资金和养老金等来源资金增速明显。

二、第三方业务成为增厚保险集团利润、服务集团战略的新增长点

与保险业务相比，第三方资产管理业务以收取管理费为主，属于表外业

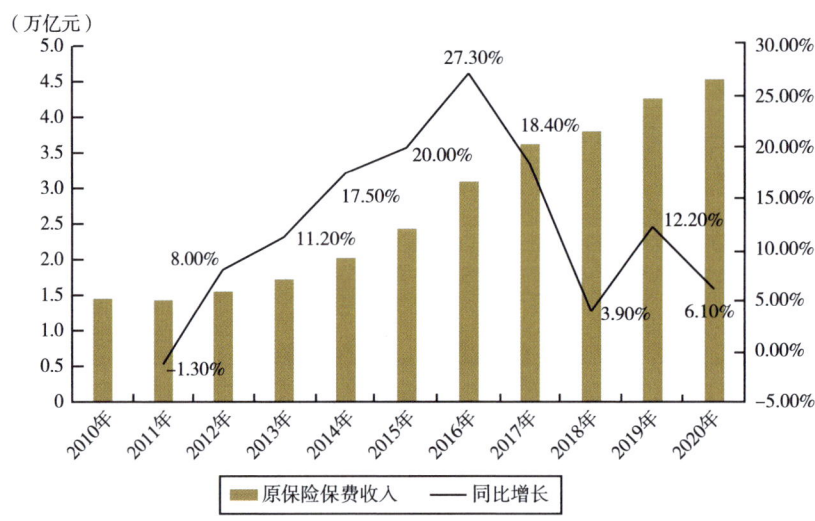

图1-1-2 2010—2020年我国保险行业原保费收入增长情况

资料来源：中国银保监会，前瞻产业研究院

务，不需要承担管理资产的投资风险，也不受制于资本监管的约束，有些产品，如股票型基金的管理费率要高于多数保险业务的利差率，是大型保险机构安全而又稳定的利润来源。因此，拓展第三方业务有助于增厚投资端对母公司的利润贡献，弥补负债端盈利周期长的劣势，更有效地保障保险主业的可持续健康发展。

三、市场竞争倒逼保险资管机构发展第三方业务

2018年资管新规落地，正式将保险资管机构与银行、基金、券商、信托等金融机构纳入统一竞争平台。随着资管行业壁垒被打破，行业边界越来越模糊，加上产品日益标准化，跨界竞争成为必然，"保险资管"这种身份特征越来越淡化，保险资管机构将面临委外规模增长，受托管理内部保险资金规模下降的趋势。同时，从专户业务来看，第三方业务管理费率高于系统内保险资金管理费率，因此，未来发展第三方业务将成为保险资管机构的重要着力点。根据国际保险业的发展趋势，国外大型保险资管机构第三方资金占保险资金运用总额的比例为50%~90%，而截至2020年末，我国第三方资金占比仅为31%，第三方业务发展空间巨大。

第三节　发展第三方业务面临的机遇与挑战

虽然我国保险资管机构第三方业务已经初具规模，但从整个资产管理市场发展情况看，还处于比较初级的阶段，面临机遇与挑战并存的局面。

一、国内居民财富呈现总量增长、增速放缓趋势

根据 Oliver Wyman 数据显示，中国个人可投资资产规模预计将从 2019 年的 160 万亿元增长至 2025 年的 287 万亿元，期间年均复合增长率为 10.3%，但增速较 2013—2017 年平均增速 17% 的水平有明显下降。增速放缓的主要原因是全球经济增长放缓，尤其在新冠肺炎疫情冲击下，外部不稳定不确定因素较多，国内周期性问题与结构性矛盾叠加，造成居民收入增长率下滑。展望未来 5 年，伴随着中国经济逐步企稳，国内私人财富整体规模的增长仍将延续，但增速将延续阶段性放缓趋势。

二、居民财富的主要构成由房地产向金融资产转变

现阶段，我国居民财富仍以房地产等实物资产为主。根据中国人民银行的测算，截至 2019 年末，我国家庭户均金融资产 64.9 万元，占家庭总资产的 20.4%，比美国低 22.1%。此外，根据瑞士信贷 2017 年的统计数据，日本、新加坡、瑞士、英国、加拿大、美国、法国的金融资产配置比例均高于我国，我国居民金融资产配置比例还有较大提升空间（见图 1-1-3）。随着人均 GDP 数值的稳步升高，居民资产配置将由使用价值为主、保值增值为辅、配置实物资产的阶段，逐步转向保值增值为主要目的、资产配置多样化，金融资产占比提升（见图 1-1-4）。

图 1-1-3 展示了 2017 年主要发达国家居民资产配置中金融资产占比。

三、居民金融资产配置以现金和存款为主，短期化特征明显

截至 2019 年末，我国居民金融资产中，现金和存款规模约为 112 万亿元，占居民金融资产的 36.1%；其次是银行理财、资管产品、信托，合计占比约为 26.6%。资管类金融资产仍以持有期限较短、流动性较强的资产为主，比如：2019 年公募基金中，货币基金规模占比达到 53.97%。这说明居民虽然持

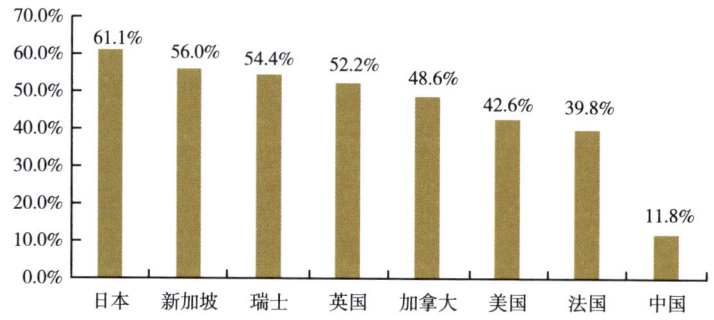

图1-1-3　2017年主要发达国家居民资产配置结构中金融资产占比

资料来源：瑞士信贷《2017年全球第三方资产报告》

有一定规模的非存款类金融资产，但持有目的仍以流动性管理为主，真正以长期投资为目标而持有的非存款类金融资产还比较有限。

图1-1-4为居民资产配置趋势。

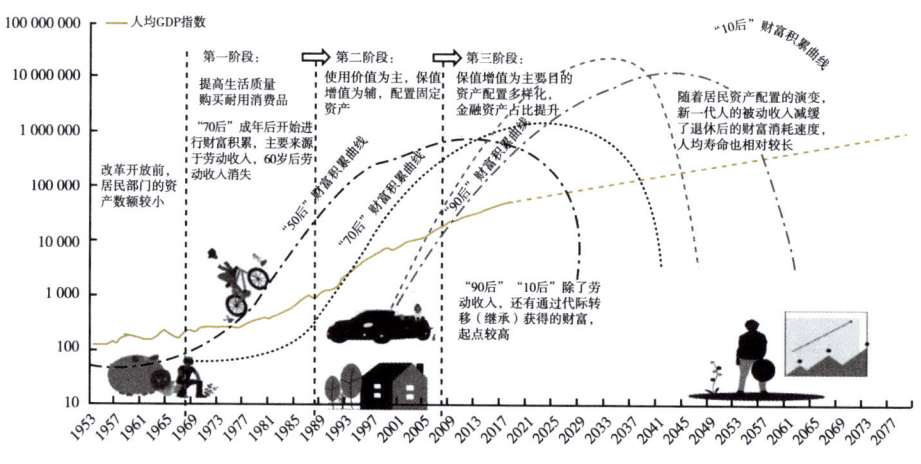

图1-1-4　居民资产配置趋势

资料来源：中金公司

图1-1-5显示2019年我国居民金融资产配置中现金及存款占比最大。

四、居民资产配置的理念还处于培育中

中国财富管理市场起步时间不长，尽管在资产积累基础上，部分居民已经开始出现资产管理需求，但是受到发展阶段和客户财富管理观念的限制，对如何理财、如何进行资产配置，大部分居民的金融知识和经验，还不足以支撑他

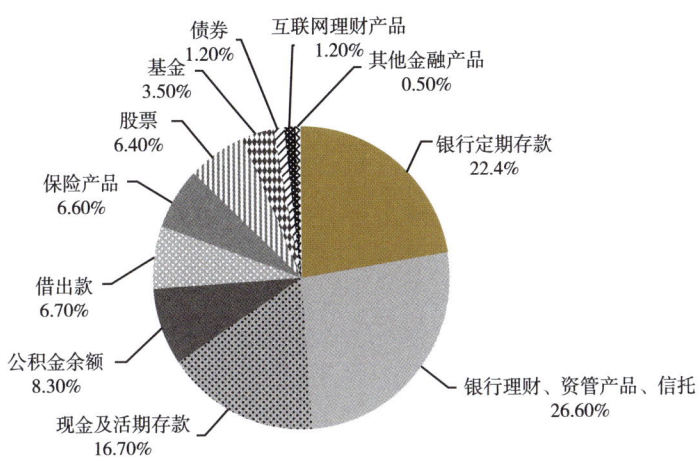

图 1-1-5　2019 年我国居民金融资产配置中现金及存款占比最大

资料来源：中金公司

们形成理性财富管理观念，资产配置的理念尚在培育中。根据波士顿咨询 2018 年对中国建设银行私人银行客户的调研和数据分析，与 2012 年相比，高净值人群的理财目标已从追求财富的较快增长转变为追求财富安全和财富保值，资产配置能力在客户最看重因素中上升到第二位，投资理念也从单独产品投资转变为资产配置的理念。

图 1-1-6 显示了高净值人群理财目标倾向于财富安全和保值，图 1-1-7 显示 2018 年资产配置能力在客户最看重因素中列第二位，图 1-1-8 显示资产配置建议是高净值客户最看重的投资建议。

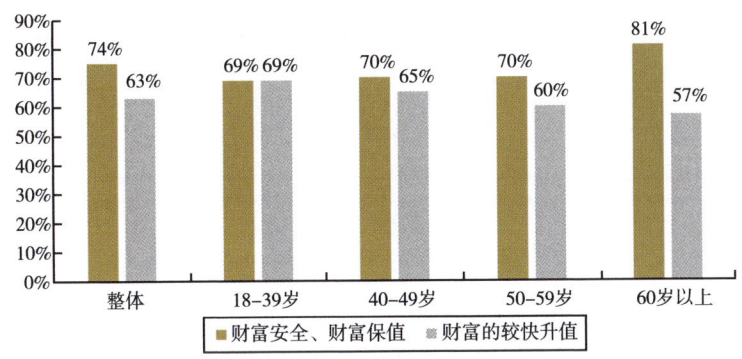

图 1-1-6　2018 年高净值人群理财目标倾向于财富安全和保值

资料来源：波士顿咨询《中国私人银行 2019》

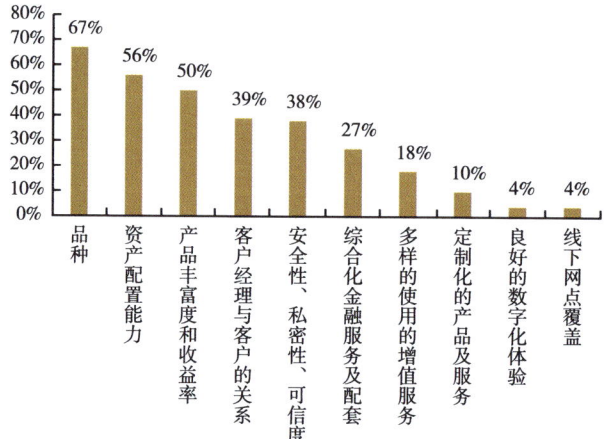

图1-1-7　2018年资产配置能力在客户最看重因素中列第二位

资料来源：波士顿咨询《中国私人银行2019》

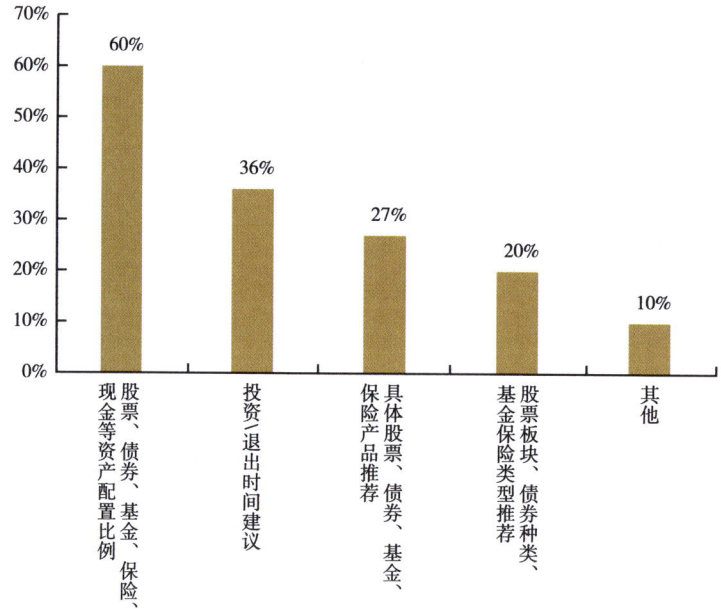

图1-1-8　2018年资产配置建议是高净值客户最看重的投资建议

资料来源：波士顿咨询《中国私人银行2019》

第二章
国外保险资管机构第三方业务发展的经验与启示

第一节 全球资管市场及业务发展情况

一、全球资管业发展沿革

全球财富资管市场起源并初步发展于欧洲，快速发展并成熟于美国，目前逐步向亚洲转移。从全球长周期视角看，资管市场起源于欧洲，16 世纪，瑞士日内瓦出现第一代私人银行家。在法国的一些经商贵族旅居瑞士日内瓦后，由于其与欧洲其他国家贵族有着密切联系和客户关系，又有保护自身财产安全的需求，第一批从事财富管理业务的私人银行家在瑞士诞生，主要服务于 20 万美元以上的超级富翁家族。

发展于美国，19 世纪中后期，财富管理业务发展、家族办公室兴起。随着工业革命的蓬勃发展，美国开始崛起，成为世界工业大国，大量财富被创造出来，由此也产生了数量众多的富豪和富豪家族。以花旗银行、J. P. 摩根为代表的私人银行开始向富裕阶层提供各项财富管理服务。同时，通过家族办公室对家族事务和传承进行管理的模式也日益兴起并延续至今。

逐步开拓至亚洲，20 世纪，区域性财富管理中心崛起。20 世纪 60 年代起，亚洲"四小龙"和"四小虎"的崛起，使得亚太地区的私人财富急剧膨胀。欧美私人银行巨头陆续进入亚太私人银行市场开辟业务。

20 世纪末，亚洲财富管理业务迅速增长，并逐渐形成中国香港、新加坡、日本、韩国等区域性财富管理中心。进入 21 世纪，随着中国经济持续保持在两位数以上的增长，资本市场快速扩容，我国居民财富随之快速积累，财富管理概念被引入，需求也日益增加。

从美国财富和资产管理发展看，截至 2019 年末，美国各类金融机构数量超过 5 100 家，其中，商业银行机构超 4 500 家，储蓄机构约 600 余家；公募基金机构超过 800 家。究其原因，20 世纪 80 年代后美国国内技术创新活跃，利率、汇率、大宗价格趋于稳定，经济和金融都进入发展快车道推动了财富增长。此后，1999年《金融服务现代化法案》通过后，商业银行、投资银行和保险公司边界打破，投资范围和品种也扩展到私人股权基金、风险资本、对冲基金、结构性金融产品等。

二、多重宏观因素共同推动全球资管市场发展变迁

一是需求端推动。经济发展的规模、质量和速度对本国财富管理规模具有基础性和根本性影响。正是因为美国、欧洲的国内生产总值及人均国民收入较高，使其具备了形成并发展财富管理的土壤，而财富积累必然会推动资管业务和机构的发展壮大。二是金融市场发展中形成的有效供给。本国金融市场发展程度、对外开放程度和投资管理能力决定了是否能够满足全球高净值主体对财富管理需求的要求。欧美发达经济体的头部金融机构经受了经济和金融周期中多次全球或区域性金融危机考验，综合实力处于全球顶尖水平，能够全方位满足全球财富管理的需求。以全球系统重要性金融机构为例，美欧日银行合计占有25家全球系统重要性银行（共29家）和8家全球系统重要性保险机构（共9家）。三是金融监管和治理的影响。例如，第二次世界大战前，国际金融中心处于伦敦；第二次世界大战后，随着以美元为中心的国际货币体系建立，美国取代伦敦（欧洲）成为新的全球金融中心，继而进一步推动美国金融创新和金融监管放松。同时，IMF、World Bank、Basel、IOSC、IAIS等国际组织，对国际金融监管标准与原则的制定，也深刻影响国际财富资源配置。

三、全球资管市场及业务的发展现状

一是市场规模持续增长但与全球经济关联密切。市场规模上，综合部分国际咨询机构数据[①]，全球资管业规模自2014年起至2017年末处于平缓增长期，截至2017年末全球资产管理规模达到约82万亿美元。2018年，受全球贸易单边主义抬头、英国脱欧"悬而不决"地区地缘政治紧张等不利宏观因素同频共振，全球资本市场剧烈震荡导致金融资产价值缩水，资产管理总规模约80.5万亿美元，同比增速首次下降。2019年随着中美经贸关系有所缓和及资本市场回暖，全球资产管理行业逐步走出阴霾，资产管理规模约92.7万亿美

---

① 资料来源：综合安永中国、麦肯锡咨询公司、波士顿咨询公司，与实际值有微小差异。

元，同比增速创近年来最高；2020年受新冠肺炎疫情全球大流行冲击，全球经济出现短时急剧收缩，财富管理行业也受到一定影响，增速有所回落，但仍然呈增长态势，达到了约102万亿美元。

市场主体上，根据《Investment & Pensions》（以下简称 IPE）数据，截至2019年末，全球资产管理规模前20的机构共管理资产约39.61万亿欧元，其中，保险系占4家[①]，占比20%；银行系占8家，其他资产管理机构占8家；从地域分布看，美国占比14家，欧洲5家，亚洲1家。截至2020年末，全球资产管理规模前10的机构共管理资产约29.79万亿欧元，其中，保险系1家，占比10%；银行系占5家，其他资产管理机构占4家。从地域分布看，美国占比9家，欧洲1家。总体看，美国由于其完备的金融基础设施、全球金融中心等得天独厚的地位、便捷的全球交易要素等，目前仍然是全球头部资产管理公司的主要聚集地。

图1-2-1显示了2014—2020年全球资产管理规模和同比增速。

表1-2-1显示了2019年全球资产管理公司排名。

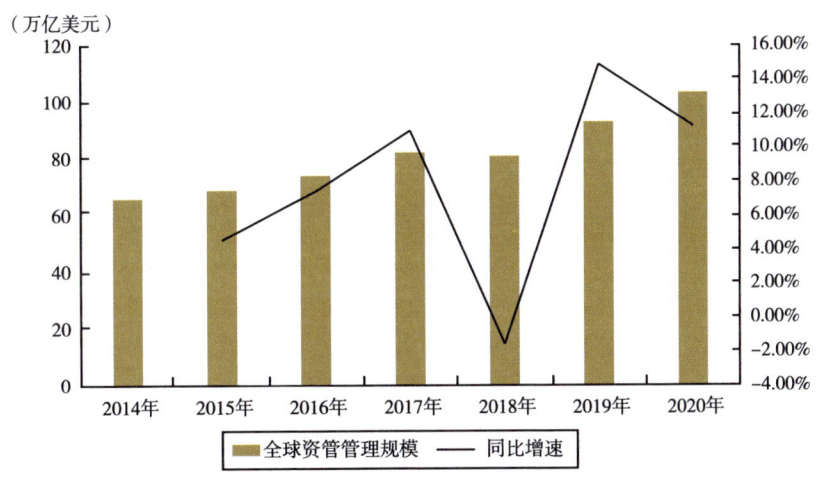

图1-2-1 全球资产管理规模图谱

资料来源：波士顿咨询公司（BCG），人保资产整理

[①] 保险系资产管理公司中，安联投资管理、安盛投资管理、法通投资管理公司和保德信金融分别居于第5位、第10位、第12位和第13位。

保险问道之行业战略布局

表1-2-1 2019年全球资产管理公司排名

排名	名称	中文名称	管理规模（万亿欧元）	国别	性质
1	Black Rock	贝莱德	6.70	美国	基金系
2	Vanguard Asset Management	先锋资产	5.63	美国	基金系
3	Fidelity Investments State Street Global Advisors	美国富达投	2.85	美国	基金系
4	State Street Global Advisors	道富环球	2.78	美国	银行系
5	Allianz Asset Management	安联投资	2.27	德国/美国	保险系
6	Capital Group	资本集团	1.83	美国	基金系
7	J. P. Morgan Asset Management	摩根资产	1.81	美国	银行系
8	BNY Mellon Investment Managemen	梅隆投资	1.71	美国	银行系
9	Amundi	东方汇理	1.65	法国	银行系
10	AXA Investment Managers & Alliance-Bernstein	安盛投管	1.60	法国/美国	保险系
11	Goldman Sachs Asset Management	高盛投资	1.50	美国	银行系
12	Legal & General Investment Management	法通投资	1.16	英国	保险系
13	PGIM	保德信投资	1.32	美国	保险系
14	Invesco	景顺投资	1.09	美国/法国	基金系
15	T. Rowe Price	T. Rowe Price	1.08	美国	基金系
16	Wellington Management International	威灵顿	1.03	美国	基金系
17	Nuveen	纽文投资	0.95	美国	基金系
18	Natixis Investment Managers	法国外贸银行	0.93	法国	银行系
19	Northern Trust Asset Management	北方信托	0.91	美国	银行系
20	Sumitomo Mitsui Trust AM（SuMi TRUST）	三井住友	0.83	日本	银行系

资料来源：IPE，麦肯锡咨询，人保资产整理

表1-2-2显示了2020年全球资产管理公司排名。

表1-2-2 2020年全球资产管理公司排名

排名	名称	中文名称	管理规模（万亿欧元）	国别	性质
1	Black Rock	贝莱德	7.09	美国	基金系
2	Vanguard Asset Management	先锋领航	5.93	美国	基金系

续表

排名	名称	中文名称	管理规模（万亿欧元）	国别	性质
3	Fidelity Investments State Street Global Advisors	富达投资	3.09	美国	基金系
4	State Street Global Advisors	道富全球	2.83	美国	银行系
5	Capital Group	资本集团	1.95	美国	基金系
6	J. P. Morgan Asset Management	摩根资产	1.94	美国	银行系
7	Pacific Investment Management Company	太平洋资产	1.81	德国/美国	保险系
8	BNY Mellon Investment Managemen	纽约梅隆	1.80	美国	银行系
9	Amundi	东方汇理	1.73	法国	银行系
10	Goldman Sachs Asset Management	高盛国际	1.62	美国	银行系

资料来源：IPE，人保资产整理

二是资金端来源丰富多元，机构与个人客户并重；资产端对品种限制较少，资管属性凸显。资金端，全球资管机构的客户资金来源涵盖长中短期资金，机构和个人客户的分布差异日益缩小。具体而言，全球头部资管机构客户一般包括退休计划、金融机构、健康保险机构、企业年金、一般企业、教育机构资金、非营利机构、公众年金计划等机构客户。该类客户突出的特点资金期限中长，追求相对稳健的长期收益回报，能够为资管机构创造长期稳定的管理费收入。其中，保险系资管机构在养老基金管理、家族企业和信托资产管理、慈善、基金会等非营利客户资产管理、FOF投资等方面具有独特优势。同时，随着全球经济发展、个人财富积累、专业化理财理念普及，个人客户日益成为头部资管机构十分青睐的优质资金来源竞争地，主要涵盖零售分销渠道和私人财富管理客户。但个人客户由于风险承受能力差异性大，资金期限短（半数以上持有单只产品时间不足1年），不仅制约了专业资管机构的投资选择，对资管公司投资管理能力带来更大挑战，同时管理成本相对更高。

资产端，一方面，全球资产管理机构投资品种多元，限制较少，现金和短久期、固定收益、权益、通胀相关、另类投资、结构化金融产品、多资产策略等都是主要投资标的，从公开到私募，从传统到创新，从本国市场到全球市场，有关工具和资产包都在可投资范围内。

三是盈利能力压力有所增加，管理费竞争日益显著。数据显示，2018年，全球资产管理行业利润小幅下滑3%，与行业营业收入、营业成本与营业利润的复合年均增长率具有联动效应。在头部集中和盈利下降的情况下，即使是头部资管机构间也存在日趋明显的"管理费竞争"。初步统计，2014—2018年，美国的股票型基金中，主动产品管理费率下行约7%，被动产品降幅约27%。①

第二节　全球领先保险资产管理机构第三方业务发展模式与路径比较

一、安联资产管理公司（AAM）

德国安联是目前全球最大的保险集团之一，2020年位列世界500强第46位。安联资产管理板块自2011年以来，主要通过安联资产管理公司（AAM）和安联投资管理公司（AIM）统筹资产管理业务。其中安联资产管理公司（AIM）负责统筹资产负债配置、战略资产配置、战术资产配置、动态资产配置及资管机构遴选等关键流程。安联资产管理公司（AAM）负责集团保险资产管理，并作为控股方，下设两家资产管理公司AGI和PIMCO。AGI侧重股权和多资产类别，聚焦欧洲市场；PIMCO专注固定收益类投资，聚焦美国市场。

（一）经营业绩

截至2020年底，安联资产管理公司管理资产总额为2.93万亿美元；2010年到2020年，安联资产管理公司管理资产规模保持年均5%的增长率，第三方资产占比超过70%，其中：AGI三方业务占比约61%，PIMCO为79%。从营业收入看，AGI和PIMCO的成本收入比分别为70.1%和58.5%。从营业利润看，2010年到2019年，安联资产管理公司营业利润稳定，资管业务对集团营业利润的贡献超过20%。

（二）发展策略

一是通过并购壮大业务规模。安联集团借助2000年收购PIMCO、2001年改组AGI，仅用约两年时间就由资产管理领域的空白变为资产管理领域强者，在短短4年间即打造出一家排名前十的资产管理公司，并向多元化金融集团发展迈进，目前已跻身全球前五大资管机构。

二是在资管领域从"多管理人"转变为"双品牌"战略。2002—2011年，安联采取多元精品店的模式发展资管业务，由AGI作为全球控股公司统筹协

---

① 资料来源：strategic insight。

调所有资管业务，实际投资活动由各投资平台自主管理。2012 年以后，为推进资源整合，安联实施 AGI + PIMCO 的"双品牌"战略，由 AAM 作为控股公司。AGI 重点在欧洲，突出在多资产解决方案上的专业能力；PIMCO 重点在美洲，突出在公开市场固收资产上的专业能力。

三是由 AIM 统一负责"ALM - SAA - TAA - DAA - 管理机构遴选"。为了加强安联集团保险资金的管理，同时处理好保险公司与 AGI、PIMCO 的关系，安联集团专门设立负责资产配置的专业子公司 AIM，统一负责安联旗下保险资金的集中管理，暨 AIM 统筹全球资产负债配置、战略资产配置、战术资产配置、动态资产配置及资管机构遴选等关键流程，定位于资产管理"指挥旗舰"，并输出专业化资产配置能力。与此同时，相应弱化了 AGI 和 PIMCO 在价值链前端的能力。

图 1 - 2 - 2 显示了 AAM 大类资产配置流程。

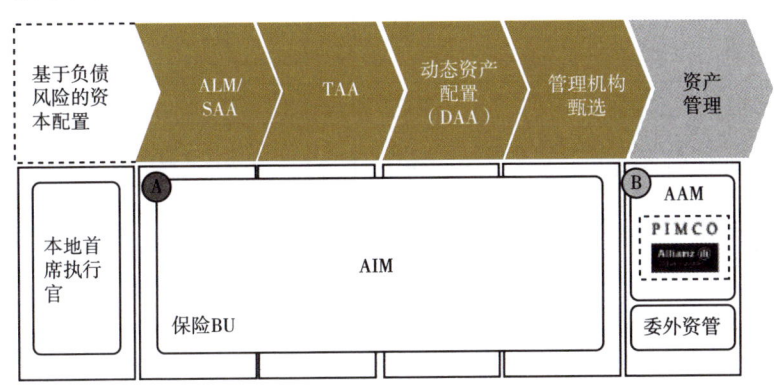

图 1 - 2 - 2　AAM 大类资产配置流程

资料来源：麦肯锡

（三）核心能力

一是强大的资源整合能力。安联与安盛都是通过并购做大资管业务，但是安联更强调并购以后的整合，无论是 AGI 的整合，还是 AAM 作为控股公司对 AGI 和 PIMCO 的整合，目前来看都非常成功。尤其是 AIM 的设立，有效解决了保险机构多、投资管理机构多的问题，有助于通过 AIM 实现对负债端和资产端的集中匹配管理。

二是专业突出的投资能力。从投资领域看，安联也涵盖了固定收益、股票、股权、夹层、对冲基金、大宗商品、基础设施与不动产等全类别资产。从专业能力看，AGI 建立了按照资产大类划分的投研团队，尤其是通过多资产管理团队，为一方和三方客户提供定制化组合投资产品和建议。PIMCO 构建了在固定收益领域研究、投资、交易一体化架构，强大的宏观、利率分析和行业信评能力支持固收品种专业化投资，而强大的交易团队和系统，保障交易落地。

三是市场化的评价体系以及与之相配套的激励及考核。安联资管的薪酬体系聚焦"绩效导向"及"市场竞争力"两大原则，充分吸引、激励并保有人才。例如，AGI 对投资人员的定量考核侧重关注可持续的投资业绩，指标包括所管理的投资组合业绩与同业或客户投资预期对标，具体可分为 1 年或多年（例如 3 年）。有关数据统计，其基金经理在 AGI 的平均任职时间超过 10 年。

图 1-2-3 显示了 AGI 市场化评价体系。

基本工资 Base Salary
- 反映职位范围，责任和经验
- 稳定，波动较小

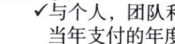

绩效工资 Variable Compensation
- 与个人，团队和公司业绩挂钩包括当年支付的年度奖金和绩效工资超过特定阈值的递延部分
- 递延比例随绩效工资上涨而相应增加

定量绩效指标
定量指标与可衡量业绩保持一致
- 投资人员：关注可持续的投资业绩，指标包括所管理的投资组合业绩与同业或客户投资预期对标
- 客户服务人员：指标包括独立衡量的客户满意度

定性绩效指标
- 定性指标涵盖核心价值观，所有员工都需进行 360 度反馈评估，作为定性指标的一部分

图 1-2-3　AGI 市场化评价体系

资料来源：AGI，麦肯锡

四是以客户为中心的产品服务能力。AGI 构建了通过设立第三方零售、第三方机构、安联网络（投保联动）和"安联即客户"部门（对接一方账户的投资管理）四个独立的销售团队，为各类客户提供专业化的渠道服务。PIMCO 构建了全面的固定收益产品货架，能够满足不同投资者的资产配置需要。

图 1-2-4 显示了 AAM 客户导向的产品和解决方案体系。

二、法国安盛投资管理公司（AXA IM）

法国安盛是全球最大的保险集团之一，2020 年位列世界 500 强第 34 位。目前为全球 60 多个国家和地区的近 5 000 个客户提供大类资产投资顾问管理服务，客户包括集团保险资金、其他集团外保险资金、养老计划、FOF 基金、主权财富基金和个人投资者。安盛的资产管理板块自 1994 年成立至 2019 年

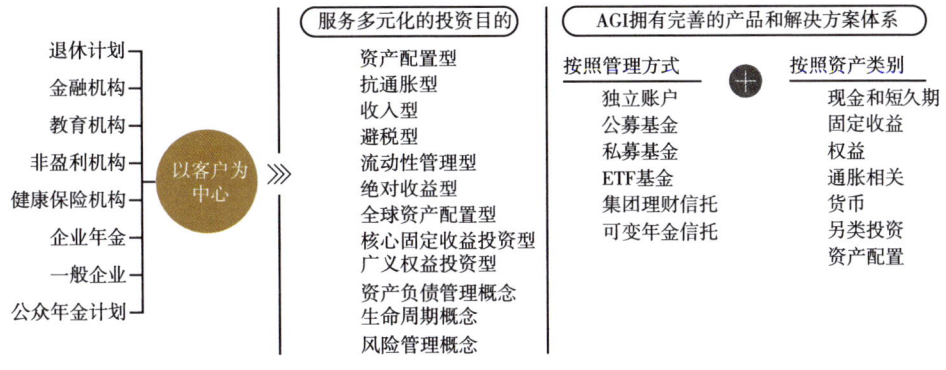

图 1-2-4　AAM 客户导向的产品和解决方案体系

资料来源：AAM，人保资产整理

末，经历了13次大型整合，其中2004年前以自建投资能力和机构为主，2005年以来主要通过并购交易，推进投资能力扩展和优化。2019年安盛集团出售联博基金后，"安盛投资管理公司"成为旗下最主要资产管理机构，负责TAA、DAA、组合管理和品种投资等系列投资管理工作，在全球20个国家设有投资中心。

（一）经营业绩

截至2020年底，安盛投管的资产管理总额近万亿美元；2010年到2020年保持年均超4%增长率。从资金来源看，一方资金占比约45%，第三方资产占比约55%，其中零售客户占比超20%，机构客户占比超30%。从投资资产看，以固定收益资产为主，占比约40%；多资产能力相对突出，占比三成，权益类资产占比相对较小，和安联资管的各类型均衡分布结构有一定差异。

（二）发展策略

一是强化保险资管价值链建设。在保险资管价值链上，安盛集团负责资产负债管理和战略资产配置，安盛投管负责从战术资产配置、动态调整到组合管理及品种投资的全链条。暨安盛投管管理几乎覆盖整个保险资产管理价值链，利于积淀和培育带有保险资管特色的全流程投资管理能力。

二是通过并购补强能力短板。安盛投管的投资能力主要以自建为主，在权益投资和实物资产投资等特点领域，通过并购补强能力短板，2005—2019年先后通过收购Framlington强化股权投资能力、收购Rosenberg强化量化投资能力、收购NorthStar强化房地产投资能力。

三是向外部客户输出保险资管能力。2010年以来，安盛投管探索构建了三方资产管理业务与保险自营账户、其他分支业务、分销渠道"四位一体"的协同模式。即：安盛投管基于庞大的一方资金体量，获取外部客户的充分信任，比其他类型的资管机构更容易迈过准入门槛；通过与保险主业协同，从保险分支机构获取市场和客户信息，提高客户拓展的精准度；通过管理三方账户促进投资能力提升，为一方保险资金输入更具竞争力的业绩和长期稳健回报率，为保险业务产品创新、养老金市场拓展等提供更具竞争力的利差来支撑。

图1-2-5显示AXA资管业务集团内部协同关系。

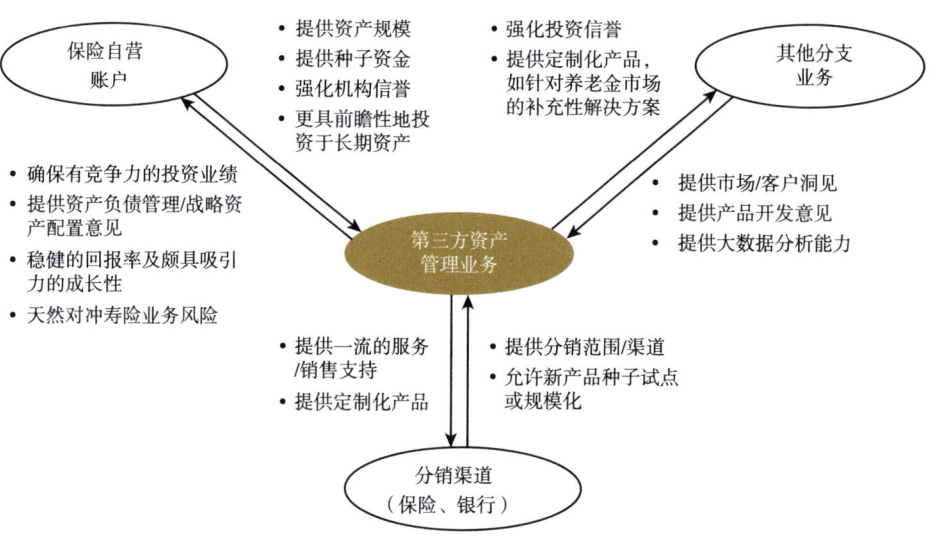

图1-2-5 AXA资管业务集团协同

资料来源：AXA，人保资产整理

四是按照职能构建组织架构，按照策略导向配置投资团队。安盛投管将其组织架构分成投研、客户和全球支持三大功能板块。其中，投研板块聚焦另类投资、公开核心业务和高收益资产；客户板块分为客户关系、销售、客户管理、产品开发等模块。对于投资团队设置，安盛并不是基于产品类别，而是着眼投资策略，针对不同策略设置不同团队。其中，对于个别能力通过并购方式补足。

五是实行"邦联制"管理。安盛集团全面赋权安盛投管，负责集团资产管理业务战略统一制定和实施，监督各资产管理子公司的经营和绩效。但长期以来，各公司之间属于战略协同和利益共享，不存在严格的自上而下的控制关系。

图 1-2-6 显示了 AXA 资管业务各板块协同。

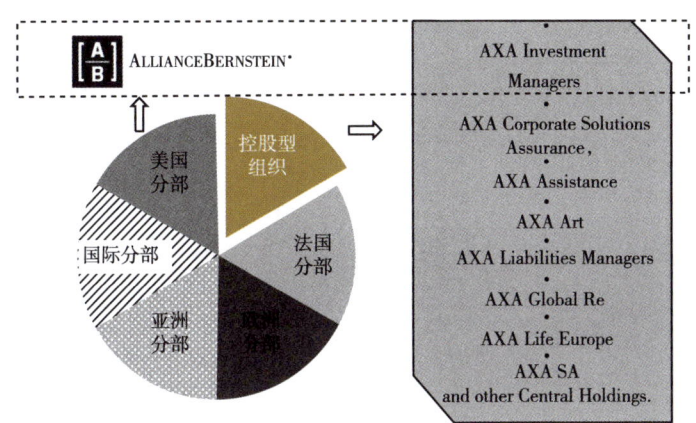

图 1-2-6　AXA 资管业务各板块协同

资料来源：麦肯锡

（三）核心能力

一是全投资能力建设和投研一体化。一方面，安盛投研体系要求形成统一观点；同时，融入各类投资决策，不仅全面融入单个投资标的的投资选择，并将研究观点应用于产品设立、策略设立、基金设立等各类投资决策。另一方面，将行业板块选择及其他微观研究资源，聚焦投放到重点关注板块。

二是基于保险大账户管理经验，突出多资产解决方案优势。基于强大一方账户资产配置能力，打造从资产及风险配置、定制化多资产投资指引、投资经理选择到研究能力输出的多资产客户解决方案，围绕机构客户及高净值客户开展。具体做法是单独设置多资产客户解决方案（MACS）团队，作为安盛投资板块下核心投资策略部门，并分设多资产策略、结构化策略、保险和年金、责任投资等七个子投资部门。

三是形成专业化、集约化、一体化的立体营销体系。安盛投管沿着客户申购资管产品的关键步骤流程，构建由客户经理、营销支持、投资经理及产品团队组成的服务体系，分工明确，共同打造客户为中心的业务模式。其中，客户板块进一步细分为全球销售团队，开展针对三方业务的专业化销售工作；客户关系团队，专职服务于一方的经营和对接；全球营销团队，负责营销方面研究与分析及文本制作等，赋能销售；以及客户管理团队，作为客户板块中台，提供运营和客服等工作。

图 1-2-7 展示了 AXA 专业化客户板块体系。

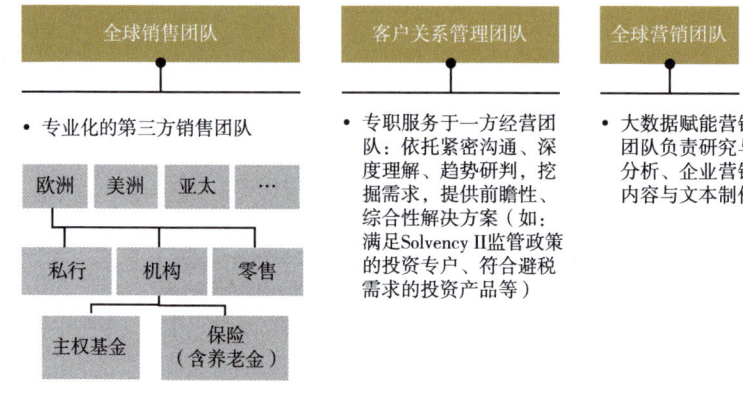

图 1-2-7　AXA 专业化客户板块体系

资料来源：AXA，人保资产整理。

四是突出的数字化能力。2010—2017 年，重点对 IT 架构、基础设施以及数据平台进行投入；2017 年至今则大力发展投资能力（突出量化），并通过大数据分析赋能客户服务团队，实现规模化大数据应用。

三、英国法通投资管理公司（LGIM）

英国法通成立于 1836 年，2020 年位列世界 500 强第 85 位。2017 年以来，法通通过持续的战略调整，紧紧抓住老龄化、资产配置全球化、基础设施和城镇化投资、福利改革、科技革命和对长期资本的渴求这六大全球发展的主要趋势，确立相应发展战略，形成了三大业务板块：保险、资产管理、年金养老金和另类投资。其中，资产管理机构为法通投资。法通投资作为英国最大的年金 DB（现收现付）和 DC（累积制）业务管理机构之一，以自主发展为主，涉及的大额并购项目较少，其发展壮大主要得益于紧紧抓住养老金市场的巨大发展机遇。

（一）经营业绩

LGIM 目前是单体规模最大的保险系资产管理机构之一。截至 2019 年末，法通投资管理资产 1.16 万亿欧元，是全球前列、英国最大指数基金管理机构，是英国养老金中最大的 DB 和 DC 管理机构之一；2005 年到 2018 年的资产管理规模增长将近 4 倍，年均复合增长率大体超过 10%。

从资金来源看，第三方资产占比约为 90%，对法通的利润贡献为 18%。从业务结构来看，约 76% 的业务集中在英国和欧元区，其中内部业务占比约 10%，英国 DB 业务（待遇确定型企业年金计划）占比约 56%，英国 DC 业务

（缴费确定型企业年金计划）和零售业务占比约10%；美国业务占比约15%，其他区域的业务占比约9%。2017年机构客户占比约71%。近年来，法通投资积极拓展全球业务，在欧洲、美国、日本和中国香港设有分支机构，为全球29个国家及地区的客户提供资产管理服务，截至2018年底，国际业务的资产规模2580亿英镑，占比25.42%。

（二）发展策略

一是形成以养老金为主的全市场客户覆盖（包括英国、美国和其他国际市场）。暨全面覆盖被动投资、核心主动投资、解决方案、专项主动投资、另类投资五个类型的投资能力，是一家全能型资产管理机构。从客户端看，主要分四大类：内部、英国DB、英国DC和零售客户、海外客户，其规模占比分别为10%、65%、9%、16%；从收入来源看，内部业务收入占比为22%，DB业务收入占比为44%，DC和零售业务收入占比为21%，国际业务收入占比为13%。

图1-2-8展示了LGIM客户、投资及产品构成。

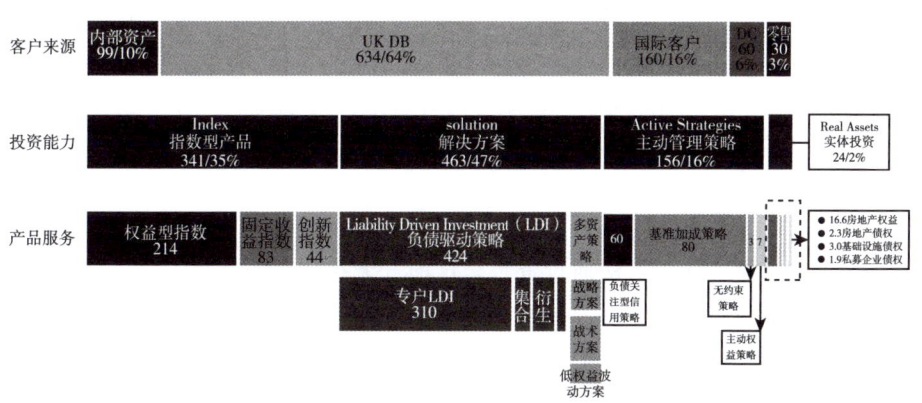

图1-2-8　LGIM客户、投资及产品构成

资料来源：LGIM

二是发挥保险资管优势，策略性开展第三方业务。Legal and General Investment Management（LGIM）自1970年成立伊始，不仅管理内部资产，还为养老金机构、非养老金机构和个人等第三方客户提供资产管理服务，并且充分发挥自身优势，采取了机构优先、与保险投资理念相近的年金养老金业务为主、深耕国内的第三方业务发展策略。这一策略充分发挥了LGIM在保险资产管理领域的优势，避免了投资理念的差异，避免了盲目国际化的风险，避免了在零售市场的激烈竞争。

图1-2-9展示了LGIM主要业务模式及结构。

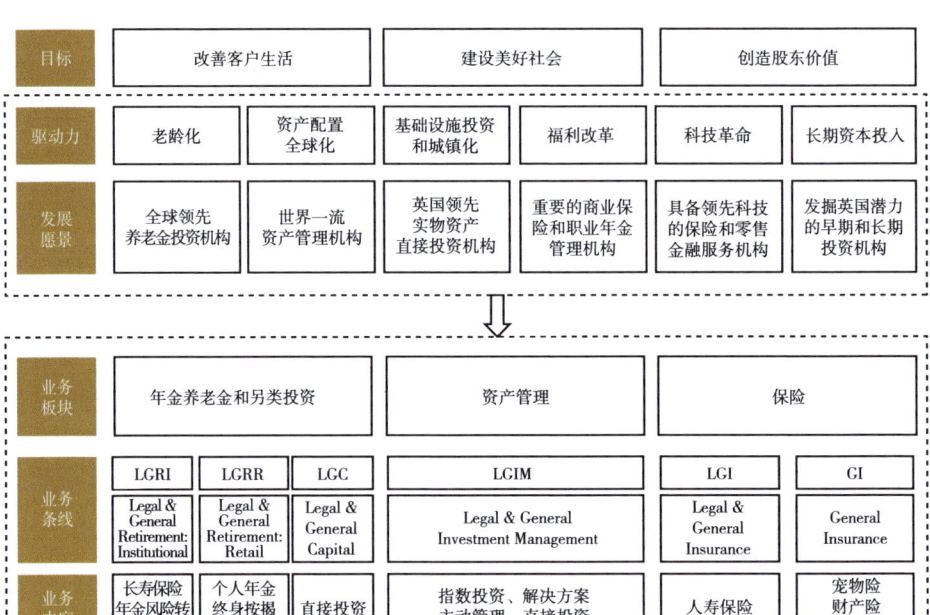

图1-2-9 LGIM主要业务模式及结构

资料来源：LGIM

(三) 核心能力

一是指数投资能力。法通投资是全球前五大指数投资管理人之一，是英国最大的指数投资管理人之一，是欧洲最大的 Smart Beta 策略管理人之一，拥有长达30多年的指数投资经验。从客户分布看，主要为英国 DB 客户，但近年来英国 DC 和零售、国际客户的指数投资规模增速较快。一方面，由于 LGIM 协同 LGR 积极推动现有 DB 客户向 LGR 风险转移的 Buy-in 和 Buy out 业务，使得 LDI 规模上升，指数投资规模有所下降；另一方面，积极在欧洲、美国和亚洲等海外地区拓展国际指数投资受托业务。LGIM 指数投资能力主要体现在三大方面：以客户为中心、责任投资和领先的数字化平台。

二是固定收益主动管理能力。法通投资的整体主动策略资产规模中，固定收益类主动策略规模超过1 500亿英镑。主动固定收益策略采取了自上而下的宏观分析和自下而上的全球信用研究，以此构建全球固定收益投资组合。其中：LACS 策略充分考虑了委托人的负债特点，主要针对养老金计划的现金流匹配要求，力争实现部分和全部匹配负债现金流的同时，赚取更多的超额收益；BP 策略通过对主要信用品种的研究力争获取超越业绩基准的超额收益。基准增强策略产品近年来的收益率水平都超越了业绩基准。

三是抓住机遇拓展国际市场和零售客户。经过 50 多年发展，LGIM 已经成为英国 DB、LDI、DC、指数基金等业务的头部管理机构。尽管上述领域在英国国内已难以形成可观增量，但在全球市场来看，人口老龄化和储蓄缺口仍然让包括 DC 在内的养老金业务存在很大的发展空间，零售业务和个人投资业务还没有形成明显的寡头，中国等新兴市场国家的资产管理业务还有较大的发展空间，因此 LGIM 一方面是从机构客户向零售客户拓展，积极发展 DC 业务、零售中介业务和个人投资业务；另一方面从英国本土和美国向其他市场拓展，把英国的成功经验移植到其他市场。

第三节　全球保险资管行业发展特点与经验借鉴

一、全球保险资管机构发展特点和态势

一是发展趋势上，全球财富与资产管理业头部聚集效应凸显，头部机构"赢者通吃"。IPE 在 2019—2020 年管理规模的统计显示，全球管理规模前十大资管机构中 9 家机构连续两年蝉联；管理规模前三大机构连续两年位次固定。根据安永咨询数据，截至 2019 年末，美国前 100 家资产管理公司占据其国内超过 90% 的资管市场规模，其余 400 多家中小型资管机构只能在剩下约 10% 的市场份额中进行争夺。尽管不能否认，部分小而精的特色资管机构（如私募对冲基金等）或凭借管理人的市场声誉及投资业绩等、或凭借专业领域的量化模型等占据一席之地，但从规模效应角度分析，"强者恒强"的全球资产管理行业头部效应愈加明显。

二是发展路径上，投资能力自建与并购相互配合，实现管理规模和能力水平的快速提升。例如安联资管，以"借助强势并购"为成立初期原则，在 2000—2001 年通过集中并购快速建立起了多平台的投资能力，期间采用多元精品店模式，并于 2011—2012 年整合为 AGI 和 PIMCO 两大平台后实现持续的内生增长。与此同时，2010 年至今，安联资管系的整体管理资产规模实现了近 5% 的年增长率，第三方业务占比超过 70%，资管业务为母公司贡献超过 20% 的利润。安盛投管，则以"投资能力主要以自建为主，在特定领域（权益类及实物资产）通过并购补强"为原则，对于传统的固收、权益、高收益

资产投资等通过自建逐步形成能力标签,随着业务开展和多元化策略需要,对于股权、不动产、量化对冲等方面则通过并购方式予以补足和强化。

图1-2-10展示了某全球头部机构并购图谱。

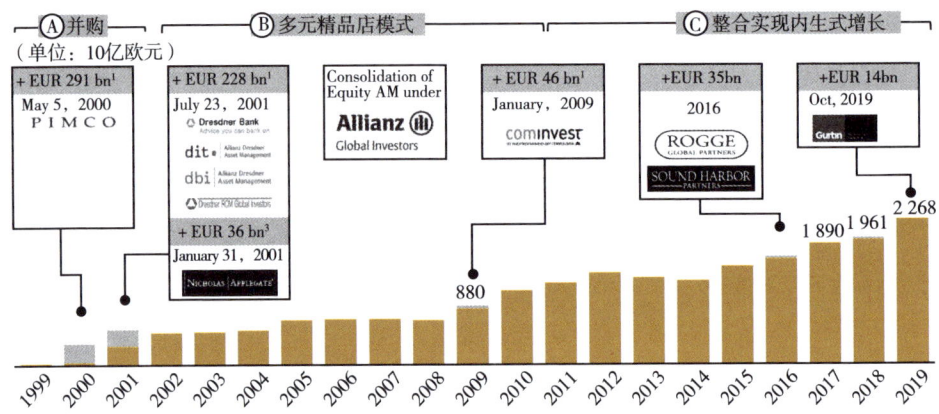

图1-2-10 某全球头部机构并购图谱

资料来源:公开资料,人保资产整理

三是产品策略上,除提供产品和策略外,普遍发力资产配置和解决方案。各机构均具备在不同市场进行多元品种投资的能力和相应策略,进而或形成专户资金组合管理;或以单一品种投资下的不同策略、不同品种组合的"多资产"策略打造丰富产品线;或提供资产配置及产品风险管理解决方案的咨询服务等。因此,全球资管机构凭借强大的投研能力,丰富的"全品种"投资覆盖和全球资产配置管理优势,业务和服务呈现"多专业领域、多资产管理、多市场配置"特点。

表1-2-3显示了头部机构提供的品种投资范围。

表1-2-3　　　　头部机构提供的品种投资范围参考

公开市场固定收益	权益	房地产	另类投资
美国债券市场	大盘增长权益	美国、欧洲、拉美、中东和亚洲	长期/短期固定收益
全球公司债	大盘价值权益	全球不动产证券	新兴市场相对价值
全球杠杆融资	大盘核心权益	美国和欧洲不动产债务	抵押贷款责任
全球和新兴市场债务	全球、发达和新兴市场	商业抵押	银行贷款
市政债务	中小盘股		夹层
负债驱动投资	行业策略		全球战术资产配置
私募固定收益	权益指数		多资产

续表

公开市场固定收益	权益	房地产	另类投资
私募债	结构化权益		私募股权
商业抵押	基本面和量化		

资料来源：公开资料，安联、法通资管等官网介绍，人保资产整理翻译（翻译名称有所差异）

四是投资能力上，"研究+投资"的高度专业化是基础和核心竞争力。国际头部资管机构往往具备提供从投前到投后的全链条投资管理服务。简而言之，就是为客户提供从一整套资产配置方案，到中观层面投资咨询方案，再到根据不同的预期收益、风险偏好和其他约束性条件等因素进行组合投资，最后落实到跨地域、跨产品、跨渠道的具体品种投资。毫无疑问，实现这样的资产管理链式服务，需要以高水准研究为基础，以高水平投资为支持。

五是协同定位上，三方资管业务是发展重心，注重发挥集团协同优势。三方资管业务是国际资管机构发展的重心。保德信集团，三方资产管理费率约占所有资产管理费的61%，其中机构客户资产比重约为42%。安联资管，近年来第三方资产管理规模占比更是高达超70%，已经成为核心和最主要资金来源。法通投资的内部资产管理规模不到20%。综合看，发展和壮大三方资管业务的趋势非常显著。一方面，相较于系统内增量资金增速，全球特别是新兴市场财富增长较快，"外部"蛋糕更大；同时，外部资金以产品等形式流入，管理费率更优。此外，在市场化环境中，系统内资金委托选择也高度市场化选择和配置。

六是智能化发展上，加紧布局数字化转型。全球资管巨头数字化、科技化能力总体经历两大阶段，首先是"夯实基础"，这一阶段主要的工作目标是打造可扩展的全球运营模式，改善成本收益率。第二阶段是"规模化大数据应用"，这一阶段主要的工作目标是全面布局金融科技、大数据、区块链等新技术打造差异化能力，特别是数字化高级分析能力和基于量化、数据算法等的投资能力。以法国安盛为例，其在2017年前后完成了"业务+科技"一体化融合开发运营的数字化基础设施升级，暨科技化在资管业务中后台场景的应用；此后致力于新技术在资管业务前台乃至差异化投资策略等的开发和运用。因此，科技成为全球领先资管机构在驱动业务转型和增长方面的重要手段。基于人工智能、运算能力的大幅进步以及消费者在日常工作中与科技互动的日益频繁，金融可能深刻融入智能投资，例如通过人工算法的量化策略精确寻找Alpha；智能客服中，数字化客户服务，减少人工成本，提升服务效率。

二、对我国保险资管行业的启示

一是从全球财富管理市场发展变迁看,中国正日益成为新的财富管理中心。经济发展、金融市场活跃和有效监管是财富与资管市场发展兴盛的重要因素。我国改革开放以来,居民财富经过一代积累,形成了全球最大的中产规模,在原始财富积累后,财富保值增值需求强劲;同时,当前产业转型升级中,互联网、科技、高新技术领域成果转化将孵化更多高净值人群。而多层次资本市场深化、加快金融对外开放等也都为我国发展财富管理创造了更好条件,总体看中国很可能成为亚洲乃至世界财富管理的新"角斗场"。

二是从全球保险资管业务发展看,高度专业化的投研积累和全市场多品种投资能力,"自然而然"形成了头部集中效应。在高度市场化环境下,委托人(客户)以"收益—风险"为原则选择在风险边界下提供最优收益的受托人;而作为受托人,除极少数专业化精品管理人外(专注于某一投资领域或策略),通常只有头部机构具备长期投研沉淀和全球的投资能力、产品设计能力、服务销售能力。在市场化双向选择下,客户向头部集中和聚集,推动财富与资产管理机构获得更多投资空间,提升投资能力;而丰富的资金来源和客户,又成为资管机构良性持续发展的必要条件。

三是从全球领先保险资管机构资管能力建设及优势看:其一,优秀资产配置能力是保险资管的立身之本。针对一方业务,集团和资产管理公司间应建立围绕资产配置价值链的、行之有效的分工机制。大的趋势是 ALM 及 SAA 由委托方牵头协调,资产管理方给予支持及赋能,并在 TAA、经理人选择、组合构建上加强能力。其二,固定收益投资能力需要根据宏观环境、投资人需求等与时俱进,优化升级。即在巩固其以持有至到期、交易型策略为主的基础上,进一步打造"固收+"策略,布局信用挖掘、交易型等多元化策略,打造投研交一体化,充实固收投研团队,形成投资团队策略组分工,加强研究专业化,提升交易定向支持,强化信评对投资赋能。此外,还应完备固收投资管理系统,赋能组合分析及业绩归因等重点功能。

四是从全球头部保险资管机构案例看,三方资产管理业务是构成财富管理业务的主力。全球头部银行系、保险系资管机构普遍着力布局财富管理业务,基本遵循从本国到欧美市场再到亚洲市场的路径,三方(财富)管理业务已经在规模和收入上占据重要位置。对于在全球市场兴起的被动型产品,在市场波动较大、主题轮动较快的市场环境下,主题 ETF 阶段性受到追捧,但主要是金融专业性较低的个人投资者。从当前情况看，我国金融市场基础资产和指数型产品尚不丰富，投资者认识还需要提升，特别是保险资管机构还较少涉及被动投资（与保险资金运用以绝对收益为主，被动投资较少相关联），主动管理或将仍占据主导。

第三章
国内保险资管机构第三方业务的发展模式分析

第一节　保险资管机构的发展策略

在大资管行业回归"受人之托、代客理财"本源政策的背景下，主动化、净值化管理要求对各类资管机构投资管理能力都提出了严峻挑战。公募基金、信托公司、券商资管、保险资管、私募基金等机构将强化自身优势，通过精品资管的模式走出差异化经营的发展路径。

公募基金会继续发挥其主动管理优势，未来以提供多元化基金产品和专户定制服务为主；信托公司虽面临去通道、期限匹配等新规的限制，但会强化在非标业务领域的主动管理优势，并以财产监督、保障、传承和分配为目的开展家族信托等，更多为满足委托人的财富管理需求提供解决方案；券商资管将继续加强投研能力建设，发挥其平台优势整合投行和经纪业务资源，通过量化对冲、衍生品及资产证券化等产品提供投顾及投管服务；私募基金可运用其机制灵活、投资范围宽泛等特点，以主要提供投资顾问的方式聚焦于捕捉市场的超额收益。

保险资管机构经过15年的发展在市场上也形成了：擅长大类资产配置、精于绝对收益创造、长久期资金管理经验丰富等特色标签，且在全面风险管理体系建设方面相比其他类资管机构颇具优势。但是，保险资管也面临行业痛点：巨大体量保险资金的投资运用、大资产管理行业业务抢滩、创新产品和策略布局等。展望未来，保险资产管理机构应重点做好以下两个方面：

一、服务好保险主业是保险资管机构首要职能

保险资金始终是保险资管机构的主要资金来源，服务保险主业、做好保险资金的投资运用、在稳健前提下提升保险资金投资收益是保险资管机构的首要职能。面临保险资金运用规模持续扩张、国内外宏观经济环境愈发复杂、境内外资管机构竞争压力剧增的格局，保险资管机构应进一步做好投资管理能力建设，克服投研能力短板，提升投研专业化程度，坚持价值投资理念，完善信用风险管理，不断巩固大类资产配置、权益投资及绝对收益获取等能力，切实实现保险资金的保值增值。

二、差异化竞争抢滩第三方资管市场

拓展第三方资管业务有利于丰富资金来源、减弱对于股东关联资金的依赖性，在竞争中强化自身投资能力，扩充资管规模创造更多管理费收入，从而提升保险资管机构整体盈利能力。截至 2020 年末，系统内保险资金规模达 15.6 万亿元，同比增长 14%。第三方资管规模 6.63 万亿元，增长迅速，占比从 2019 年的 26% 提升至 2020 年的 31%，未来空间巨大。

（一）产品标签化、特色化，打造保险资管特色

保险资管产品在市场上只有进行标签化凸显特色，才能更好地成为各类机构投资者的投资选项。比如：保险资管的权益投资更注重基本面、重视价值投资，是保险资管权益类产品的重要标签之一；保险资管在 FOF 产品的布局中，可以充分利用大类资产配置和绝对收益创造方面的优势，进行差异化的 FOF 投资；在公募 REITS 业务发展初期，保险资管可以利用自身投行优势，通过底层资产参与其中；根据客户风险收益偏好，发挥自身绝对收益创造能力，持续输出低波动、低回撤策略产品，形成"绝对收益"特色标签等。

（二）资源优势互补，发挥局部竞争优势

通过深度挖掘客户需求，在自身资源优势与客户优势互补的基础上，形成有纵深的产品体系，形成局部竞争优势。比如银行理财由于银行主营业务的因素，在债券、存款、非标等固定收益类资产方面具有天然优势，但是股票等权益类资产的投资是其共同短板，短期难以有突破性进展。保险资管可充分利用银行理财投研能力的打造期，向其输出具有自身比较优势的策略产品及服务，拓展合作空间。

（三）推进战略协同，深化合作关系

保险资管与银行理财子公司在中国银保监会统一监管下，可以更好地协同创新，依托各自在细分领域积累的业务资源，通过委托投资、顾问咨询、资产转让和交叉销售等业务合作，实现两机构之间"1+1＞2"的效应。比如保险资管可充分利用债股权的投行优势，不断融入银行自下而上的非标投资风格。同时，银行理财过渡期老产品压降，保险资管也可利用表内外联动优势，承接或置换部分非标资产，有效缓解银行理财资产结构调整压力。

第二节　第三方业务的目标客户及营销模式

目前，资管行业的客户主要分为机构客户和个人客户。其中，国内保险资管机构的机构客户主要为银行和保险公司，个人客户目前政策仅放开个人合格投资者。营销模式主要有直销模式和代销模式。直销模式就是资管机构的业务人员直接与有理财需求的目标客户接洽，不通过中间环节，实现与客户进行产品和服务交易。代销模式是与直销模式相对的营销模式，主要是指资管机构与其他中国银保监会认可的金融机构签订代销协议，以此来销售自身研发的资管产品的一种营销模式。

一、银行理财子公司是直销拓展的重要客户

（一）银行理财规模趋于稳定，业务稳步推进

截至2021年6月底，共有325家银行机构和20家理财公司存续理财产品，存续产品数量3.97万只，存续余额25.80万亿元，同比增长5.37%。图1-3-1展示了银行理财产品存续情况。

分结构来看，规模占比前三的依次为理财公司10.01万亿元（占比38.8%）、股份行6.95万亿元（占比26.9%）、国有行3.92万亿元（占比15.2%），三类机构合计占比80.9%。图1-3-2展示了存续理财产品规模机构分布。

（二）大型银行、股份制银行"母子交接"加速进行

银行理财加速转型，各家银行积极调整业务布局，总行专注于其表内资产的投资管理，表外理财统一纳入理财子进行管理，部分国有大行、股份行均与其理财子完成了"母子交接"。

（1）大型银行、股份制银行以及城商行等银行机构理财产品存续规模均

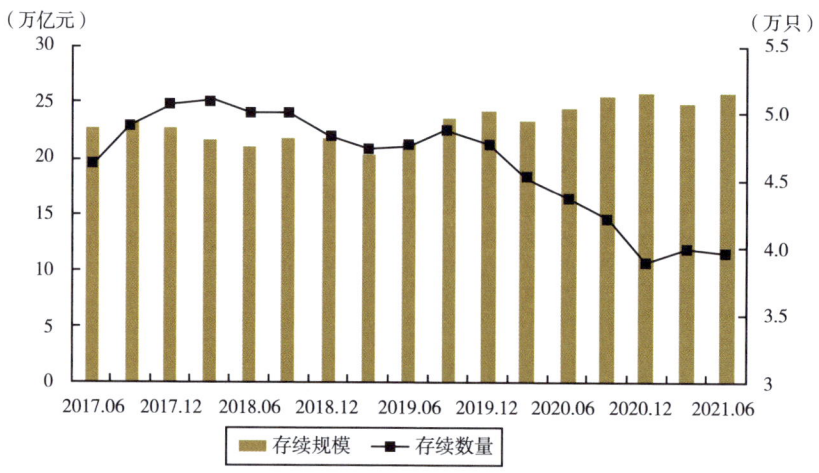

图1-3-1 银行理财产品存续情况

资料来源:《中国银行业理财市场半年报告(2021年上)》

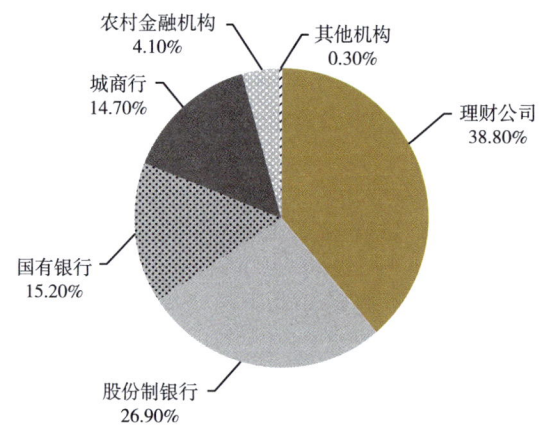

图1-3-2 存续理财产品规模机构分布

资料来源:《中国银行业理财市场半年报告(2021年上)》

呈现加速下降趋势。截至2021年6月底,大型银行理财产品存续规模3.92万亿元,同比下降46.69%,较年初下降34.34%;股份制银行理财产品存续规模6.95万亿元,同比下降26.94%,较年初下降12.91%;城商行理财产品存续规模3.78万亿元,同比下降9.07%,较年初下降7.13%;理财公司存续规模10.01万亿元,同比增长3.27倍,较年初增长50.07%,占全市场的比例达到38.80%,从存续规模来看,理财公司已成为市场第一大类机构类型。表1-3-1

展示了存续产品数量、规模（分机构类型）。

（2）银行机构理财产品嵌套规模也在逐步压缩。截至 2021 年 6 月底，银行机构理财资金通过嵌套方式（指通过私募基金、资产管理产品、委托投资—协议方式，不含公募基金）投资各类资产余额 6.07 万亿元，较年初下降 18.43%，同比下降 31.34%，较 2018 年 4 月下降 51.97%。图 1－3－3 展示银行机构嵌套投资余额及占比走势。

表 1－3－1　　　　　存续产品数量、规模（分机构类型）

机构类型	存续产品数量（只）	存续产品规模（亿元）	存续规模同比（%）	存续规模较年初（%）
全市场总量	39 708	258 001	5.37	-0.23
大型银行	3 160	39 244	-46.69	-34.34
股份制银行	5 087	64 478	-26.94	-12.91
城商行	14 692	37 801	-9.07	-7.13
农村金融机构	8 408	10 541	1.82	-3.67
理财公司	6 402	100 080	327.16	50.07
其他机构	1 959	857	10.03	12.50

资料来源：《中国银行业理财市场半年报告（2021 上）》

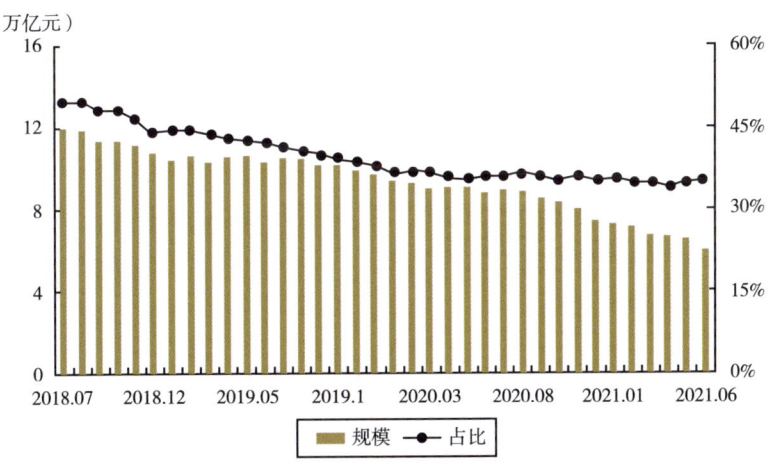

图 1－3－3　银行机构嵌套投资余额及占比走势

资料来源：《中国银行业理财市场半年报告（2021 上）》

（三）理财子公司未来将成为银行理财市场主力军

2019 年 5 月，首批理财公司正式获批开业。经过两年的高速发展，截至

2021年6月底,理财公司已经成为存续理财产品规模最大的机构类型。截至2021年9月底,理财公司已获批筹建29家,其中21家已正式获批开业,产品存续数量6 402只,产品存续规模10.01万亿元,占理财市场比例达38.80%。图1-3-4展示了理财公司产品规模及占比变化情况,图1-3-5展示了理财子公司批设情况(截至2021年10月)。

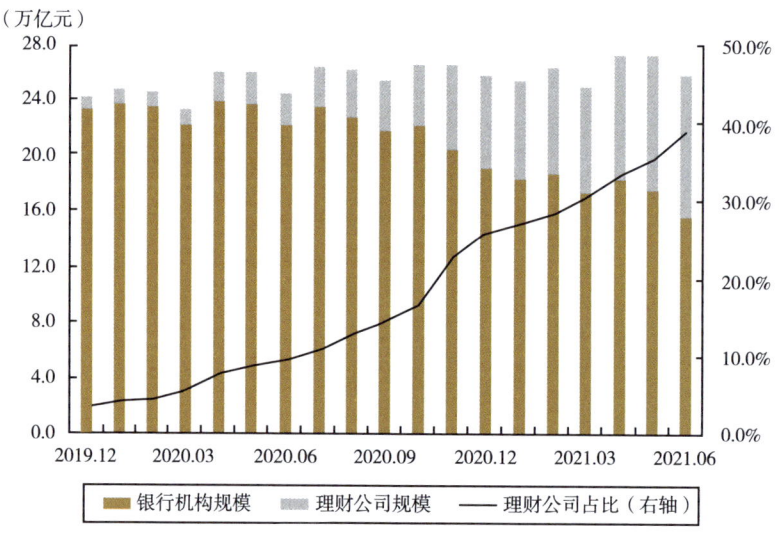

图1-3-4 理财公司产品规模及占比变化情况

资料来源:《中国银行业理财市场半年报告(2021上)》

银行理财子作为银行系最大的资产管理机构,凭借其母系的强大实力,未来理财子或将成为整个资管市场的领头羊。随着理财市场蛋糕的持续做大,无论是从理财子自身承载能力的有限性、投资能力半径的限制,还是从通过外部合作来促进内部成长等角度,未来理财子与保险资管机构都具有较大的合作空间,需在竞合中谋发展。

二、第三方保险公司是直销合作的重要客户

(一)保险资金运用余额稳步增长

截至2021年三季度末,我国保险资金运用余额22.44万亿元,同比增长8.39%。随着我国人均GDP持续增长,居民收入不断增加、共同富裕逐步实现,财富保障意识逐步提升,加上我国人口老龄化的加剧,未来保险市场潜力广阔。图1-3-6展示了保险资金运用余额。

	国有银行	股份制银行	城商行	农商行
开业（获批/正式）	工商银行 中国银行 建设银行 农业银行 交通银行 邮储银行	光大银行 中信银行 招商银行 平安银行 兴业银行 华夏银行	宁波银行 南京银行 江苏银行 徽商银行 杭州银行 青岛银行	重庆农商行
获批筹建		广发银行 渤海银行 浦发银行 恒丰银行 民生银行	上海银行	
公布预案		浙商银行	北京银行 天津银行 重庆银行 朝阳银行 吉林银行 甘肃银行 长沙银行 成都银行 上海银行 ……	广州农商行 顺德农商行 ……

图 1-3-5 理财子公司批设情况（截至 2021 年 10 月）

资料来源：各银行网站、光大证券研究所

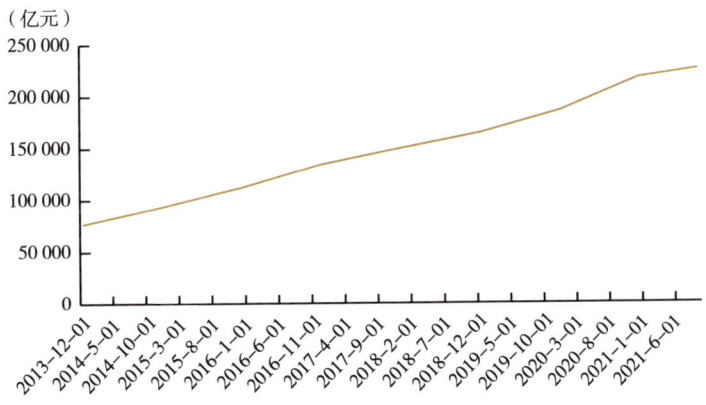

图 1-3-6 保险资金运用余额

资料来源：Wind

（二）保险公司委外规模增长为拓展第三方保险客户提供了资金来源

截至 2020 年末，保险资管第三方资管规模 6.63 万亿元，占比为 31%。资金来源涵盖了第三方保险资金、银行资金、养老金（包括基本养老金、企业年金、职业年金）等。从增速来看，管理的第三方保险资金、银行资金、养老金（包括基本养老金、企业年金、职业年金）2020年增速分别为46%、62%、45%，第三方保险资金是第三方业务的第一大资金来源，2020年管理第三方保险资金规模为1.71万亿元，占比8%。此外，企业年金规模占比为7%，银行资金占比为4%，职业年金占比为3%，基本养老金占比为1%，其他资金占比为8%。图1-3-7表示保险资金委托投资方式。

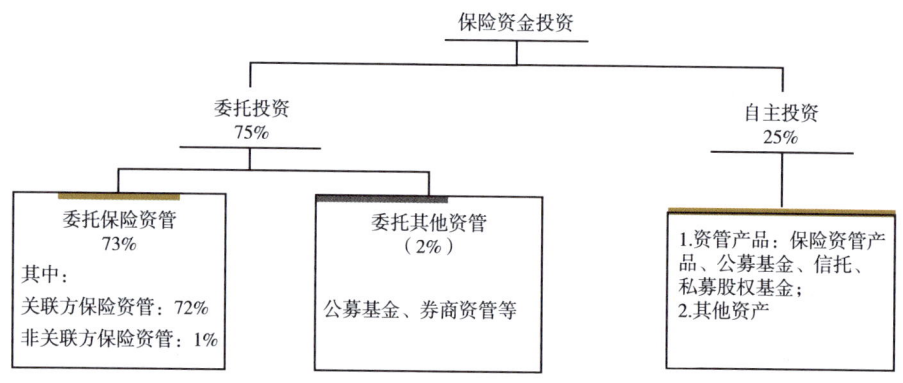

图1-3-7 保险资金委托投资方式

资料来源：中国保险资管业协会

（三）保险公司委外规模受保险资金运用比例监管政策影响分析

我国保险投资的量化监管指标主要分两类：一是定量监管，通过政策明确投资范围、投资比例上限、集中度及风险监测等；二是偿付能力监管，对保险资产配置形成隐性约束。

保险资金运用的监管对委外的影响主要体现在集中度风险监管和流动监测方面，即保险公司投资于外部单一产品资产不高于其上季末总资产的5%，单一法人主体，账面余额不高于上季末总资产的20%。表1-3-2显示了大类资产投资上限。

表1-3-2　　　　　　　　　大类资产投资上限

大类资产	上限监管
流动性资产	不设上限
固定收益类资产	不设上限
权益类资产	含境内外上市权益资产及未上市股权及股权基金等，不包括自有资金投资的保险类企业股权。不高于上季末总资产的30%，其中创业投资基金不超过上季末总资产的2%

续表

大类资产	上限监管
不动产类资产	含不动产及相关投资计划、金融产品、境外不动产、REITs 等,不包括保险公司购置的自用性不动产。不高于上季末总资产的 30%
其他金融资产	指非标金融产品等。不高于上季末总资产的 25%
境外投资余额	不高于上季末总资产的 15%

资料来源:《关于加强和改进保险资金运用监管的通知》

表 1-3-3 显示了集中度及风险监测规定。

表 1-3-3　　　　　　集中度及风险监测规定

监管类别	监管要求
集中度风险监管	单一固定收益类、权益类、不动产类、其他金融资产类账面余额,不高于上季末总资产的 5%
	单一法人主体,账面余额不高于上季末总资产的 20%
风险监测	流动性监测,投资流动性资产与剩余期限在 1 年以上的政府债券、准政府债券的账面余额合计占比低于上季末总资产的 5%,财产保险公司投资上述资产的账面余额合计占比低于上季末总资产的 7%
	融资杠杆监测,同业拆借、债券回购等融入资金余额合计占比高于上季末总资产的 20%
	类别资产监测,(1) 投资境内具有国内信用评级机构评定的 AA 级(含)以下长期信用评级的债券,合计占比高于上季末总资产的 10%;(2) 投资权益类资产合计占比高于上季末总资产的 20%;(3) 投资不动产类资产合计占比高于上季末总资产的 20%;(4) 投资其他金融资产合计占比高于上季末总资产的 15%;(5) 境外投资合计占比高于上季末总资产的 10%

资料来源:《关于加强和改进保险资金运用监管的通知》

(四) 保险公司委外规模受"偿二代"的影响分析

偿付能力充足率(综合偿付能力充足率 > 100%),其计算方式是实际资本/最低资本,其中最低资本的计量是关键,首先以因子法和情景分析法测算保险风险、市场风险和信用风险的最低资本,然后将三种风险的最低资本通过相关系数矩阵进行风险聚合来计算整体量化风险最低资本。不同的资产配置会消耗不同程度的最低资本,进而影响偿付能力充足率,"偿二代"的实施,从深层次限制了保险公司资产配置选择。

(1)"偿二代"对第三方财险委外的影响。财险公司利率风险最低资本采用综合因子法,由于其负债端久期较短,资产端修正久期越长,利率风险因子越大；再加之久期较短资产间的信用利差风险因子变动较小，久期较长资产间的信用利差风险变动明显较大，高等级信用资产的信用风险因子明显低于低等级信用资产，故财险公司委外策略需求以短久期策略为主，比如现金管理类、短债、中短债策略等，可以有效降低其最低资本占用，同时考虑到收益与最低资本占用的平衡，并适度采用信用下沉。

（2）"偿二代"对第三方寿险委外的影响。寿险公司最低资本采用情景法，需要考虑利率敏感性资产和利率敏感性负债的久期缺口，降低利率风险因子的方法之一就是增加资产久期；再考虑到久期越长资产间的信用利差风险因子变动较大，且高等级信用资产的期限利差风险因子明显低于低等级信用资产，故寿险公司委外策略需求以中长期、高等级信用策略为主，可以有效兼顾其收益与最低资本占用的平衡。

（3）"偿二代"对第三方各类资产委外的影响。

一是固定收益类资产如果以公允价值计量且其变动计入其他综合收益或以公允价值计量且其变动计入当期损益，则需计算利率风险最低资本和利差风险最低资本；如果是持有至到期则可计入以摊余成本计量的金融资产，只需计算交易对手违约风险最低资本。同时，高等级信用资产的信用风险因子明显低于低等级信用资产，故考虑到风险收益比，采用信用适度下沉的、摊余成本估值的、持有至到期策略产品可以很好地满足险企的风险收益诉求。

二是上市权益类资产，"偿二代"对上市普通股票的风险因子要求普遍较高，但持有的主板股票和沪深300股票的风险因子相对较低。IFRS9实施后，险资更加倾向于高股息、低波动、低估值资产，在新的会计准则下，能够减少利润波动，稳定当期损益。

三是权益类、混合类资管产品以及权益类、混合类基金风险因子明显低于股票，通过资管产品投资于股票或基金相比直接投资股票都会降低其最低资本占用。故险企权益委外倾向于低估值、低波动的价值策略，以及以绝对收益为目标的FOF策略产品。

四是境外资产方面，"偿二代"在汇总不同风险资本时，考虑不同风险间的相关性，利用相关系数矩阵法汇总。例如境外资产价格风险与利率风险、汇率风险等都呈负相关性，风险汇总时分散效应可有效降低整体资本占用。且如果投资资产为美元或汇率跟美元挂钩的货币，则汇率风险因子的特征系数为零。故投资港股通等境外资产的投资策略，即可有效分散市场风险又可降低最低资本占用。

五是另类投资方面，2021年来推动公募REITs发展政策密集出台，未来公募REITs有望是险资投资不动产的重要方式。公募REITs收益率较高、经营期限较长、信用级别较高、可在证券市场挂牌交易，契合保险资产配置的三大原则。通过公募REITs投资于不动产的风险因子明显低于直接投资于不动产的风险因子，可以有效降低其最低资本占用。故未来配置有公募REITs资产的策略产品，对于险企而言，兼顾了收益性及最低资本占用，具有较大的吸引力。

（五）第三方保险委外的需求分析

（1）第三方保险委外的收益目标及原因分析。保险资金委外配置，一方面主要通过固收类产品覆盖负债成本，赚取固定利差，另一方面通过股票及基金类投资，提升投资收益率，增厚利润。

保险资金委外配置品种主要以信用债、A股、信托产品和境外投资为主。主要是出于两方面的原因：一方面是由于多数中小保险公司没有股票投资能力、无担保债投资能力和境外投资能力；另一方面是由于部分大型保险公司为提高内部资产的业绩比较基准，提升内部委托的竞争力，加大了A股和信用债等品种的委外投资力度。

（2）第三方寿险、财险委外的差异化需求。寿险公司负债久期长，固定收益类产品更关注期限匹配，以配置长久期债券、非标等资产，更注重收益的稳健性；权益类产品更关注股票、基金等资产的收益性。

财险公司负债久期短，期限匹配要求下，更关注资产的流动性，其次是资产的收益性。相比寿险，固定收益类资产主要投资于流动性管理工具，权益类资产更关注高流动性的股票、基金及其收益性。

（3）第三方大、中小保险委外的差异化需求。大型保险公司委外业务的关注重点不再聚焦于单维度的投资收益表现，而是更多关注投资收益和风险的平衡，引入收益/风险比的概念，以及风险约束指标如波动率、最大回撤、夏普比率等来考核投资经理的综合表现。一些有绝对收益管理理念和经验、回撤控制能力出色的投资经理，比高波动型投资经理，更具有竞争力。

中小型保险公司由于缺乏股票投资、无担保债投资、境外投资等核心大类资产的投资能力，核心资产也会委外，故无担保信用债、信托产品、A股和港股投资方面均具有较大的需求空间。另一方面，中小型保险公司在资产负债管理、资产配置及税收筹划方面能力也显不足，特别是随着"偿二代"和资产负债管理监管规则的实施，中小保险对资产负债管理和资产配置方面的需求显著提升。未来，可考虑通过为中小保险公司委托人提供资产负债管理、战略及战术资产配置、偿付能力风险管控、税收筹划、监管报表等服务来扩大中小型保险公司核心资产的受托管理规模。

三、代销成为拓展机构和个人合格投资者的新营销模式

保险资管产品属于私募产品，以往只能面向机构客户销售，多以直销为主。保险资管新规发布后，保险资管机构可以委托符合条件的金融机构以及中国银保监会认可的其他机构，代理销售保险资管产品。

（一）资管新规拓展了第三方业务目标客群和营销新模式

保险资管新规明确指出保险资管产品可由保险资产管理机构自行销售，也可以委托符合条件的金融机构以及中国银保监会认可的其他机构代理销售保险资管产品。

保险资管新规不仅打开了保险资管产品的代销模式，同时将代销渠道放宽至金融机构和其他机构，抹平了此前保险资管产品与其他资管产品的渠道差距。此外，代销模式的打开也是意在配合保险资管产品可向个人合格投资者销售的规定。客户受众面的拓宽，打开了保险资管产品的销售市场，在客户竞争异常激烈的大资管环境下，开拓代销渠道将会是未来保险资管机构业务拓展的重要方式。

（二）"银保通"系统为第三方业务代销模式打造了技术平台

为落实保险资管新规的有关规定，充分发挥金融基础设施功能作用，中保登牵头建设"银保通"系统。该系统着眼于结合监管要求和市场需求，在代理销售机构和保险资管机构之间搭建标准、规范、高效的保险资管产品代销业务平台。通过对接口标准、持有人账户、业务流程、产品代码等的统一化和标准化，兼顾了规范化管理和高效化运营，促进渠道和产品两端降本增效。

2020年12月"银保通"系统正式上线，行业已有10余家银行和保险资管机构完成了系统对接。通过"银保通"系统面向机构投资者销售各类资管产品，将进一步为资本市场引入源头活水，更好服务实体经济。

另外，代销模式中，商业银行和证券公司作为最主要的代销渠道，其中银行凭借网点众多、公信力强等优势而被银行理财、信托、公募基金等产品所依赖，但同时渠道费用也较高。

(三) 开拓代销模式需要做好配套的制度流程、系统建设和风险管控

销售管理制度方面，保险资管产品定位为私募产品，主要面向合格机构投资者非公开发行，同时适度向个人合格投资者非公开发行。销售对象的拓展需要从保险资管公司的销售管理制度相关方面落实，进一步细化代销管理制度。

代销系统建设方面，目前业内代销模式有两种：一是类似公募基金，采用中登模式，资管公司与代销机构代销系统直连，直接进行数据交互（通过深证通进行数据交互）。二是采用中保登模式，即资管机构 TA 系统通过中保登"银保通"系统，对接代销机构代销系统。

风险管理制度方面，应当建立涵盖产品运营风险预警、风险事件处置、数据报送、信息披露和报告等方面的制度；建立产品风险处置机制，制定应急预案。

第三节 第三方业务产品策略布局

产品开发设计能力在第三方资产管理业务中尤为重要，组合类产品和另类投资产品是加强产品创设能力的重要领域。目前，我国保险资管公司组合类产品规模大，针对不同客户群体的差异化需求，大机构发行组合类资产管理产品、细化产品链、增加产品种类来满足客户不同阶段的需求，而中小机构则通过差异化产品设计、集中优势、形成对具体业务的核心优势来拓展第三方业务。随着市场不断成熟，组合类产品客户逐渐覆盖银行、保险、非金融企业和个人，产品投资收益率相对较高。保险资管机构应逐渐完善组合类产品，补充固定投资之外的投资能力，给予第三方客户更高的投资收益预期，获取更广泛的资金来源。

一、充分发挥固收投资优势，打造以绝对收益为目标的"固收+"策略产品

我国的保险资产配置结构仍以各类债券、银行存款、非标等固收类产品为主，保险资管机构在固定收益类产品投资策略上体现出较强的资产配置能力和获取绝对收益的能力。尽管近年来资产配置类型愈加多样化，但固收类资产投资仍然是保险资管机构的核心能力。

截至 2021 年 6 月底，按产品类型统计，银行理财固定收益类产品占全部理财产品存续余额的 88.18%；按产品风险收益特征统计，银行理财 R3（含）以下产品占银行理财总规模的 99.54%。

保险客户也同样面对纯固定收益策略产品难以覆盖负债端刚性成本约束的问题，因此各类客群对于"固收＋"策略寄予厚望，希望为其带来"收益/风险比"高的策略产品。

保险资管机构在拓展第三方业务的同时，应充分发挥在固定收益类产品的传统资产配置优势，完善固收策略投资体系，着重打造"固收＋"产品系列，通过权益类资产优化产品结构、丰富产品体系、增厚产品收益，从而在保持自身优势的基础上增强产品吸引力，把握投资偏好为中低风险、获取稳健收益的个人客户和机构投资者核心需求。

二、充分发挥大类资产配置优势，打造以动态资产配置为标签的 FOF 策略产品

在 2021 年结构性行情分化、板块轮动较快的背景下，投资者通过购买权益基金来实现资产稳健增值的难度越来越大。FOF 产品通过大类资产动态调整分散风险、平滑波动、改善组合收益风险比，创造稳健组合回报的特点，对于风险高度敏感的银行客户来说越来越具有吸引力，"买股不如买基，买基不如买 FOF"会逐渐成为市场共识，未来 FOF 产品发展空间广阔。FOF 投资能力主要体现在两方面能力：一是基金筛选能力；二是大类资产动态配置能力，尤其是大类资产动态配置能力，是其产品在不同市场环境且均可获得稳健收益的关键性因素。

截至 2021 年 6 月底，银行及理财公司共存续 FOF 理财产品 153 只，存续规模 1 144 亿元。其中，理财公司 FOF 产品规模占全部 FOF 理财产品存续规模的 70.94%。从资产配置情况看，FOF 理财产品投资公募基金规模占比 43.65%。所投资公募基金资产中，股票基金、混合基金规模合计占投资公募基金规模的 36.80%。

银行理财 FOF 产品更多的是于基金基本面研究和分析，基金筛选能力较强，在 FOF 大类资产动态配置方面策略较为单一，还处于策略的打造期。针对这个时间窗口保险资管机构可考虑以产品/投顾等形式输出灵活多样的、精于绝对收益创造的 FOF 投资策略，成为银行理财 FOF 投资的重要合作伙伴。

三、围绕国家发展战略，创新产品策略

对比成熟保险资管市场，我国保险资管市场产品创新性和专业性相对欠缺，普遍存在产品同质化现象，产品吸引力有限。组合类产品创新应注重围绕国家战略做好业务布局，重点关注养老医疗、科创、新消费、新经济、新基建、新能源、ESG 投资等领域，这些投资领域既符合国家长远发展战略，也是行业未来新的增长点。

另类产品创新应以响应国家重大公共项目和相关政策融资需求，满足国家战略要求且具备稳健收益的产品为主，通过债权投资计划、股权投资计划、资产支持计划等方式服务于实体经济，使保险资管产品逐渐成为推进国家实体经济和金融经济的重要力量。

根据中国保险资产管理业协会数据显示，截至 2020 年底，保险资管业共登记注册债权投资计划、股权投资计划和保险私募基金 461 只，同比增加 77.3%；登记注册规模 9 758.44 亿元，同比增长 71.6%。长周期型的另类产品回报率稳定可观，符合保险资金对投资长期性、稳定性资产的需求，有助于提升总体收益率并拉长资产端久期，优化保险资金资产负债结构。这也是保险资管机构的优势所在，可借此快速打开三方业务发展。

第四章
保险资管机构发展第三方业务的策略及政策建议

对保险资管机构而言，关联方内部保险资金始终是保险资管机构的主要资金来源，服务好保险主业、做好保险资金的投资运用、在稳健前提下提升保险资金投资收益是保险资管机构的首要职能。在做好内部保险资金运用的前提下，保险资管机构可以借鉴国际经验，积极拓展第三方业务，有利于丰富其资金来源，扩大资产管理规模，减弱对于股东关联资金的依赖性，在竞争中强化自身投资能力，创造更多管理费收入，提高保险资管机构整体盈利能力。针对

保险资管机构发展第三方业务，我们提出对机构及行业发展的建议如下：

第一节　对保险资管机构发展第三方业务的策略建议

一、核心能力：发挥大类资产配置和固定收益投资优势，打造能力标签

保险资管机构要发挥在大类资产配置和固定收益投资方面积累的丰富经验，发挥比较优势，重点打造以大类资产配置、固收、类固收投资能力为主的核心竞争力和能力标签。要基于管理保险资金沉淀积累的经验，完善投研体系，从久期、收益、成本、流动性、风险等多方面综合考量，为第三方资金匹配更加合适的资产，提供更个性化的资产管理服务。构筑同券商、公募基金等其他机构的差异化竞争优势，持续巩固在保险资金等长期资金运用上的先发优势，在大类资产配置、组合管理和固定收益投资方面优势，实现传统投资能力在组合类资管产品、公募产品和养老金产品中的复制。此外，加大另类投资产品开发，发挥保险资管机构在基础设施、公用事业、能源等非标项目方面的开发能力，进一步巩固和增强保险资管机构类固收投资能力。

二、产品策略：以绝对收益目标为主，重点打造"固收+"和FOF产品

保险资管机构应围绕自身核心能力，一是打造以绝对收益为目标的"固收+"策略产品，丰富"固收+"产品货架。通过丰富"+"所包括的产品策略内容，提升固定收益的主动投资能力，强化投资收益，增强产品的市场竞争力。二是打造以绝对收益为目标、低波动、低回撤的FOF产品。适应资本市场结构化行情，保险资管机构应充分发挥自身在基金筛选和大类资产动态配置方面的能力，通过大类资产动态调整分散风险、平滑波动、改善组合收益风险比，创造稳健回报、低波动、低回撤的产品，服务于风险敏感型的客户群。一方面，围绕自身核心投资能力打造明星产品，作为拓展第三方资产管理客户的拳头产品。另一方面，可以根据客户投资需求和资金属性，以"量身定做"的方式开发保险资管产品，满足第三方客户的多元化、差异化和个性化服务需求，成为专业化的综合金融解决方案提供商。

三、客户策略：以银行保险等机构客户为主，逐步规划高净值个人客群

国内保险资管机构仍处于第三方业务发展的初期，仍将以机构客户为主。银行理财及理财子公司、中小保险公司是保险资管机构的主要机构客户群。特别是银行理财和理财子公司既是保险资管机构的竞争者，同时也是保险资管机构的重要客户。要处理好与银行的关系，加强与银行及子公司的合作，优势互补，拓展业务规模。从全球资管机构来看，随着全球经济发展、个人财富积累、专业化理财理念普及，个人客户日益成为头部资管机构十分青睐的优质资金来源竞争地，保险资管机构中长期应着眼于培育个人客户群。着眼于个人合格投资者，可利用已积累的客户资源，遵循"私人财富管理客户、高净值客户、中高端客户、普通客户"的路径，逐步拓展客群，用好公募基金业务牌照，发挥协同作用对个人客群提供分层分类服务。

四、渠道策略：加强与中介平台合作，丰富代销渠道

代销渠道和合格个人投资者放开后，保险资管机构可以面向更广泛的客户销售保险资管产品，销售渠道建设就变得愈加最重要。开拓代销渠道，将成为保险资管机构业务拓展的重要方式。一是要充分挖掘与中保登等行业平台的合作机会，积极参与"银保通"系统建设。中保登牵头建设的"银保通"系统，在代理销售机构和保险资管机构之间搭建了标准、规范、高效的保险资管产品代销业务平台，可促进渠道和产品两端降本增效。保险资管机构可以通过"银保通"系统向更多机构投资者销售各类资管产品，有利于扩大保险资管机构的客户覆盖面和辐射面，同时也可以为资本市场引入更多投资者，更好服务实体经济。二是加大与商业银行和证券公司等金融机构的合作，丰富代销渠道。作为最主要的代销渠道，银行凭借网点众多、公信力强等优势而被银行理财、信托、公募基金等产品所依赖，加强与银行的合作，将是保险机构拓展代销渠道的首选。但相较直销模式，代销模式需要向代销机构支付较高费用成本，保险资管机构需要评估投入产出比。还应建立多层次的银行渠道关系网，避免过度依赖单个银行或者单一渠道。

五、扩张策略：并购可迅速做大资产规模，获取客户和投资能力，实现跨越式增长

资管行业存在比较显著的头部聚集效应，头部机构"赢者通吃"。因此，

保险资管机构想要提升竞争力，除依靠自然增长外，可考虑通过并购方式实现优势增强和跨越式增长。并购有利于快速获取专业团队和投资能力，拓展客户和产品线，特别是在拓展新的业务领域和区域时，有利于快速提升市场竞争力，扩大管理资产规模。但跨业并购对资源整合能力要求较高，不可盲目扩张。需要做好并购整合，包括团队融合、文化融合、机制衔接等。

六、支持策略：加快金融科技运用，提升产品和服务创新能力

保险资管机构要加快金融科技在资产管理中的应用，既要加强金融科技在投资领域的应用，创新产品策略，例如开发 smart-beta、自构建指数、指数增强等被动量化产品，提升资产配置能力和投资收益水平；也要加大金融科技在中后台运用管理中的应用，实现中后台管理的数字化、自动化和智能化，提升运用管理效率和风险预警能力；加快金融科技在智能投顾产品设计及客户甄别与服务方面的应用，在提升客户满意度的同时，降低客户获取与服务成本。

七、人才策略：通过市场化机制，加强投资人才队伍建设

人才是资管机构的核心资源，是资管机构核心竞争力的基础。与基金、券商和信托等其他资管子行业相比，保险资管机构的人才总量不足、结构不合理、人员流动性较大。大资管时代，部分保险资管公司尚未形成与之相适应的人才培养观念，保险资管机构要逐步走向市场化，建立健全绩效导向的、市场化的人才筛选机制、考评机制和激励约束机制，加大人才培养和人才储备。

第二节 对发展第三方业务的行业政策建议

一、完善保险资管产品相关基础建设，规范信用评级建设

一是加快完善保险资管产品集中交易平台建设。对于保险债权计划、股权计划等另类产品，建议通过行业基础设施平台，推动优质中长期另类资产的市场交易，提升资产流动性。二是强化市场主体约束。运用大数据和监管科技手段，提高保险资管行业的信息透明度，加强行业自律。信用风险暴露日益增加，倒逼信用评级机构提升信评结果的客观性和准确性。建议加强信用评级市场监管，规范信用评级业务标准，建立信用评级行业组织，增强市场主体自我约束，充分发挥信用评级对于投资风险识别和价格发现应有的作用。培育有国

际竞争力和公信力的市场化评级机构，增强金融市场定价话语权。

二、加大对保险资管机构创新的支持力度和包容性

战略布局层面，鼓励保险资管机构围绕港股通、债券通、人民币国际化、"一带一路"倡议等政策拓展。机构布局层面，建议坚持审慎原则，结合自身实际和当地市场情况，采取"自设"或"并购"的策略加快国际化推进，抓住机遇拓展国际市场。产品层面，形成自下而上的自主创新链条、鼓励产品面向业外销售。

三、统筹平衡大资管制度政策，营造公平市场环境

2018年资管新规实施，明确了资管行业的统一监管标准，为资管行业健康发展、保险资管机构发展三方业务创造了良好的制度环境。但由于历史原因，与银行、信托、基金等其他金融机构相比，保险资管机构在税收制度、人才激励机制等方面仍存在着一定程度的不平等现象。比如：保险私募股权基金面临银行保险业和证券业的"双重监管"，保险资管公司的专户业务相比公募基金专户受到更多限制，组合类资管产品相比公募基金无税收优惠政策，保险股权计划相比私募基金存在所得税、增值税的"双重征税"，保险资管业人才市场化激励机制不足等。建议监管部门进一步细化拉平资管行业的监管政策标准，持续营造公平竞争的大资管市场环境。

参考文献

[1]《2019—2020保险资产管理业调研报告》[M]. 中国保险资产管理业协会，2020.

[2]《保险资管行业的海内外比较》，中信建投证券非银＆金融科技.

[3]《中国银行业理财市场半年报告（2021年上）》.

[4]"十四五"期间中国财富管理市场竞争格局》[J]. 中国保险.

[5]《中国保险资产管理业发展报告（2019）》[R]. 中国财政经济出版社.

[6]《2020年全球资产管理报告》[R]. 波士顿咨询（BCG）.

[7]《2019年全球资产管理行业报告》[R]. 安永会计师事务所（Ernst & Young）.

[8]《未来十年全球财富管理和私人银行的趋势及制胜战略》[R]. 麦肯锡中国金融业CEO季刊（McKinsey & Company）.

[9] 曹德云. 我国保险资产管理产品的改革与发展 [J]. 银行家，2020（6）：104-106.

专题二

保险资管机构第三方资管业务战略布局与国际经验借鉴

课题承担单位：太平资产管理有限公司
课题负责人：曹 琦
课题组成员：乞 宁　　吴怡宁　　陈 衮　　胡焯侔
　　　　　　杜长春　　曹 珊

近年来，受益于保险负债端的稳定增长以及居民理财需求上升，保险资管机构资产管理规模保持平稳增长，并成为资管行业重要管理机构。与此同时，保险资管机构的专业化、市场化程度也得到了显著提升，并积极参与资管行业竞争，保险资管机构第三方资管业务得到了快速发展，这对于更好地服务保险主业、提升利润贡献发挥了重要作用。在资管行业统一监管、规范发展背景下，保险资管机构第三方资管业务市场拓展空间巨大，基于国际经验下分析我国保险资管机构第三方资管业务战略布局以及发展策略具有重要现实和指导意义。第一，课题从保险资管机构第三方资管业务资金来源、保险资管产品市场表现等角度出发，梳理总结了我国保险资管机构第三方资管业务发展现状。第二，对我国保险资管第三方资管业务面临的发展机遇、政策基础以及市场环境进行了分析，并重点分析了各类资管行业市场主体的竞争优势和不足，以及金融开放格局下我国资管市场面临的国际竞争环境。第三，结合国际保险资管第三方资管业务发展特征、产品结构与资产配置特征等，对国际保险资管机构第三方资管业务发展经验进行了总结，为我国保险资管机构第三方资管业务发展策略等提供参考。第四，课题结合国际保险资管发展经验，对我国保险资管机构第三方资管业务发展面临的发展优势、问题与不足进行了分析总结，并重点分析了买方投顾发展下，我国资产管理业务向财富管理转型的发展趋势，及其对保险资管第三方资管业务转型的启示与挑战。

第五，从保险资管机构第三方资管业务布局、产品化以及业务发展三个层面，提出了相应的策略建议。在第三方资管业务布局方面，建议采取的策略主要包括：关注政策变化，明确以客户为中心的业务策略，加强产品创新能力建设并找准市场定位、发挥自身优势特色；在保险资管机构第三方资管业务产品化发展策略方面，建议加大资管产品创新开发，积极发展绝对收益策略产品，巩固发展"固收+"类产品，积极拓展FOF/MOM多元化产品策略；在第三方资管业务发展方面，建议把握资管行业发展趋势，提升市场化核心竞争能力，完善客户开发与服务体系，构建新形势下的同业竞争合作关系。

第一章
我国保险资管机构第三方资管业务发展现状

第一节 保险资管机构第三方资管业务发展概况

我国保险资管机构自成立以来，在服务系统内保险资金与实体经济方面发挥了重要作用；同时，随着资产管理专业化、市场化的持续深化，保险资管逐步参与到资管同业的竞争中，通过市场化竞争有助于进一步提升自身管理能力，更好地服务保险资金运用。经过多年发展，我国保险资管机构在受托管理银行资金、养老资金等方面取得了积极成效，为第三方资管业务的持续发展奠定了基础。

一、保险资管第三方资管业务发展进程

2013年2月，原中国保监会发布《关于保险资产管理公司开展资产管理产品业务试点有关问题的通知》，支持保险资管机构开展资产管理产品业务试点，明确保险资管公司可以作为管理人，向投资人发售标准化产品份额募集资金，由托管机构担任资产托管人，为投资人利益运用产品资产进行投资管理。但产品限于向境内保险集团（控股）公司、保险公司、保险资产管理公司等具有风险识别和承受能力的合格投资人发行，投资范围限于银行存款、股票、债券、证券投资基金、央行票据、非金融企业债务融资工具、信贷资产支持证券、基础设施投资计划、不动产投资计划、项目资产支持计划及（原）中国保监会认可的其他资产。此举意味着保险资产管理公司发行资产管理产品业务的开闸，为保险资管机构拓展第三方资产管理业务奠定政策基础。随着我国资管市场的快速发展，以及保险资金委外管理需求的上升，保险资管公司市场主体不断增加，保险资管第三方资产管理业务也得到快速发展。2018年资管新规的发布，统一了资管业务监管规则和标准，为保险资管参与大资管行业市场化竞争提供了新机遇。图2-1-1数据显示，近5年来我国保险资管公司资产

管理规模稳步增长，规模由2016年的12.38万亿元增长至2020年的18.02万亿元，年均增速9.1%。

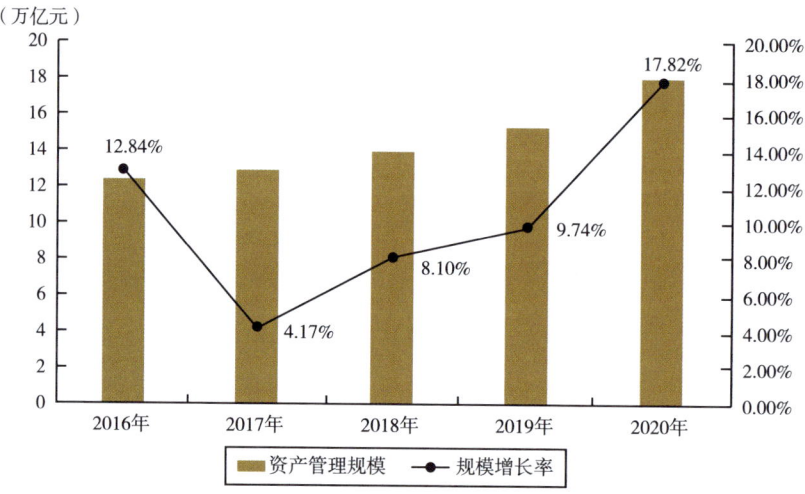

图2-1-1 2016—2020年保险资管公司资产管理规模及增速情况

资料来源：保险资产管理业协会

二、保险资管第三方资管业务发展现状

（一）第三方资产管理规模达4.4万亿元

从管理规模角度看，根据保险资产管理业协会调研数据（见图2-1-2），截至2020年末，我国27家保险资产管理公司管理资产规模合计19.14万亿元，其中关联方保险资金14.7万亿元，第三方保险资金与业外资金分别为1.58万亿元和2.82万亿元，非关联方管理资金规模合计4.4万亿元。业外资金包括银行资金、基本养老金、企业年金、职业年金等。

（二）第三方资管业务规模占比超20%

从规模占比角度看，图2-1-3表明2020年末保险资管机构管理的第三方资金占比23.0%，其中第三方保险资金占比8.2%，业外资金占比14.7%。在业外资金中银行资金占比最高为5.0%，企业年金与职业年金分别占比3.6%与1.4%。整体来看，保险资管机构管理的第三方资金占比超过20%，并且保险资管机构有6家机构第三方资金规模占比超过50%。由此可见，第三方资管业务已成为保险资管公司重要的业务构成和拓展方向。

专题二　保险资管机构第三方资管业务战略布局与国际经验借鉴

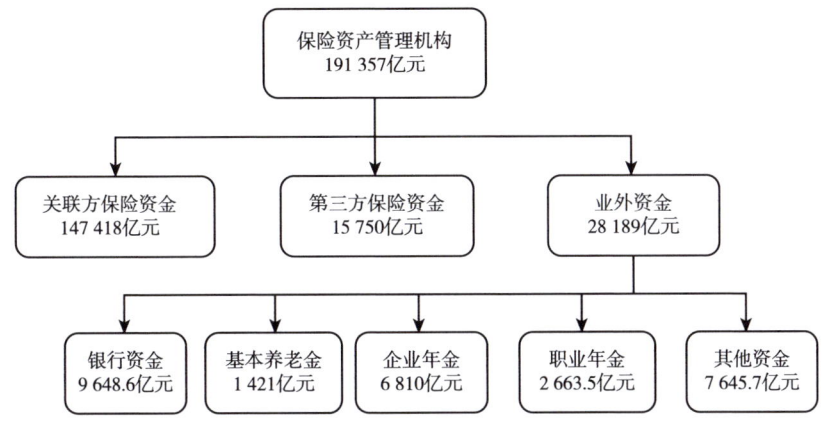

图 2-1-2　2020 年末保险资管公司资金来源结构

资料来源：中国保险资产管理业协会

（三）第三方客户以银行、养老类资金为主

从保险资管第三方资管业务客户类型看，图 2-1-3 表明，除第三方保险资金外，保险资管机构第三方资金主要为银行资金以及企业年金等养老类资金，这与保险资管机构投资风格稳健相匹配，更符合保险资金以及养老类资金低风险偏好投资需求。

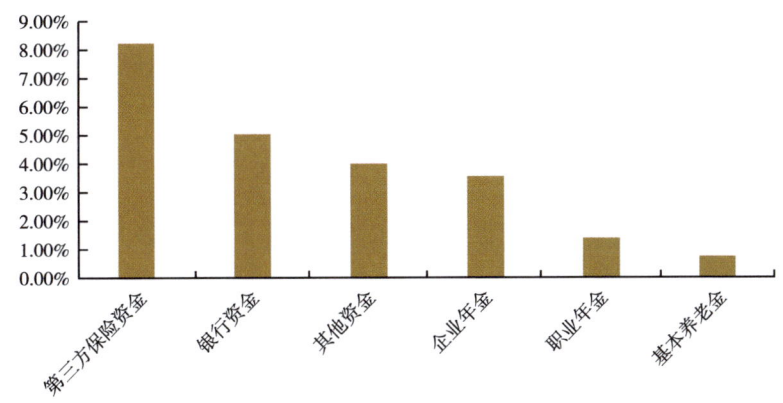

图 2-1-3　2020 年末保险资管公司第三方资金来源与占比

资料来源：中国保险资产管理业协会

三、第三方资金来源结构变化

保险资管机构第三资金主要由保险资金、银行资金以及养老金构成，其中

51

养老金包括基本养老金、职业年金以及企业年金。从近几年占比变化看,养老金占比由2018年末的3.71%提升至2020年末的5.69%,占比提升明显并且整体较为平稳,第三方保险资金以及银行资金受资管新规影响后,2020年得到明显恢复(见图2-1-4)。

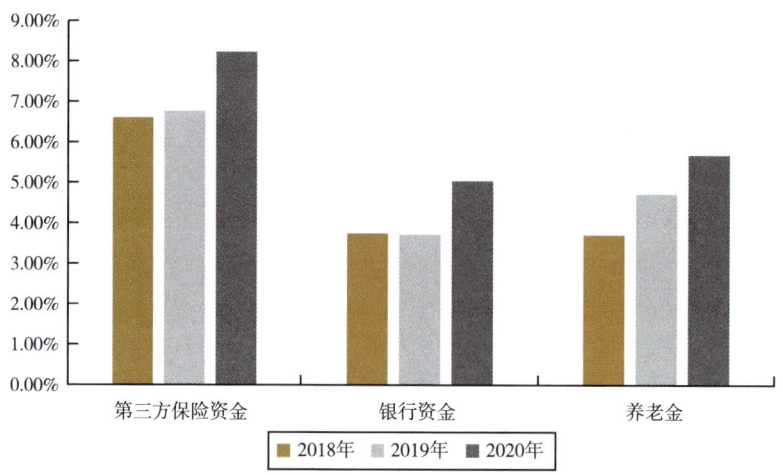

图2-1-4 2018—2020年保险资管公司第三方资金主要来源占比变化

资料来源:中国保险资产管理业协会

第二节 保险资管产品分类与发展情况

一、保险资管产品构成以及发展概况

(一)保险资管产品构成

1. 按产品形式分类

根据《保险资产管理产品管理暂行办法》的规定,保险资管产品的定位为私募产品,按产品形式分类包括债权投资计划、股权投资计划和组合类保险资管产品等。保险资管产品在发行机制方面,债权投资计划和股权投资计划采取注册发行,组合类保险资管产品按登记发行,取消首单组合类保险资管产品核准要求。

2. 各类形式保险资管产品规模

图2-1-5显示,截至2020年末,保险资管产品整体管理规模为3.33万亿元。其中,债权投资计划存续规模1.11万亿元,同比增长7.9%;股权投资计划

存续规模0.08万亿元,同比下降0.4%;组合类产品存续规模为2.14万亿元,同比增长65%。数据表明,组合类产品存续规模大,增速高,发展势头较好。

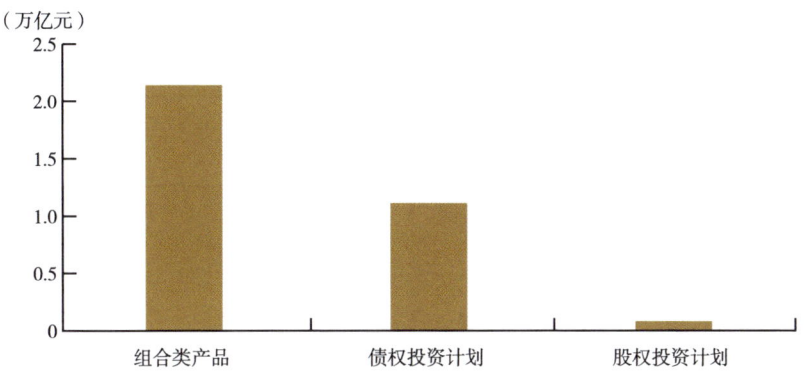

图 2-1-5　保险资管产品按形式分类及规模

资料来源:中国保险资产管理业协会

(二) 保险资管产品按投资性质分类构成

按照投资性质的不同,《保险资产管理产品管理暂行办法》采用四分类法,将保险资管产品分为固定收益类产品、权益类产品、商品及金融衍生品类产品和混合类产品(见表2-1-1)。各类产品各具特色:固定收益类产品在保险资产管理产品中占比最高;权益类产品主题明确,包括绝对收益策略产品、量化策略产品、指数型产品等保险资产管理产品;混合类产品采用的策略较为丰富。保险资管产品中的货币型/现金管理类产品在投资范围、收益率等方面具有明显优势。图2-1-6显示了2020年末各类型保险资管产品规模占比,其中固定收益类(非现金管理类)占比最高为72%,权益类与混合类分别占比11.1%和5.5%。数据表明,固收类保险资管产品是保险资管机构重要产品类型。

表 2-1-1　　　　　　　　保险资管产品按投资性质不同的分类

产品类型	投资比例
固定收益类产品	投资于债权类资产的比例不低于80%
权益类产品	投资于权益类资产的比例不低于80%
商品及金融衍生品类产品	投资于商品及金融衍生品的比例不低于80%
混合类产品	投资于债权类资产、权益类资产、商品及金融衍生品类资产且任一资产的投资比例未达到80%

资料来源:中国银保监会

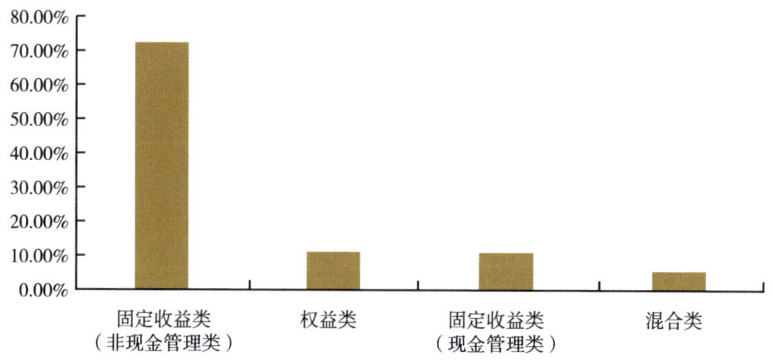

图 2-1-6 组合类保险资管产品类型与占比（2020 年末）

资料来源：中国保险资产管理业协会

二、组合类保险资管产品资金来源

组合类保险资管产品是保险资管机构开展第三方资管业务的重要途径，图 2-1-7 显示了组合类保险资管产品资金来源，主要包括系统内保险资金、第三方保险资金、银行资金以及其他资金。数据显示，近三年组合类保险资管产品资金来源中，系统内保险资金占比持续下降，由 2018 的 41% 降至 2020 年的 22.6%，而银行资金占比由 2018 年的 23.4% 上升至 2020 年的 37.7%。2020 年末第三方资金整体占比 77.4%，占据主导地位，同时银行资金已成为组合类保险资管产品重要资金来源，也是保险资管机构开发第三方资管业务的重要方向（见图 2-1-7）。

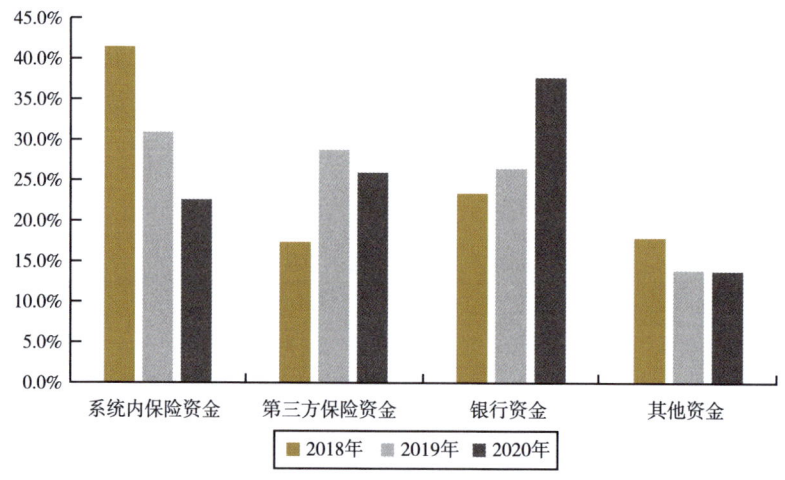

图 2-1-7 组合类保险资管产品资金来源及占比变化

资料来源：中国保险资产管理业协会

三、各类保险资管产品资金构成

从保险资管组合类产品细分资金来源构成看，不同类型资管产品资金来源差异较大，图2-1-8显示，权益类与混合类保险资管产品中系统内保险资金占比分别为73.6%和44.6%，资金以系统内保险资金为主，相比之下，固定收益类保险资管产品以第三方资金和银行资金为主，其中现金管理类固收产品第三方保险资金占比最大为48%，而非现金管理类固收产品中银行资金占比最大为47.5%。表明第三方保险资金关注于现金管理类保险资管产品，而银行资金更青睐于非现金管理类保险资管产品，同时两类资金对于权益型保险资管产品需求有限。

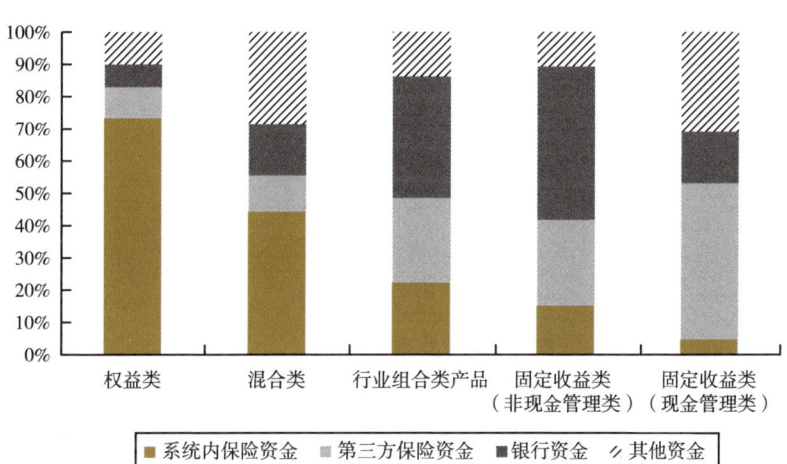

图2-1-8　各类保险资管产品资金来源及占比（2020年末）

资料来源：中国保险资产管理业协会

第三节　保险资管产品市场表现情况

在资管产品的四个分类基础上，为更清晰揭示保险资产管理产品线情况，综合投资范围和策略类别进行分布情况统计，根据华宝证券相关研究，结合Wind数据以及市场公开信息，对保险资管产品市场收益表现进行分类统计比较，进一步分析保险资管机构在各类资管产品条线优势和不足。

一、保险资管产品收益率表现

(一) 股票型保险资管产品收益表现

2020年沪深300全年涨幅为27.21%,表2-1-2显示79只股票型保险资产管理产品样本收益率中位数为34.84%,收益率区间为[-8.28%,115.94%],样本中有49只产品在2020年跑赢沪深300指数。

表2-1-2　　　股票型保险资管产品2020年收益率前五

产品简称	2020年	2019年	2018年	管理人
太平资产太平之星14号	115.94%	0.75%	—	太平资产
阳光资产-成长精选	91.44%	44.86%	—	阳光资产
平安资管医疗主题股票精选（如意10号）	90.21%	64.13%	-18.22%	平安资产
大家资产-盛世精选2号（第二期）	89.52%	—	—	大家资产
阳光资产-周期主题精选	88.81%	34.49%	-24.47%	阳光资产

资料来源：Wind,华宝证券

注：由于保险资产管理产品投资范围约束条件未披露,因此,通过Wind获取的分类可能存在不当等情况

(二) 量化型保险资产管理产品收益表现

表2-1-3显示从Wind获取到的28只量化型保险资管产品样本的收益率中位数为27.96%,收益率区间为[-8.66%,67.30%],27只产品在2020年录得正收益,其中有15只在2020年跑赢沪深300指数。

表2-1-3　　　量化类保险资管产品2020年收益率前五

2020年	2019年	产品类型	管理人
67.30%		量化类-混合型	太平资产
43.22%	34.14%	量化类-股票型	平安养老
42.88%	40.90%	量化类-股票型	太平资产
40.49%		量化类	长江养老
37.27%	41.77%	量化类-股票型	泰康资产

资料来源：Wind,华宝证券

(三) 债券型保险资产管理产品收益表现

债券型保险资产管理产品除80%以上比例投资于债券资产外,剩余不超

过20%的比例中,可以投资于权益类资产以及非标类资产等。表2-1-4显示,通过Wind获取的182只固收型保险资管产品样本的收益率中位数为5.83%,收益率区间为[-2.83,68.24%],有6只产品2020年录得负收益。

表2-1-4 债券型保险资管产品2020年收益率前五

产品简称	2020年	管理人
华安财保安创稳赢1号	68.24%	华安财保资产
泰康资产-稳定2号	42.64%	泰康资产
大家资产-稳健精选2号(第十七期)	30.51%	大家资产
泰康资产-稳定32号	27.90%	泰康资产
大家资产-稳健精选2号(第十八期)	27.74%	大家资产

资料来源:Wind,华宝证券

(四) 混合型保险资产管理产品收益表现

根据资管新规分类,凡不满足80%投资于单一类别资产的组合品种即属于混合型产品,区别于公募基金产品,保险资产管理产品组合里除股票、债券、基金外,还可以配置非标资产。因此,组合收益来源更多,策略也更复杂。2020年,57只混合型保险资管产品样本的收益率中位数为36.97%,收益率区间为[-4.03%,119.28%],其中有34只产品跑赢沪深300指数。表2-1-5显示收益率最高的产品为太平资产太平之星13号,收益率为119.28%。

表2-1-5 混合型保险资管产品2020年收益率前五

产品简称	2020年	2019年	管理人
太平资产太平之星13号	119.28%	—	太平资产
太平资产太平之星24号	118.62%	1.46%	太平资产
太平资产太平之星22号	117.47%	1.85%	太平资产
太平资产太平之星10号	117.07%	1.52%	太平资产
太平资产太平之星安心8号	88.27%	3.74%	太平资产

资料来源:Wind,华宝证券

(五) 流动性管理类保险资管产品收益表现

由于保险资金与银行开展存款业务具有优势,加上保险资管产品的私募可定制性,相比于公募货币基金,流动性管理类保险资产管理产品的收益率较有优势,是保险资金进行流动性管理的重要工具,也颇受银行资金的青睐。2020年流动性管理类保险资管产品七日年化收益率情况,与公募货币基金相比收益率普遍高 1 个百分点以上（见表 2-1-6）。

表 2-1-6 货币型保险资管产品七日年化收益率前五位

（收益截至 2020 年 12 月 31 日）

产品简称	每万份计划收益（元）	七日年化收益率（%）	管理人
太平洋稳健宝	4.5061	2.9279	太平洋资产
华安财保安源 5 号	3.9640	4.4196	华安财保资产
华安财保安鑫货币	3.9580	4.2612	华安财保资产
大家资产-稳健精选 3 号（第一期）	3.8790	4.1687	大家资产
中意资产-日日增利	3.8100	1.0310	中意资产

资料来源：Wind，华宝证券

（六）FOF/MOM 型保险资管产品收益表现

在纳入统计的样本中有 10 只产品采用 FOF 或 MOM 的方式进行投资，2020 年均取得正收益，收益率中位数为 39.41%，收益率区间为 [8.07%，57.22%]。表 2-1-7 显示了前五位 FOF/MOM 类保险资管产品收益率情况。

表 2-1-7 FOF/MOM 类保险资产管理产品收益率前五位

产品简称	2020 年	2019 年	2018 年	FOF/MOM 类型	成立日期
平安资管新动力 FOF（如意 11 号）	57.22%	50.67%	-5.17%	混合型基金	2018-09-07
太平洋卓越财富优选 50	55.46%	35.83%	-22.95%	股票型基金	2013-11-29
平安资管基金精选 FOF（如意 9 号）	48.27%	38.53%	-20.39%	股票型基金	2014-03-19
泰康资产-FOF 进取 2 号	47.97%	—	—	股票型基金	2019-06-26
华泰基金精选二号	45.35%			偏股混合型基金	2018-04-20

资料来源：Wind，华宝证券

二、组合类保险资管产品资产配置情况

从组合类保险资管产品的投向来看，截至 2020 年底，组合类产品投资规模前两位资产分别为存款、债券与央行票据，合计占比 70.7%，股票占比 10.9%（见图 2-1-9）。从资金投向看，在固收领域包括了存款、债券、票据、企业债等产品类型，在权益领域包括了 A 股、港股以及定增、新股等二

级市场产品,还包括了股权投资计划、债权投资计划、资产支持计划、信托计划等非标资产。整体来看,保险资管机构投资资产广泛,投资能力相对齐全,尤其在固定收益以及非标等领域较公募基金、券商资管以及银行理财等同业具有一定竞争能力。

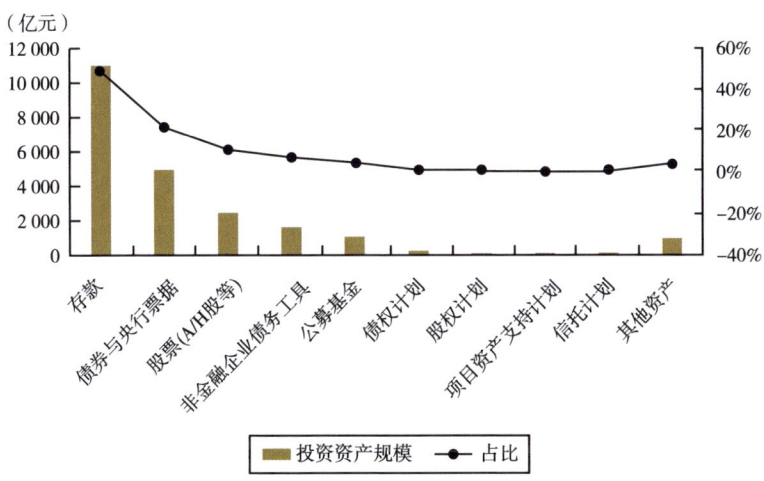

图 2-1-9 组合类保险资管产品投资资产构成及占比（2020 年末）

资料来源：中国保险资产管理业协会

第二章
保险资管第三方资管业务面临的发展机遇与环境

当前我国资管市场正处于规范发展新阶段,各类型资管机构在统一监管标准下公平竞争,国际资管机构以及银行理财子公司等其他市场主体正处于市场培育和转型发展阶段,保险资管机构可以凭借自身固有优势,加快第三方资管业务布局,把握市场发展时间窗口期。

第一节 保险资管第三方资管业务面临的发展机遇

一、后新规时代资管市场规模稳步增长

(一) 我国资管行业稳步扩张

根据中国光大银行与 BCG 联合发布《中国资产管理市场 2020》研究报告，截至 2020 年底，我国资管市场规模达到 122 万亿元，相较 2019 年的 111 万亿元增长了近 10%（见图 2-2-1）。行业总体规模已恢复到资管新规实施前水平，有专业机构预测，预计至 2025 年，我国资管市场总规模将超过 200 万亿元，资管行业规模处于稳步扩张的路径中。

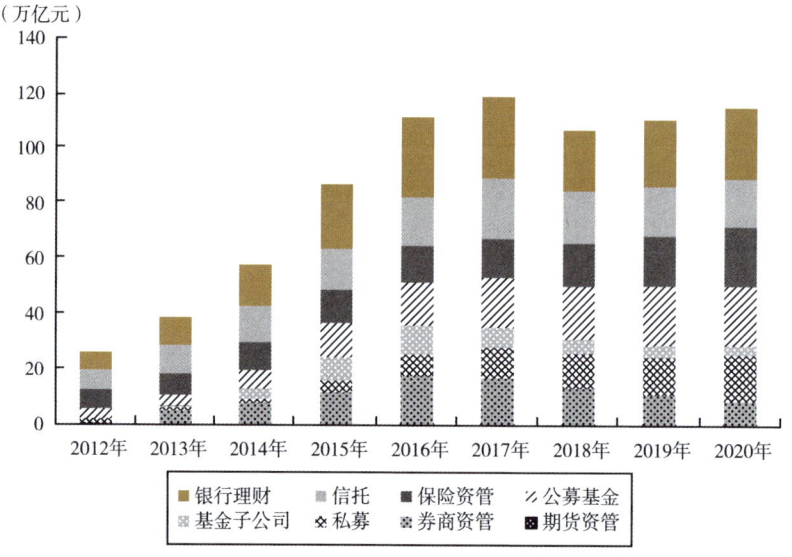

图 2-2-1 我国资管行业构成及规模变化

资料来源：《中国资产管理市场 2020》

(二) 资管市场的潜在资金来源依然充沛

随着经济快速发展，居民收入提升迅速，财富管理行业发展进入快速发展期。2020 年中国 GDP 达到 101.6 万亿元，人均 GDP 超过 1 万美元，城镇居民的可支配收入达到 4.4 万元（见图 2-2-2）。根据招行 & 贝恩私人财富报告显示，2020 年我国个人可投资资产为 241 万亿元，2008—2020 年年均复合增

长率为 16%，预计 2021 年超过 268 万亿元（见图 2－2－3）。这些都是资管市场的输血来源，表明资管市场的潜在资金来源依然充沛。

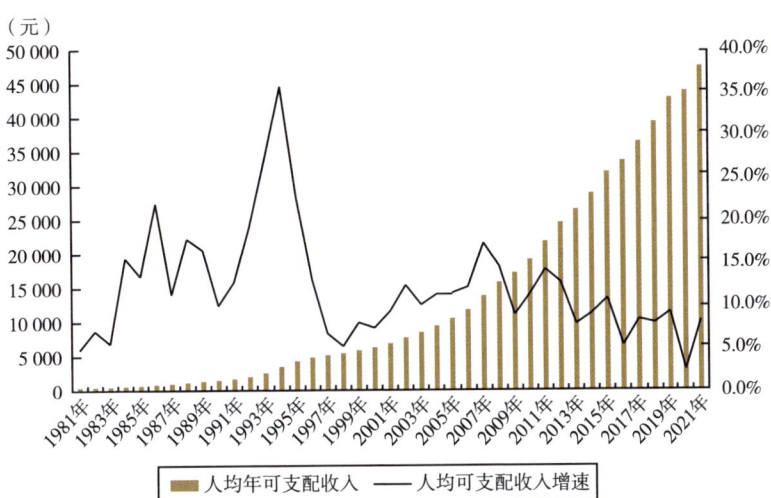

图 2－2－2　我国资管行业构成及规模变化

资料来源：统计局，招行 & 贝恩

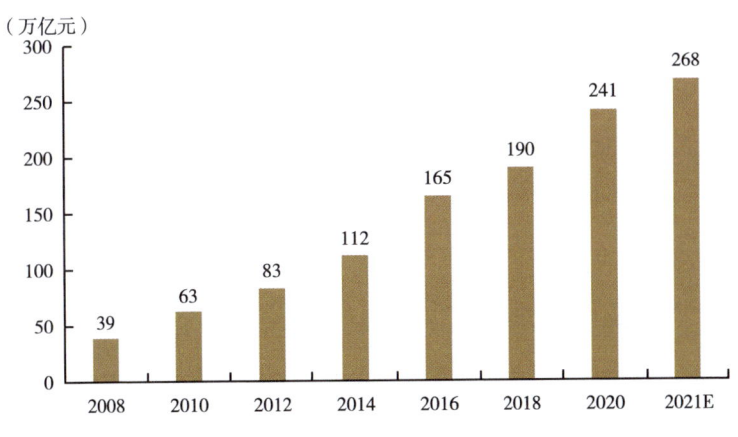

图 2－2－3　我国个人可投资资产规模持续上升

资料来源：招行 & 贝恩

二、保险资管第三方业务市场拓展空间巨大

（一）中国资产管理行业的前景依然广阔

第一，我国是一个储蓄大国，近几年储蓄率虽连续下降，但 2020 年的储

蓄率依旧有46%，远高于美国的18%的水平，总体储蓄率还有很大的下降空间（见图2-2-4）；第二，从资管规模与当年名义GDP的倍数来看，美国的比例持续保持在3倍以上，而我国仅突破1倍，以此为对标尺度，可以认为我国资管业发展空间巨大（见图2-2-5）；第三，我国高收入人群数量持续增长。2020年，可投资资产在1 000万元人民币以上的中国高净值人群数量达262万人，2008—2020年年均复合增长率为20%，预计到2025年底，中国高净值人群数量将达约296万人，持有的可投资资产规模将近百万亿元人民币。

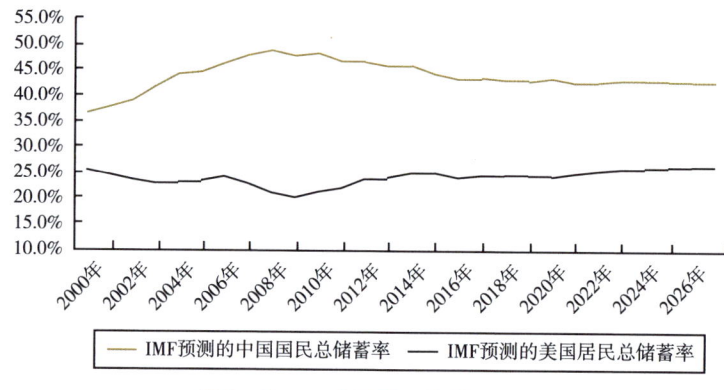

图2-2-4 中国居民储蓄率变化

资料来源：Wind

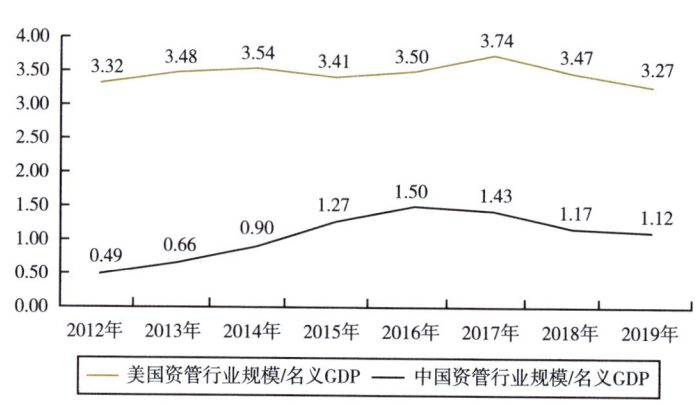

图2-2-5 中国与美国资管行业与GDP占比

资料来源：Wind

（二）保险资管产品业务占比较低

根据央行发布的《中国金融稳定报告2020》，截至2019年末，金融机构存续资管产品募集资金余额79.4万亿元（见图2-2-6）。其中，银行理财产品占比30.5%、证券期货经营机构私募资管产品占比24.2%、信托公司资管产品占比23.4%、公募基金占比18.6%、保险资管产品占比仅3.3%。我国保险资管产品起步晚，并且主要服务于机构客户，市场化程度不足。在"十四五"时期我国资管市场以及个人财富管理市场都有望呈现快速发展态势，与此同时，随着保险资管机构的第三方业务市场化运作将更趋成熟，投资者开发持续推进，整体市场认知度和市场份额也将得以提升，推动行业管理规模的持续增长。

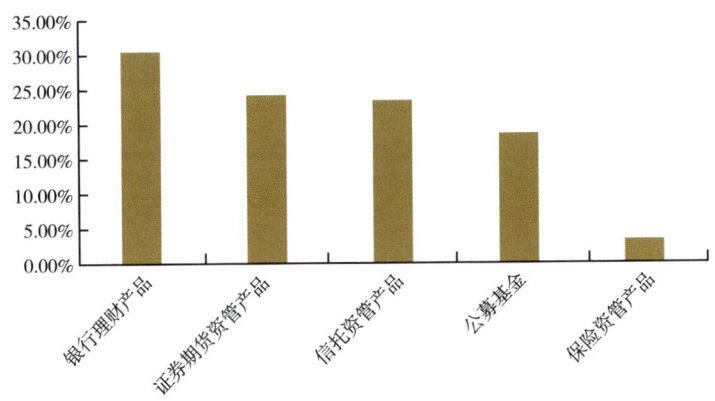

图 2-2-6　金融机构存续资管产品占比（2019 年末）

资料来源：《中国金融稳定报告 2020》

三、保险资管第三方资金来源受益于长期资金规模增长

根据中国保险资产管理业协会调研数据，2020 年全行业 35 家机构资产管理规模合计 21.4 万亿元，同比增长 19%，为近五年最高。资金来源方面，行业管理的系统内保险资金规模占比近七成；管理的第三方资金来源呈现多样化，涵盖了第三方保险资金、银行资金、基本养老金、企业年金、职业年金等，增长较为明显。一方面，相比整个资产管理行业来看，保险资管第三方资金的体量还很小，基数还不够宽实，未来仍有很大的发展空间。另一方面，随着保险资管机构主体增多，以及银行理财加快转型，第三方保险资金和银行资金规模占比有所下降，但是基本养老金和企业年金占比连续两年上升，成为第三方资金占比上升的主要力量，随着"十四五"时期我国第三支柱养老体系的加快建设，也将为保险资管提供规模资金管理需求。

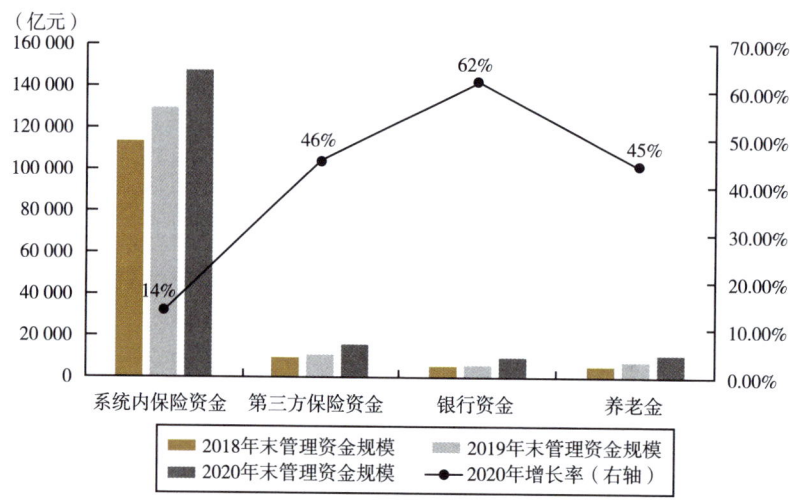

图 2－2－7　2018—2020 年保险资管公司管理各类资金规模及增长率情况

资料来源：中国保险资产管理业协会

四、保险资管产品具有市场竞争优势

（一）保险资管产品传统优势符合市场需求

传统保险资管以服务内部保险资金为主，具有较强的资产配置能力和绝对收益获取能力。保险资管在参与到第三方资管领域的市场化竞争过程中，可以充分发挥保险资管传统优势，深耕"固收＋"领域，重点开发符合低风险偏好投资者对稳定收益产品的需求，包括银行理财资金等机构投资者，以及合格个人投资者等，通过产品优势形成管理特色，把握机遇拓展第三方市场。

（二）保险资管产品处于发展机遇期

首先，当前银行理财产品正在向净值化方向转型，由于银行理财产品缺乏净值型产品管理经验，投资者仍处于教育转化阶段，这为保险资管产品发展提供时间窗口；其次，当前理财子公司以及外资资管机构尚处于初始发展阶段，主动管理能力以及投研能力仍在培育过程中，理财子公司在产品开发、销售渠道等方面的优势尚未完全显现，这为保险资管产品的市场推广提供了机遇期。

第二节　保险资管第三方资管业务发展政策基础

一、资管新规统一监管环境

"十四五"时期资管新规将全面落地，政策过渡期也将在 2021 年结束，资管新规统一监管模式提供了公平竞争发展环境，保险资管将与银行理财、公募基金等资管同业在统一监管下进行公平竞争，保险资管市场地位得到进一步明确，为保险资管第三方业务发展创造较为有利的政策环境。在资管行业监管规则拉平背景下，保险资产管理公司第三方业务空间进一步打开。其他行业资管份额，如银行非保本理财、券商资管、基金子公司等，都是保险资管行业可以挑战的市场份额。我国保险资管产品起步晚，并且主要服务于机构客户，市场化程度不足。在"十四五"时期我国资管市场以及个人财富管理市场都有望呈现快速发展态势，与此同时，随着保险资管机构的第三方业务市场化运作将更趋成熟，投资者开发持续推进，整体市场认知度和市场份额也将得以提升，推动行业管理规模的持续增长。

二、保险资管新规为行业发展提供保障

2020 年 9 月 11 日，保险资管新规"1+3"体系全部落地。三类资管产品的监管标准基本与其他同类产品拉平。"放开前端、管住后端、压实主体责任"将是保险资管行业政策的主基调。放开前端，是在构建层次清晰的监管标准基础上，将行政审批转变为产品事前登记的形式审查。管住后端，是通过事中事后的数据监测和动态管控，对新动向、新问题、新风险进行监督和引导。

三、保险资管产品面向个人合格投资者开放

保险资管产品面向合格个人投资者开放，为保险资管机构进入个人财富管理领域提供了新的发展机遇，至 2025 年我国个人财富管理市场规模庞大，中高净值人群占据个人可投资金融资产的近一半，个人投资者将在"十四五"时期成为保险资管第三方业务发展新的重要增长点。因此，大力发展个人客户领域，对保险资管第三方业务发展具有重要意义。鉴于组合类产品实施细则放开了面向自然人投资者发行组合类资产管理产品，保险资管机构可以通过直销和代销两类渠道，向高净值个人客户市场进行销售，主要的销售策略有以下三种：面向自然人投资者的直销模式，面向自然人投资者的代销模式（银行渠道、券商渠道、

互联网金融渠道），通过信托计划开展"TOF"结构嫁接组合类产品的业务。

第三节 保险资管第三方资管业务发展面临的市场环境

一、资管同业发展现状

（一）资管行业整体三阶段发展特征

回望近十年资管行业发展历程，可以看到资管行业整体历经了高速增长、规模下降、平稳恢复三个阶段：2014年至2017年，受益行业扩张，资管行业整体保持了年均35.3%的高增长，但在2018年受到行业监管等因素影响，整体规模出现萎缩，2019年开始，随着资管新规直接影响逐步消化，行业规模恢复增长，至2020年资管行业规模已恢复并超过2017年水平，在经历金融防风险、严监管洗礼后，资管行业回归平稳健康发展的新阶段。

（二）资管行业内在结构特征

我国资管行业主要包括银行理财、公募基金、信托行业、保险资管、券商资管以及私募基金等类型。截至2020年末，银行理财规模仍位居首位，25.86万亿元的管理规模在资管市场中占比21%；保险资管以18%的占比位居行业第二，市场占有率较去年上升1.36个百分点；排在第三位的是公募基金（不含专户业务），占比16%，是市场份额增长最多的资管子行业，较去年提升3.14个百分点（见图2-2-8、图2-2-9）。从子行业规模增速来看，基金

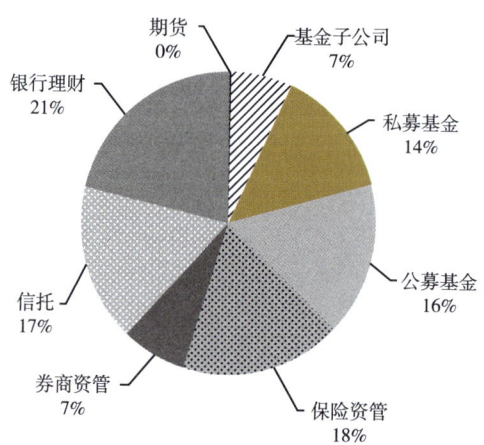

图2-2-8 2020年资管子行业规模占比

资料来源：中国保险资产管理业协会

子公司、券商资管及信托为负增长，其他子行业均为正增长。其中，公募基金增速最高达到34.66%，其次为私募基金23.19%和保险资管18.78%。数据显示，通道性质明显的业务占比大规模下降，发挥主动管理功能的业务占比明显提升，资管行业在政策的指引下产品结构持续优化。

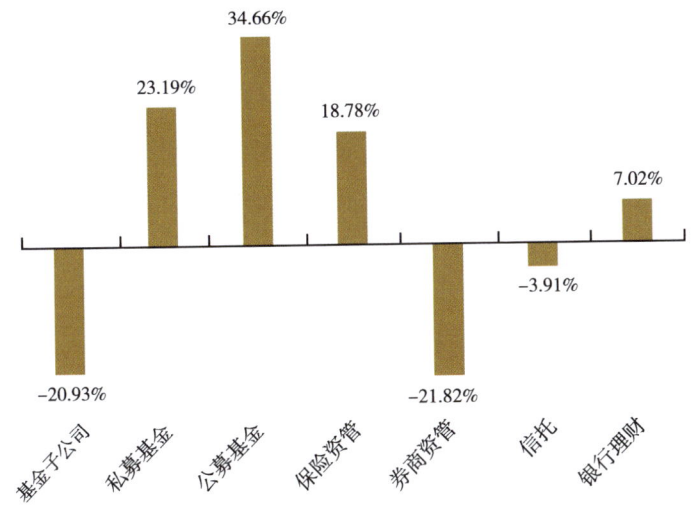

图2-2-9　2020年资管子行业规模增速

资料来源：Wind，华宝证券

（三）各类资管机构及其资管业务发展情况

从资管行业内在结构看，近年来公募基金发展迅速，信托、券商资管和基金专户等部分业务仍处于压缩状态，而银行理财规模增速边际修复，老产品清理压降和净值化转型的承销初显。图2-2-10显示了各类资管机构主要金融产品形式。

1. 保险资管业务

2020年末保险资管机构整体管理规模21.38万亿元，较上年同期增长19.2%，增速创近五年新高。从业务结构来看，保险资管行业产品化趋势明显，虽然专户业务仍然占据主导，但规模占比已较2019年的83.04%下降了7.33个百分点；与其同时，保险资管产品市场份额上升至18%；剩余5%的市场份额由其他业务占据，包括养老金业务、资产支持计划等。进一步细分来看，在3.33万亿元保险资管产品中，组合类产品规模占比从2019年的"五五开"升至2020年的"六四开"，产品标准化进程显著。

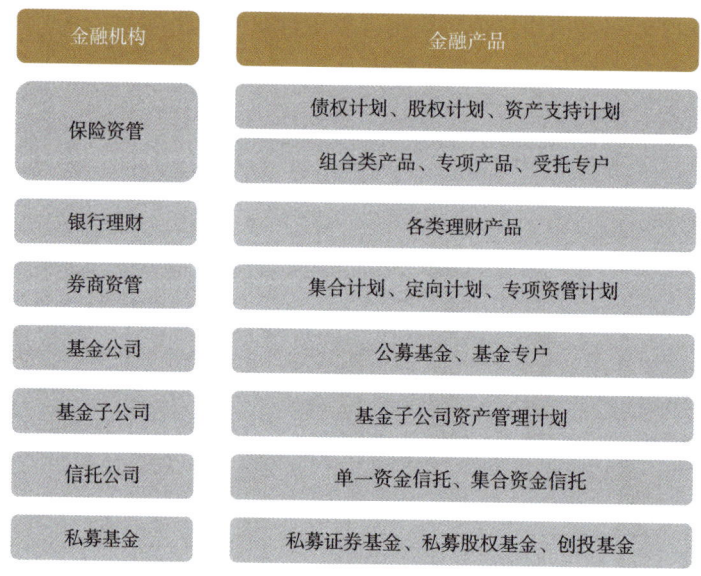

图 2－2－10　各类资管机构及主要金融产品

资料来源：太平资产

2. 银行理财业务

2020 年末银行理财产品规模 25.86 万亿元，同比增长 6.90%。在产品总规模稳步增长的同时，银行机构倾向做大做精产品，提升理财产品品牌知名度和影响力，单只产品的平均规模从 2019 年底的 5.1 亿元上升至 2020 年底的 6.7 亿元，增长 31%。随着银行理财子公司的纷纷成立，银行理财子公司产品存续余额已经达到 6.67 万亿元，占银行理财市场近三成。从产品类型看，银行理财产品以固定收益类为主，占比高达 84.34%，其次为混合类 15.36%，再次为权益类 0.3%。

3. 信托产品

根据中国信托业协会披露数据，2020 年末信托产品管理规模为 20.5 万亿元，从 2017 年末开始，信托业管理资产规模连续 12 个季度下降，较 2017 年末的历史高点位置，规模压缩了 5.76 万亿元。从业务结构来看，集合资金信托与管理财产信托占比达到 70.06%，单一资金信托的规模和占比继续保持下降趋势，信托业务资金来源结构进一步优化。

4. 公募基金业务

数据显示 2020 年末公募基金管理规模为 19.89 万亿元，同比增长 34.66%，创近五年最高增幅，主要源于混合型基金的增长贡献，混合型基金份额增长率达88.4%。从市场结构来看，货币市场型基金由2018年的占比高位62.8%逐年下滑，至2020年降至46.5%；股票型、混合型基金的占比自2018年以来逐年提升，分别由6.8%提升至11.9%、11.2%提升至25.2%。

5. 券商资管业务

根据中国证券投资基金业协会披露数据，2020年末我国券商资管管理规模10.28万亿元，较2019年末下降15.17%。其中，单一资产管理业务规模5.92万亿元，同比减少2.46万亿元；集合资产管理业务占比由2018年三季度的13%上升至20%。可见，在"资管新规"以及配套细则的指引下，券商资管去通道效果显著，主动管理转型初见成效。

6. 私募基金产品

2020年末私募基金整体管理规模为15.97万亿元（运作中产品），较上年同期增长16.23%。从管理人、管理产品数量及管理规模来看，私募基金行业发展较为平稳。其中，私募证券投资基金增幅最大，达到67.82%；私募股权投资基金和创业投资基金的存续规模较2019年分别增长11.28%和39.84%。

二、资管子行业市场主体竞争分析

我国各类资管机构在发展起步等方面具有较大差异性，在监管政策引导下，各类资管机构依托各类资源禀赋形成了不同的发展优势，同时，由于在大资管行业竞争中也面临着不足与挑战。图2-2-11概括了各类资管资管发展中体现出的优势与不足。

（一）保险资管业务竞争优势与不足

1. 保险资管业务竞争优势

自2003年首家保险资管公司成立以来，经过15年的不懈发展，保险资产管理行业经历了从无到有、从小到大、从弱到强的发展之路，已经在特定领域形成了相对优势。一是资金来源长期且稳定。过往十几年来，保险资金的持续积累促进了保险资产管理规模的加速增长；同时，保险产品中占比最大的寿险类产品的期限通常在15年以上，使得保险资管行业具备了稳定且长期的资金来源。二是具备较强的大类资产配置能力。随着保险资金运用渠道的丰富，投资结构更加多元并重视资产配置，倒逼保险资管的大类资产配置能力不断提升。在长期的投资实践中，保险资管机构形成了较强的以固定收益投资为主、权益投资为辅的大类资产配置能力。三是投行业务竞争力较强。基于保险另类投资管理经验，保险资管机构经过多年的摸索和建设，培养了经验丰富的专业

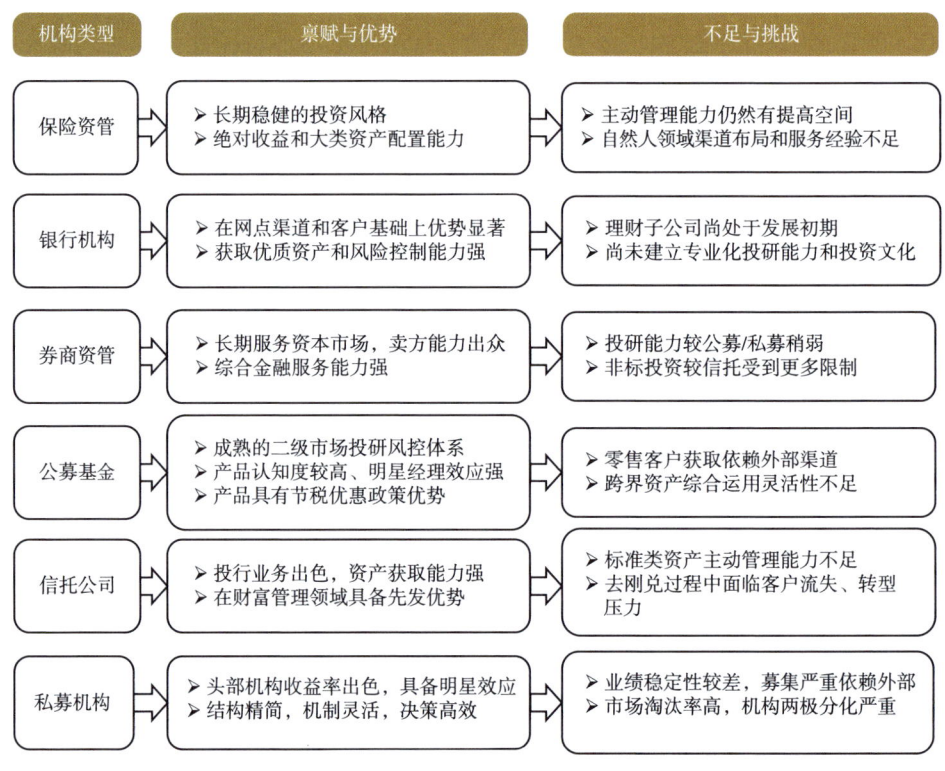

图 2-2-11 各类资管机构禀赋优势以及不足挑战

资料来源：太平资产

团队，积累了丰富的投资经验，形成了较强的另类投资业务管理能力，项目挖掘和风险控制能力较为突出，且另类投资项目大都具有垄断性和成长性，可以使保险资管机构获得较高的投资收益率，是保险资管行业区别于其他机构的独特优势。

2. 保险资管业务发展限制和不足

一是保险资金具有刚性负债成本，对利率的敏感性较高，在长期低利率环境下，资产端配置收益降低、负债端成本高企，可能增加利差损风险，从而增加资产配置压力。二是固收类资产配置较高，权益投资竞争力不强。虽然保险资产配置结构日趋多元化，但仍然以债券、银行存款等传统固收类投资工具配置为主，权益类投研水平还有较大的提升空间。同时，保险资管机构在海外资产、信贷资产和金融衍生品等投资领域积累不足。三是激励机制不够市场化，人才培养和储备机制相对欠缺。长期以来，依靠集团保险资金优势，保险资管机构的激励机制往往以团队化和平均化为主，在二级市场、衍生品市场以及非标投资等方向上的人才建设、识别、培养、使用较为欠缺，相比公募基金行业的市场化事业部制，对人才的激励作用较弱。

在资管新规及其配套细则落地的新发展背景下，一方面，保险资管要全力调动内生增长力量，通过提升投研能力、强化产品化能力、增强市场认知度等方式，打造自身核心竞争力，推动行业不断发展壮大。另一方面，保险资管要与其他资管子行业形成良好合作关系，充分发挥自身长板优势，通过跨行业合作弥补短板，尽快打造定位清晰、优势明显的行业形象，与基金、券商等其他子行业形成健康竞争、友好合作的氛围。

（二）银行理财业务发展优势与短板

1. 银行理财业务发展优势

我国金融市场的结构特性使得银行在金融体系中的地位举足轻重，因此，银行理财规模始终处于优势地位，在资管各子行业中规模占比最大。伴随着理财新规及理财子监管办法的相继落地，自2019年起，银行理财未来发展方向逐步清晰，进入主动转型的新发展阶段。以工银理财为代表的理财子公司和外资控股公司陆续成立，为银行理财市场注入新生力量，也标志市场格局进一步向专业化方向演进。

银行理财行业已经打造了清晰的特色标签，具备独特的市场优势。一是擅长于固收投资。银行理财擅长以债券、利率等为基础资产的"类货基"固收产品，尤其在债券指数基金上更具优势。主要原因是配置偏债产品的资金多来源于以银行为主的机构客户，银行资金实力雄厚，在银行间市场参与度高，券源丰富。二是拥有最强大的渠道和客户资源。银行理财子公司或相关职能部门背靠母行资源，服务网点众多，通过线下机构和客户经理可以为客户提供当面服务，有助于增强投资者的信任感。可以说，在所有的资管产品里，银行理财是距离个人客户最近的一类，尤其能够吸引风险偏好和风险承受能力较低的个人投资者。三是品牌优势突出。银行理财有天然的银行品牌形象背书，拥有良好的机构信誉，相较于其他金融产品，客户对银行发行产品的信赖感更强。

2. 银行理财业务面临的短板

一方面是主动管理能力较弱。但是在长期投资中，尤其是在当前利率趋势下行、信用风险高发、超长债供给不足的背景下，权益资产是提升收益的重要方式。可以说，理财子公司对主动管理能力的定位将影响行业生态，如果银行理财子公司将权益投资对外委托，找其他机构配置产品，将会利好其他资管机构；反之，理财子公司可能成为其他资管公司的强大竞争对手。另一方面是投资者教育任务艰巨。银行理财客户"刚性兑付"理念牢固，过去通过期限错配、资金池等操作能够实现收益刚兑，但随着资管回归本源、理财产品向净值化转型，银行理财产品已无法实现刚性兑付。面对新的市场环境，银行需要用较多精力做好客户教育和培育。做好客户教育，既可以提升客户对净值型产品的接受度，也可以趁此机会更精准地识别客户，为日后客户持续经营打下基础。

（三）信托业务转型发展

自1979年我国第一家信托公司诞生以来，我国信托行业历经40多年发展，已经成为金融行业的重要组成部分。信托公司具备独特的法律地位，其最大优势是业务范围广，是唯一横跨实业、货币、资本市场进行资产配置的资管子行业。另外，信托行业积累了相当一部分高净值客户，可以为其提供家族信托等财富管理服务。

近年来，随着资本约束和监管环境趋于严苛，监管套利空间逐步消失，信托业务处于结构调整的关键阶段，主要方向有四点。一是大力发展证券投资类信托。主动抓住资本市场的发展机遇，布局 TOF、"固收+"、打新、量化投资等产品。二是积极开展股权投资等投资类业务。基于产业的主动管理业务是信托公司在未来资管行业竞争中的重要优势领域，也是信托机构在行业转型发展中的核心竞争能力。三是大力开展资产证券化、证券行政事务管理、以账户为核心的资产配置、家族信托等服务信托业务。四是大力发展财富管理业务。财富管理是信托行业的本源业务，向财富管理方向的转型也符合回归本源的监管要求。

（四）公募基金发展优势与不足

1. 公募基金发展优势

迄今为止，我国公募基金行业已发展超过20年，从初期的探索到成为净值化管理时代资管行业规范运作标杆，经历了多轮起伏。整体来看，公募基金产品作为标准化和大众化的金融产品，已经成为居民财富管理的重要配置工具，并在支持实体经济、资本市场改革、民生建设中发挥着越来越重要的作用。

公募基金的平稳发展离不开其在主动投资、运作模式及税收等方面具备的突出优势。具体而言，一是权益投资能力较强，拥有扎实的投研体系和基础设施建设，具备独立完善的市场化投研团队，深耕权益投资多年，具有丰富的市场实操经验，主动投资管理能力突出。二是运作模式最成熟，净值化管理、产品体系以及信息系统建设均具有先发优势；同时，在浮动净值管理领域经验丰富，固收团队擅长应对每日开放申赎产品的流动性管理。三是具有节税避税等优势。相比于金融自营机构6%的增值税率，公募基金作为资管产品适用简易计税方法，按照3%的征收率缴纳增值税。另外，《关于企业所得税若干优惠政策的通知》（财税〔2008〕1号）规定，投资者从证券投资基金分配中取得的收入，暂不征收企业所得税。增值税和企业所得税领域的优势，使得公募基金成为其他子行业重要的配置资产。

2. 公募基金发展要点

公募基金存在着销售渠道较依赖于银行、投资范围单一集中于公开市场等明显劣势，未来，想要在难度升级的环境中维持市场地位，需要考虑做到三点。一是进一步发挥权益基金在资本市场建设中的重要作用，以专业基金经理的选股能力将居民财富配置在更有投资价值的实体企业，助力优质公司成长；同时，淘汰竞争力不足的公司，并引导更多居民资金进入资本市场，持续发挥服务资本市场和服务实体经济的使命。二是作为专业"买方"，通过产品创新等方式，从社会共同利益出发，立足价值投资、长期投资、社会责任投资等理念，关注并推动被投企业完善内部治理，助推企业朝着更符合产业升级和社会发展的方向转型，承担社会和环境责任，提供符合社会价值的产品和服务，提升经济社会整体运行效率。三是提供普惠金融服务，做好居民财富管理。伴随着买方投顾新时代的到来和净值化时代的激烈竞争，公募基金要更加重视对客户投资行为和投资偏好的刻画，从单一的产品提供商拓展至为客户提供专业财富管理服务的供应商，推出更契合客户深层需求的产品和营销场景，成为服务实体经济、助力居民财富管理的重要工具与产品载体。

（五）券商资管优势特征与发展方向

1. 券商资管发展优势

经过15年的发展，券商资管已在大资管行业建立了特有优势。一是具备较为完备的投研体系。券商资管配有专业的投研团队、风控团队、中后台支持团队及销售团队，团队内部按不同投资类型分为不同子团队，投资交易还配有专门的后台系统。二是拥有优势明显的特色产品。由于券商资管过去是在银信合作的政策红利下快速发展，因此固收类产品一直是券商资管产品的主要构成部分。证券公司在宏观经济、资产配置及子基金研究方面积累深厚，因此具有"多元配置、分散投资"特点的FOF/MOM产品同样是券商资管优势领域。此外，由于证券公司直接连接一级市场，一级优质项目储备较为丰富，因此资产支持证券产品也是券商资管的优势项目。三是具备投行资源。券商资管的资源来自于其投行资源，投行在企业上市和融资过程中，与大量企业积累了深厚的友谊，并能充分认知企业的优劣，这种积累在投资中会产生价值。

2. 券商资管发展方向

纵观券商资管的发展历程，除了市场行情推动因素外，与监管政策的影响密切相关。随着资管新规的落地，通道业务持续萎缩，券商资管不再具有牌照红利。因此，券商资管想要在大资管市场竞争中获取一席之地，一方面要强化自身主动管理能力，提高核心竞争力；另一方面是向公募转型。2020年券商资管申请公募牌照的政策限制将被放开，持有公募基金牌照的券商将有更多机会承接个人投资者的财富管理需求，改善过于依赖机构客户的现状，在新领域中取得长足的可持续性发展。

（六）私募基金业务发展优势与存在的弊端

1. 私募基金业务发展优势

近年来，我国私募基金业务保持平稳较快发展，从2017年的11.1万亿元增长至2020年的17万亿元。私募基金的发展得益于两大优势：一是人才激励机制灵活。私募基金市场化程度高，投研团队的激励机制灵活，利于吸引人才"公奔私"，优秀人才的涌入进一步促进了私募行业的规范化发展和私募产品业绩水平的提升。二是产品投资策略灵活。相较于公募行业，私募基金监管限制相对较少，可创设的产品类型更多，可采用的策略更加丰富。另外，私募基金客户的绝对收益需求使得私募产品绝对收益相对高于同类型公募产品。

2. 私募基金业务发展不足与方向

设立门槛低、监管较少、操作灵活也给私募基金带来一定弊端。一是产品良莠不齐，业绩分化严重。以股票多头策略为例，2020年私募股票多头策略的最高收益464%，最低收益仅有-86%，离差值达到545%。相比之下，公募基金同类策略产品离差值仅为156%。二是管理相对宽松，行业乱象频出。例如，公开或者变相公开募集资金、规避合格投资者要求、不履行登记备案义务、错综复杂的集团化运作、资金池运作、利益输送、自融自担等，甚至出现侵占、挪用基金财产、非法集资等严重侵害投资者利益的违法违规行为。

《关于规范金融机构资产管理业务的指导意见》重塑行业格局，各子行业回归同一起跑线。在此环境中，私募基金取得突围需要重点关注两点。一是紧盯高净值客群。私募基金对每位投资者的认购起点要求较高，因而筛选出了更加成熟、风险识别能力及风险承受能力更强的高端投资者,这部分人群将是私募基金忠诚度较高的重点客群。二是严格在监管框架内开展业务。2021年1月正式实施的《关于加强私募投资基金监管的若干规定》重申和细化了私募基金监管的底线要求,引导行业真正回归"私募"和"投资"本源,促进私募行业实现规范化、可持续的发展。

三、金融开放格局下我国资管市场面临国际竞争环境

我国资管市场潜在规模大、发展趋势明确,符合国际资管机构市场拓展需求,在金融开放背景下,国际各类资管机构凭借自身内生优势,加快布局我国资管市场,加剧了竞争压力,我国保险资管第三方业务需要迅速适应以下变化:

(一)国际形势变化对资本市场产生冲击

2018年以来,中美关系螺旋式下降,改变了改革开放40多年以来的大国际环境,地缘政治成为影响国内市场走势的重要因素,并被投机构纳入分析框架。伴随着我国金融市场的逐步开放,外资占比越来越高。数据显示,2020年末,境外机构在银行间债券市场持有债券3.04万亿元,较2019年底增加1.07万亿元,持有A股流通市值3万亿元左右,占比约4.8%。国际形势变化带来的不确定性可能会在资本市场中进一步放大,并导致股市、债市和汇市等市场的联动性增强。

(二)我国资管市场仍然具有国际吸引力

一方面,我国金融开放的政策导向明确,相关政策加快落地。尤其是彻底取消银行、证券、基金管理、期货、人身险领域的外资持股比例限制,取消企业征信评级、信用评级、支付清算等领域的准入限制等,给予外资国民待遇。另一方面,我国资本市场具有基本面支持,处于长期发展机遇期。目前我国是全球第二大经济体,拥有全球最大的银行体系、第二大股票市场、第二大债券市场、第二大保险市场和财富市场。同时,新冠肺炎疫情再次印证了我国经济具有的超大规模市场优势和巨大的内需潜力,新发展格局的构建也将进一步筑牢我国资本市场长期发展基础。我国债券市场与海外市场相比,具有回报率高、信用风险低、价格稳定性高的显著优势,股票市场已被纳入多个主流国际指数,境外资金持续流入。

(三)国际机构积极参与中国资管市场竞争

我国资管市场具有显著的规模特征,市场容量大,且人民币资产国际认可

度持续提升,参考国际资管公司的发展经验,我国资管市场符合国际大型资管公司的发展需要。从国际资金流向来看,人民币资产在全球外储中占比连创新高。2020年,在全球外国直接投资(FDI)总规模大跌38%的背景下,流入中国的FDI逆势增至2 120亿美元,使中国超越美国成为全球最大外资流入国。2020年6月中国人民银行副行长潘功胜表示,国际机构配置人民币资产已达到6.4万亿元,并以年均超过20%的速度增长,尤其是境外投资者持有境内人民币债券资产近年来以年均近40%的速度增长。从国际资管公司布局情况看,已有工银安盛资管、交银康联资管、中信保诚资管、招商信诺资管等多家合资保险资管公司成立或获批,贝莱德获批成立独资公募基金公司,以及中国银行与东方汇理合资设立理财子公司、建信理财和贝莱德设立合资理财公司。此外,近年来外资机构还在基金托管、信评等领域开展业务,未来将有更多的国际金融机构进入中国市场。国际机构广泛参与我国资管市场发展,表明我国资管行业已进入国际化竞争阶段。

(四) 国际资管机构在我国拓展业务具有内生优势

1. 国际头部资管机构具有规模和品牌效应优势

一方面,资产管理业务具有明显头部效应发展特点,大型资管机构在行业中占据显著的优势地位。从国际知名媒体IPE发布的2021年全球500强资产管理公司榜单看,截至2020年底,上榜的500家全球资管机构管理规模超90万亿欧元(约折合人民币699.3万亿元),其中前十大资管公司管理资产高达29.78万亿欧元,占比32.8%。另一方面,国内保险资管机构长期服务关联方保险资金,而且保险资管产品为私募性质,导致我国保险资管机构品牌宣传力度不够,市场影响力有限。相比之下,国际头部资管机构更具有品牌影响力和规模效应管理优势。

2. 国际资管机构并购式发展能力较强

由于资管机构内生增长过程中,在客户、渠道、投资能力等方面的培育和建设时间长、成本高,国际资管机构在跨市场拓展中,普遍通过并购整合的方式快速提升管理规模、丰富产品线、拓宽投资能力等。我国资管机构规模相对较小,并购成本低,为国际资管机构并购式发展提供了机遇。

综合来看,国际资管机构在跨市场拓展过程中,普遍注重对规模市场的开发。统计显示2020年底,全球前十大资管公司中有9家总部设在美国,这也是由于美国资管市场规模庞大。相比之下,近年来我国股票与债券市场已经发展成为全球第二大市场,具备了规模市场的基础,也因此成为国际资管机构跨市场拓展的重点。而且近年来国际资管机构积极加大对于亚太地区资管业务的拓展，并注重发展零售客户。国际资管机构在业务拓展中具有头部效应优势和较强的并购式发展能力，这为拓展国内资管市场提供了基础。面对国际资管机构对国内市场的积极布局，我国保险资管机构需要紧抓金融业深化改革所带来的发展机遇，加大第三方业务发展力度，把握个人财富管理市场快速发展趋势，加快提升市场核心竞争力，紧紧抓住宝贵的发展时间窗口，抢占第三方市场发展先机。

第三章
国际保险资管机构第三方业务发展经验

从国际保险资管机构业务发展特点看，第三方资管业务是国际资管机构发展的重点，并在国际大型保险资管机构中占据重要位置，同时也为资管机构控股股东贡献较大的利润，国际资管机构积极拓展我国资管市场就是第三方业务的国际化延伸和布局。

第一节 国际保险资管第三方资管业务发展特征

一、第三方资管业务是保险资管机构发展的重点

从海外保险资管机构国际化发展经验看，第三方资管业务的发展是资管机构国际化发展的重要依托。第三方资产管理业务的发展，能够带来持续的增量管理资产，有助于拓宽资金来源范围。尤其是在保险资管机构国际化发展趋势下，第三方资管业务潜在规模与开发潜力大，并随着市场流动性的增加处于持续扩张过程中，同时有助于推动保险资管机构减少对股东关联资金单一来源的依赖，从而在管理规模上实现突破。同时，通过对第三方资管领域的市场化拓展，有助于进一步促进和提高自身投资管理能力，从而有助于提高保险资金管

理水平。保德信金融集团旗下资管平台 PGIM 第三方资管业务充分受益于资管市场的发展，2008—2020 年平均每年有 174 亿美元的资金净流入（见图 2-3-1）。2020 年德国安联集团旗下两大资管平台 PIMCO 与 AllianzGI 第三方资金流入贡献显著。PIMCO 实现资金净流入 348 亿欧元，其中 257 亿欧元为第三方资金；AllianzGI 实现 66 亿欧元资金净流入，而第三方资金净流入达 70 亿欧元。

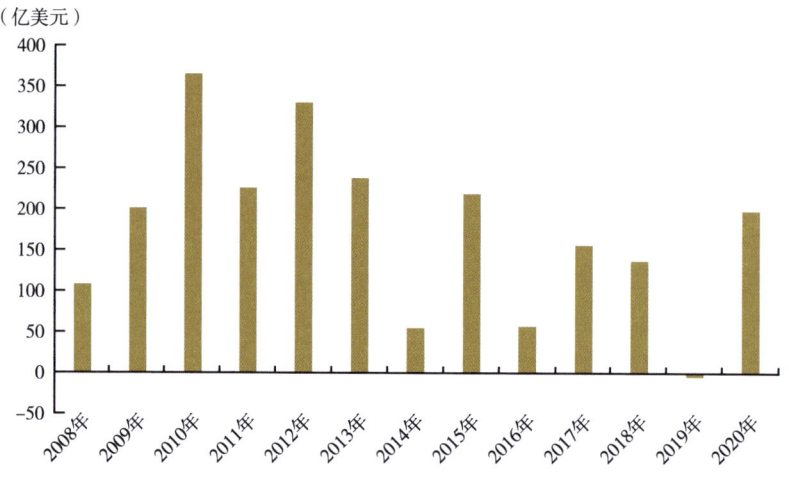

图 2-3-1　PGIM 第三方资金流入情况

资料来源：PGIM 官网

二、第三方业务是大型保险集团重要规模来源

国际保险资管机构管理资金来源中第三方资金占据重要位置，从目前国际大型保险机构所属资管平台第三方资管规模占比看，普遍高于 40% 的占比。2019 年末，英国法通保险集团、加拿大宏利人寿第三方管理资产规模占比已超过 80%（见图 2-3-2）。此外，德国安联集团管理的第三方资产 2019 年与 2020 年占比分别为 74.3% 与 71.7%，英国标准人寿以及保诚保险管理的三方资产规模占比也在 50% 左右。数据表明，国际保险资管机构管理的第三方资金普遍较高，并已成为各大型保险集团重要资金来源。

三、资管业务对母公司利润贡献较大

（一）资管业务已经成为母公司的重要利润构成

由于国际大型保险资管机构第三方业务占比较高，盈利能力较强，从而带

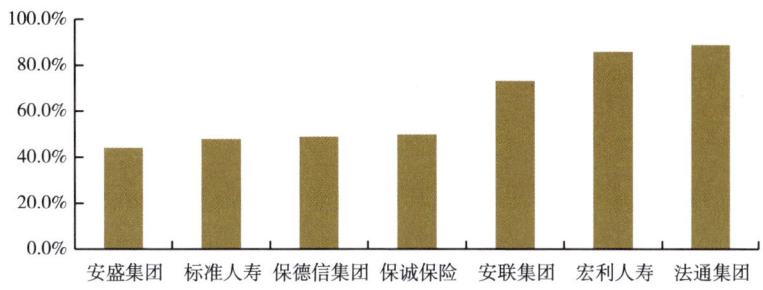

图2-3-2 部分保险机构所属资管平台2019年第三方资产管理规模占比

资料来源：各公司年报

来了大量的管理费收入和营业利润，对控股集团贡献和影响较大。例如2020年德国安联集团的资管业务实现利润28.5亿欧元，占集团整体利润的26.5%，较2019年占比提升3.7个百分点；2020年美国保德信金融集团旗下资产管理平台PGIM实现利润12.62亿美元，占集团整体利润的18%；英国法通集团资产管理平台LGIM实现利润4.04亿英镑，占集团持续经营利润的16.7%。

（二）我国保险资管机构对母公司的利润贡献整体较小

2020年国内7家上市险企资管业务净利润合计77.50亿元，较2019年增长26.1%；2020年7家上市险企净利润占控股集团整体净利润的4.90%，较2019年提升了1.25个百分点（见表2-3-1）。但整体来看，我国保险资管公司净利润较小，对控股集团的利润贡献有限。我国保险资管业务并未形成与保险主业发展相符的市场地位，这主要由于我国保险资管机构第三方资管业务发展相对滞后，保险资管机构收入来源相对有限。

表2-3-1 2020年与2019年我国上市险企所属资管子公司利润与控股集团利润情况

上市险企	所属保险资管子公司净利润（亿元）		资管子公司占比控股集团净利润（%）	
	2020年	2019年	2020年	2019年
中国平安	31.54	28.66	1.98	1.74
中国人寿	21.38	12.86	4.16	2.18
中国太平	4.68	2.77	8.49	3.43
中国太保	5.33	3.76	2.10	1.33
新华保险	3.79	2.28	2.65	1.57
中国人保	2.85	2.34	1.01	0.74
中再保险	7.93	8.80	13.88	14.55
合计/平均	77.50	61.47	4.90	3.65

资料来源：各公司年报

保险问道之行业战略布局

第二节 国际保险资管机构产品结构与资产配置特征

从国际部分保险资管机构资产管理角度看,各保险资管机构在第三方资金配置策略上存在较大差异,保险资管机构对第三方资金管理策略,重点发挥自身管理特长和优势领域。

一、资产种类丰富投资策略多样

从安联投资(AllianzGI)资产管理情况看,投资策略方案同时纳入金融分析与ESG投资,旨在打造稳健的投资组合,投资策略包括定息收益、股票、多元资产以及另类投资。在另类策略方面包括流动性另类投资策略与私募市场及不动产投资策略,具体包括私募股权、基础设施债权、基建及再生能源、私募债权以及贸易融资等。同时,安联投资还提供风险实验咨询服务,包括制定资产配置策略、构建投资组合,以及另类投资咨询、保险咨询、风险管理方案、资产寿命方案、退休金方案等,形成了咨询、产品以及组合策略一体的财富管理服务。

表2-3-2　　　　　　　　　AllianzGI投资策略方案

定息收益	核心、高收益、可转换债券、信贷、综合、高级定息收益、新兴市场债券及主权
股票	价值、核心、成长、风险优化、行业及主题
多元资产	全球战术性资产配置、目标日期及目标风险、动态风险管理、风险平价、债务主导投资及极端风险对冲
另类投资	期权策略、商品、基建债券及股票、私人债券、私募股权、波幅、全球宏观、长仓/短仓股票及合并套保

资料来源:AllianzGI

太平洋投资管理公司(PIMCO)是安联集团旗下资产管理平台的重要构成。PIMCO根据客户需求和资金特性,为全球数百万投资者提供全面、细化的投资服务和产品,表2-3-3、表2-3-4显示产品形式可以按照管理方式、客户结构、资产类别以及投资目的等进行划分,满足各类投资者的交叉性需求;同时,表2-3-5显示PIMCO多样化的另类投资策略也取得了较好的投资收益表现。

表2-3-3　　　　　　　　　　　PIMCO 资管产品类型

按照管理方式	按照客户	按照资产类别	按照投资目的
独立账户	退休计划	现金和短久期	资产配置型
公募基金	金融机构	固定收益	抗通胀型
私募基金	教育机构	权益	收入型
ETF	非营利性基金	通胀相关	避税型
集合理财信托	健康保险机构	货币	流动性管理型
可变年金信托	企业年金	另类投资	绝对收益型
	一般企业	资产配置	全球资产配置
	公众年金计划		核心固定收益投资型
			广义权益投资型
			资产负债管理概念
			生命周期概念
			风险管理概念

资料来源：PIMCO

表2-3-4　　　　　　　　　　　PIMCO 投资品种策略

类别	策略	类别	策略
另类资产	对冲基金	固定收益	总收益策略
	绝对收益策略		中间策略
	主题策略		信用债
资产配置	资产配置策略		长久期策略
股票	股票组合策略		收入导向策略
真实收益	真实收益策略		全球策略
			现金管理
			新兴市场
			抵押贷款
			多元化资产
			市政债券

资料来源：PIMCO

表 2-3-5　　　　PIMCO 部分另类投资产品与收益率表现

另类投资策略	投资领域	基金名称	策略类型	年化收益率
对冲基金	相对价值	PIMCO 多资产波动对冲策略	波动对冲	5.9%
		PIMOCO 全球信贷投资	信用	6.7%
		PIMCO 商品 α 策略	商品对冲	12.3%
	定向	战术机会策略	信贷	10.1%
		PIMCO 绝对收益策略四	宏观	8.2%
		PIMCO 绝对收益策略五	宏观	11.7%
主题策略	房地产/抵押贷款	不良信贷策略二	信贷	14.7%
		银行资产证券化价值投资三	住宅与商业不动产	14~16%
		银行资产证券化价值投资三	住宅与商业不动产	11.8%
		银行资产证券化价值投资	住宅与商业不动产	22.1%
		TALF 投资与回收基金	消费 ABS	34.3%
		不良贷款二	抵押贷款支持证券	35.4%
		不良贷款	抵押贷款支持证券	9.1%
		不良信用债	债券	11.0%
	公司债	公司信用债二	公司债	18.0%
		不良贷款	公司债	12.5%

资料来源：PIMCO

二、在第三方资管市场构筑优势领域

不同资管机构由于自身管理特点和优势领域不同，因此在第三方受托资产的配置结构上也存在较大差异，例如，安联集团旗下资管平台 PIMCO。图 2-3-3 显示，PIMCO 作为全球最大的债券型基金管理公司，在固收类资产管理领域具有显著优势，因此，在第三方资产管理方面，资产配置占比也是超过九成，而相比之下，权益类资产仅占 5% 左右，形成了高度专业化的投资优势领域，为公司在固收领域拓展资产管理业务提供了有利条件（见图 2-3-3）。相比之下，AllanzGI 管理的第三方资产在配置方面更为均衡，更能体现出 AllanzGI 综合化投资管理能力。图 2-3-3 显示，AllanzGI 第三方资产在固定收益类、权益类以及混合资产方面配置占比较为接近。

美国保德信金融集团第三方资产配置结构与保德信保险资金防御性为主的配置结构存在较大差异，尤其是在股票和不动产领域配置占比明显高于保险资金配置。2020 年末，美国保德信金融集团管理资产规模超 1.5 万亿美元，从

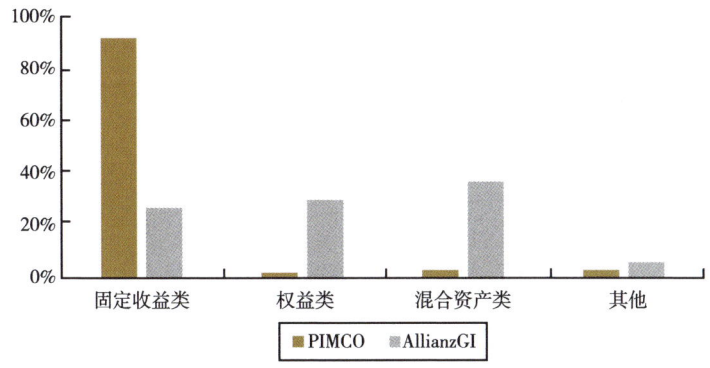

图 2-3-3　2020 年 PIMCO 与 AllanzGI 第三方资产配置结构

资料来源：安联集团

管理资产的产品构成上看，公募型固收产品占比 50% 左右，这一占比明显低于所管理的保险资金对固收类资产的配置占比，同时股票和不动产权益合计配置占比达 40%，尤其是主动管理的股票类资产占比较高（见图 2-3-4）。

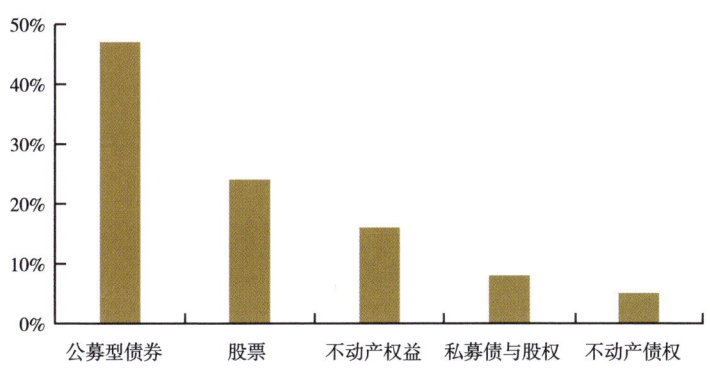

图 2-3-4　PGIM 管理的第三方资产配置占比（2020 年末）

资料来源：PGIM 官网

三、通过 FOF 产品满足养老资金配置需求

截至 2020 年，美国 FOF 市场中约有 52% 为目标日期型 FOF 产品，目标日期型基金的投资者构成中，85% 为养老金资产，包括确定缴费型计划（Defined Contribution，即 DC 计划）以及美国个人退休账户（Individual Retirement Accounts，即 IRAs）（见图 2-3-5）。同时，对于对冲基金的基金（Fund of Hedge Fund，FOHF），在投资者结构上，2017 年末养老金投资占比为 34%，其次为基金会、保险公司。养老资金的长期属性、中低风险特征与 FOF 的分

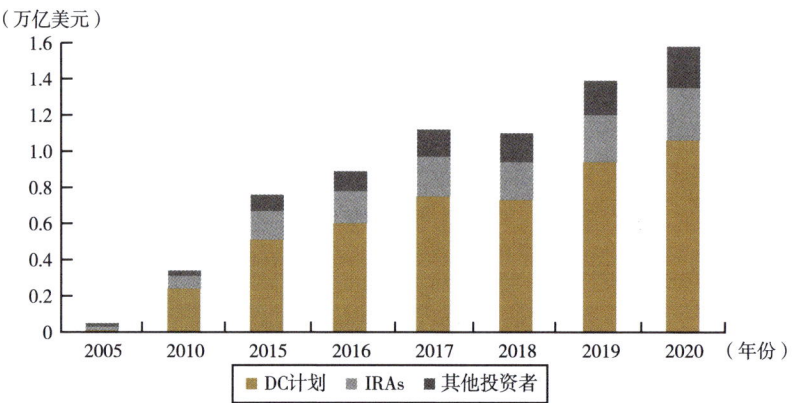

图 2-3-5 美国目标日期基金投资者构成及规模

资料来源：ICI

散投资理念、长期配置特征较为吻合。

从资产端配置角度看，根据晨星发布的目标日期产品市场报告，先锋领航集团（Vanguard）目标日期产品市占率达到 36.7%。以先锋领航为例，从其管理的 DC 计划资金配置来看，2020 年 DC 计划新增资金 60% 配置在了目标日期型基金上，并且这一比例自 2010 年开始逐步提升。一方面，从 2005 年和 2020 年先锋领航 DC 计划参与者年龄和权益资产配置比重分布看，2005 年以来整体上年轻人和年长者对权益资产的配置比重较低，中青年人的权益配置比重较高（见图 2-3-6）。2010 年以来，年龄和权益资产配置比重呈下行曲线，

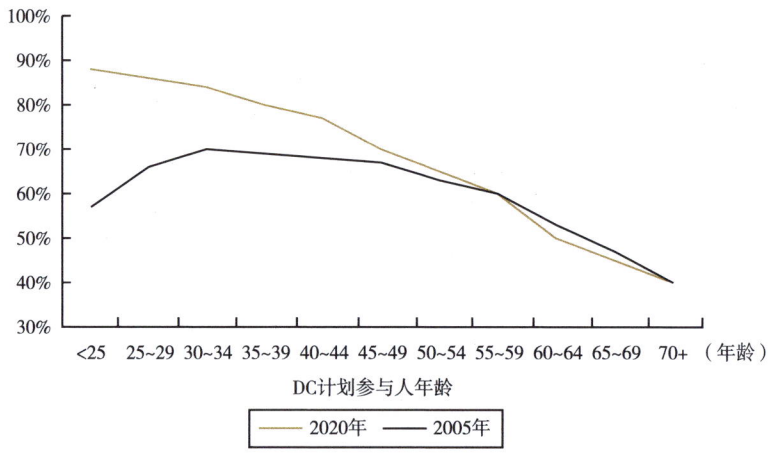

图 2-3-6 先锋领航 DC 计划参与者年龄与权益投资比例分布

资料来源：Vanguard，中金公司

随着年龄的增长权益型基金以及公司个股的配置比重逐渐降低，权益资产配置比重与参与者年龄匹配程度提高，同时目标日期型基金占比持续提升，其他平衡型基金占比同步下降（见图2-3-7）。

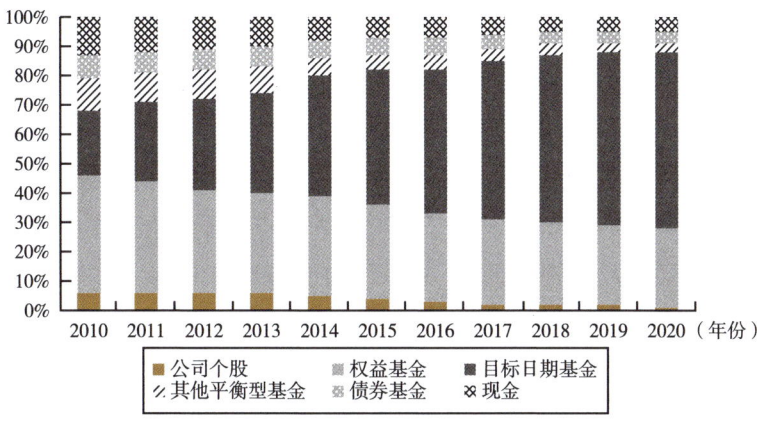

图2-3-7　先锋领航DC计划新增资金资产配置

资料来源：Vanguard

第三节　国际保险资管机构第三方业务发展经验

国际保险资管机构在发展第三方业务过程中，在积极开发规模市场的同时，不仅加强对机构客户的开发，同时也在努力推进零售客户市场的开发，国际资管机构在机构客户与零售客户市场层面积累了更为丰富的经验和产品。

一、规模市场是国际资管机构业务拓展的重要方向

美国作为全球最大的资产管理市场，成为非美保险资管机构第三方业务发展的重要区域。数据表明，非美国保险资管机构在国际化发展过程中，普遍将美国市场作为第三方业务发展的重点，包括收购美国本土的资产管理公司等。如德国安联收购美国太平洋投资管理公司（PIMCO），法国法通保险集团收购美国排名前五的目标日期型基金产品公司全球指数顾问公司（Global Index Advisors）。法国安盛集团收购美国伯恩斯坦公司，并组建联博基金公司，专注于共同基金、对冲基金等资管业务领域，通过收购等方式实现在美国第三方业务的快速发展。数据表明，2020年末德国安联集团管理的第三方资金来源中美

国地区占比达 54.8%，2019 年末加拿大宏利资产管理资产中美国市场占比 20%，英国法通保险资产管理业务中，美国市场管理规模超 2 000 亿美元，2015 年以来在美国市场复合增长率超 12%。

二、亚洲市场是国际保险资管机构第三方业务拓展重点

国际大型保险资管机构第三方资金来源中，亚洲市场占据重要地位，并保持较高增速。2019 年末 PIMCO 第三方管理资产中亚太地区占比升至 15% 附近；2020 年末，PGIM 亚太地区管理资管规模占比 20%，美国联博基金公司零售业务中亚洲地区占比也达到 20%，其中日本占 12%。美国保德信非美委托客户资产占比由 2010 年的 11% 上升至 2020 年末的 27.6%。除此之外，英国保诚长期深耕亚洲市场，2019 在亚洲地区管理资产规模占比超 15%；2019 年末加拿大宏利资产在亚洲地区资产管理规模占比 10% 为 934 亿美元，2019 年增长 17%，显著高于同期该公司管理资产在加拿大和美国市场 7% 与 8% 的增速。

三、零售客户成为第三方资管业务拓展重点

国际大型保险资管机构第三方业务的客户来源，主要包括机构客户与私人客户，从资金构成看，机构客户在各家资管机构中占据着重要地位，机构客户占比普遍在 50% 以上（见图 2-3-8），如 2019 年末安盛-IM 与法通集团的机构客户占比均在 70% 以上。

但近年来，随着私人财富的增长，零售业务得到保险资管机构的普遍重

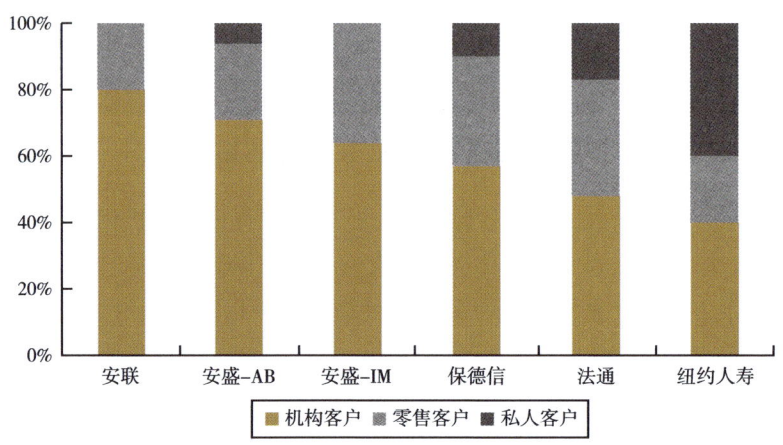

图 2-3-8　部分国际保险机构资管业务客户构成

资料来源：各公司年报

视,零售客户资产占比也呈现上升趋势。如联博基金公司 2020 年机构客户与零售客户资产分别为 46% 和 38.7%,与 2015 年末相比,机构客户占比下降 7 个百分点,而零售客户上升 8.7 个百分点,私人客户与零售客户对公司的利润贡献度超过 90%。AllianzGI 管理资产中,零售与机构业务在不同区域也具有较大差异,在欧洲和亚太机构业务占比较高,而在美国则以零售业务为主,这也与美国相对发达的金融零售业务有关(见图 2-3-9)。

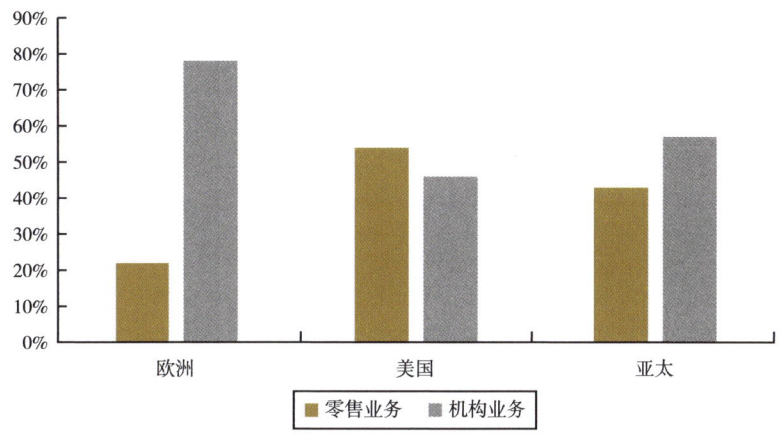

图 2-3-9　2019 年末 Allianz GI 管理资产在不同区域的客户构成

资料来源:Allianz GI 官网

四、加强第三方资管产品主动管理能力

从国际保险资管机构第三方资产配置结构看,部分保险资管机构虽然未能形成特征明显的优势领域,但也积极发挥主动管理能力,在股票、债券、多元资产等领域全面开拓市场,形成综合性资产管理特色。例如,安盛集团旗下资管平台 AB,2019 年末资产配置中股票占比 20% 左右,另类资产占比 5%;安联集团所属第三方资产管理平台 AllianzGI,在固收、权益以及混合资产方面的配置较为均衡,具有综合性资管机构的特征,2019 年末资产配置中固收类资产与权益类资产分别占比 30% 左右;保德信资产管理公司,第三方管理资产对股票等主动管理领域的配置占比较高,2020 年末,PGIM 管理资产中股票占 24%,在另类投资方面,房地产相关权益和债权合计占比 21%。

整体来看,国际大型保险资管机构在第三方资产管理方面,除传统固收类资产之外,主要配置于股票和另类投资,股票投资需要资管机构具有较强的主动管理能力,尤其是在投资研究方面,需要长期的投入和培养。而在另类投资

保险问道之行业战略布局

方面，涉及商品、房地产、金融衍生品、跨市场套利、私募债等多种另类投资策略，能够为投资者带来灵活的投资组合结构、多元化投资范围、降低风险等，也是国际资管机构主动管理能力的重要体现。

第四章
国际经验下保险资管第三方业务面临的优势与不足

国际上，海外发达经济体的保险资管机构发展历史悠久，已经形成较为成熟的管理模式和优势领域。由于国际保险资管机构投资范围更为宽泛，金融工具和产品类型更为丰富，投资策略更为多元，呈现出更明显的差异化发展特征。相比之下，我国保险资管机构第三方资管业务起步总体较晚，市场化竞争能力略显不足。随着资管新规的深入落地和资产管理行业国际化趋势的推进，保险资管机构面临着国内其他资管同业以及国际资管机构的双重竞争，保险资管机构需要持续加强和巩固自身传统优势，努力挖掘潜在优势领域，积极补齐市场竞争短板，亟待在竞争中发展壮大。

第一节 我国保险资管机构第三方资管业务发展优势

目前，保险资管机构在长期资金管理、大类资产配置、绝对收益获取、风险管控等方面已经形成了较为鲜明的传统特色化优势，这为保险资管机构发展第三方资管业务提供了有利的条件基础，但也需要基于市场发展持续加强和巩固，并积极拓展和延伸自身优势特点。

一、筑牢长期资金管理优势

（一）保险资管具有较强的长期资金管理能力

受益于保险资金资产负债管理以及期限匹配管理的需要，保险资管机构长期资金管理能力较强。市场统计数据表明,在2016—2020年近5年的时间里,组合类保险资管产品中有近八成的债券型产品年化收益率超过5%;有超过半数的股票型产品收益率超过50%,两成产品超100%;混合型产品收益率中位数为63%,并有近一半产品收益率超过50%。从中长期视角看,保险资管产品获取的较好的收益表现。

(二) 长期资金管理需要持续挖掘优质长期资产

在经济发展与利率走势的长期视角下,社会平均融资成本逐步下降,资产回报率也将呈现逐步下降态势,而当这一趋势逐步成为社会共识时,长期资金的管理需求也将持续上升,这对保险资管来说既是机遇也是挑战。目前,保险资管长期资金管理主要为获取债券类资产期限风险溢价这一较为简单的管理模式。未来,保险资管公司需要向提升优质长期资产开发能力转变。

二、持续提升绝对收益获取能力

(一) 保险资金运用以绝对收益为目标

由于保险负债端的成本较为刚性,因此保险资金运用坚持以绝对收益率为目标,并具有最低收益率要求。从行业整体保险资金运用收益率情况看,近10年来,保险资金运用收益率整体波动幅度明显减小,并且均取得了绝对的正收益。中国银保监会披露数据显示,2011—2020年保险资金整体平均投资收益率为5.19%。体现出保险资管机构较强的绝对收益管理能力,这也是组合投资和大类资产配置能力的集中体现,同时这也有助于吸引低风险偏好资金的管理需求。

(二) 绝对收益获取的难度有所增大

近年来,随着市场利率下行,保险资金运用对权益类资产的依赖程度有所上升,因此资本市场的波动对保险资金运用收益率的稳定性提出较大考验,但由于在现有金融工具会计准则下,保险公司可以通过金融资产会计分类等调节方式,从财务角度平滑投资收益波动性。未来,随着新金融工具会计准则的落地,保险资金运用获取绝对收益以及收益率的稳定性都将面临挑战。保险资管公司需要通过提升战术资产配置调整能力等方式积极应对。

三、强化固收类资产管理特色

从管理规模角度看,保险资金在债权类资产的配置比例约占八成。截至

2020年末，我国保险资金运用余额为21.68万亿元，其中债券与银行存款合计占比48.6%，固定收益类资产是保险资金运用的基本盘。这也锤炼出保险资管公司在固定收益类资产方面较为突出的管理能力和优势特色。从投资收益角度看，保险资管公司不仅具有较强的债券投资能力，同时积极参与固收类市场产品创新，拓宽产品投资领域，取得了较好的投资收益。Wind统计数据表明，2020年保险资管组合类产品中，152只公开数据的债券型产品平均收益率为7.09%，显著高于债券型公募基金平均4.24%的净值增长率；2020年保险资管货币型产品平均收益率为3.44%，同样高于货币类公募基金平均2.01%的净值增长率。

固定收益类资管产品加快创新发展。资管新规下理财产品打破刚性兑付，投资者对于风格相对稳健并且能够实现长期增值的理财产品需求明显上升，公募、券商资管以及银行理财机构发行的"固收+"产品异军突起，2020年成立的"固收+"产品数量超200只，是2019年同类产品数量的3倍。保险资管需要紧跟固收市场创新发展步伐，不断强化产品创新开发能力，把握市场发展机遇，持续强化自身在固定收益领域的传统优势。

四、构建保险资管第三支柱养老服务优势

（一）我国第三支柱养老保险迎来发展机遇

根据测算，"十四五"期间，我国60岁以上人口占比将超过20%，总量突破3亿人，进入中度老龄化社会，但我国养老保障三支柱体系发展明显不平衡。根据中国社科院世界社保研究中心发布的《中国养老金发展报告2020》，2019年底，全国社保基金2.1万亿元（去重后）；第一支柱城镇职工和城乡基本养老保险基金为6.3万亿元；第二支柱企业年金为2.5万亿元，职业年金为0.7万亿元（见表2-4-1）。同时，根据第一财经联合长江养老发布的《长三角养老金融高质量发展报告》披露数据，2019年底，第三支柱中商业养老保险保费收入估算值为0.68万亿元，其中制度性的个人税延商业养老保险约为2亿元，与美国相比我国亟须发展第三支柱养老体系。"十四五"规划明确提出将"规范发展第三支柱养老保险"，并将其作为2021年重点工作，可以预期我国第三支柱养老保险已迎来重要发展机遇。

（二）保险资管机构可以通过资管产品服务第三支柱养老需求

资管产品是第三支柱养老保险的重要形式，人社部也表示符合规定的金融产品都可以成为第三支柱养老保险的产品，以满足老百姓多层次、多样化需求。

表 2-4-1　　　　　　　　中国与美国养老金体系规模与占比

国家	三大支柱	内容	规模（万亿元）	占比（%）
中国 (2019年底)	第一支柱	社保基金	2.1	17.1
		企业职工基本养老保险	5.46	44.5
		城乡居民基本养老保险	0.82	6.7
	第二支柱	企业年金	2.5	20.4
		职业年金	0.7	5.7
	第三支柱	商业养老保险	0.68	5.5

国家	三大支柱	内容	规模（万亿美元）	占比（%）
美国 (2020年底)	第一支柱	社保	2.90	7.68
	第二支柱	DB 计划	10.48	27.75
		DC 计划	9.64	25.52
	第三支柱	个人退休账户（IRAs）	12.21	32.34
		年金产品	2.53	6.71

资料来源：《中国养老金发展报告2020》，《长三角养老金融高质量发展报告》，SSA，ICI

保险资产管理机构在长期大类资产配置上坚持审慎稳健的投资理念，追求资产长期稳健增值，致力于在有效控制风险的前提下实现投资收益的最大化，这与养老资金对于长期稳定收益的要求高度吻合。而且，保险资管机构已受托管理规模较大的养老金、企业年金等保险保障相关资金，2019年末超2.6万亿元。保险资管公司可以积极加强与保险端合作，主动参与商业养老账户创新类产品设计，丰富第三支柱体系产品，在服务居民养老需求的同时承接养老资产管理，提升管理规模。

第二节　我国保险资管发展第三方资管业务面临的问题与不足

一、客户来源仍然以机构为主

与海外保险资管机构相对多元化的客户来源相比，由于我国保险资管产品对合格个人投资者放开时间较短，因此保险资管机构资金来源主要以机构客户为主。2020年我国系统内与第三方保险资金管理规模共有17.33万亿元，占比77%；而第三方非保险资金为5.16万亿元，占比23%（见图2-4-1）。数据表明，我国保险资管机构管理资金中系统内保险资金仍占据主导，保险资管机构管理的第三方资金主要为银行资金和养老资金。而从国际保险资管机构

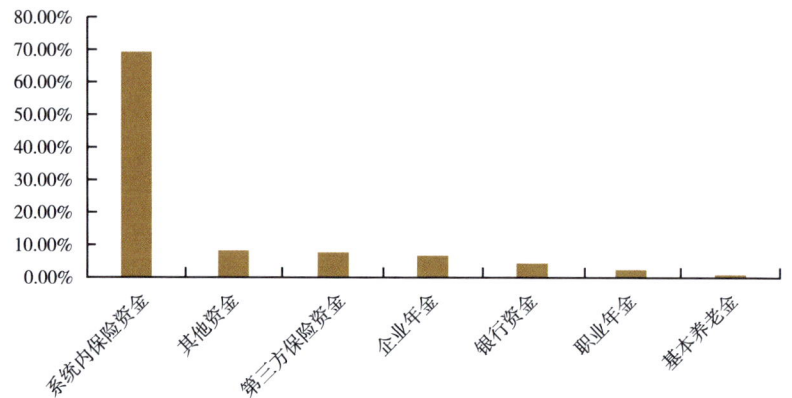

图 2-4-1 2020 年我国保险资管机构资金来源及占比

资料来源：中国保险资产管理业协会

资金来源看，自然人客户占据相当的比重，我国保险资管机构在第三方资管业务拓展中，同样需要注重对于自然人客户特别是高净值客户的开发。

二、买方投顾的发展加剧了市场竞争

2021 年初，公募基金管理规模首次突破 20 万亿元。公募基金主动管理能力较强，能为客户提供多元化的产品和优质服务；同时，较低的认购门槛和渠道创新等特点，使公募基金在资管行业中占据有利竞争地位。2019 年中国证监会下发《关于做好公开募集证券投资基金投资顾问业务试点工作的通知》后，共有 4 批累计超 30 家机构陆续获得投顾试点资格，包含商业银行、基金公司、证券公司和第三方基金销售机构。

从各类投顾机构禀赋和特点来看：商业银行在客户体量、渠道建设、人力储备等方面有明显优势，有助于根据客户画像推荐适合客户风险偏好的基金组合；基金公司拥有专业投研能力，投顾渠道布局多样化，充分运用了专业投研能力；券商是从事投顾业务的先行者，且一直不断培育投研能力，可与基金公司同台竞技；第三方基金销售机构拥有金融科技优势，在市场上可筛选和配置到更多不同的基金类型。整体而言，买方投顾的发展，使得资产管理市场的专业化程度进步提升。有了投顾机构的把关，资管机构强者更强的头部效应更加明显，市场竞争也随之更趋激烈。

三、保险资管产品销售渠道建设有待加强

一方面，目前，保险资管机构第三方资管产品销售体系主要依赖自身团

队,内外各种潜在的销售资源充分利用程度不够,第三方资管业务客户获取和产品推介的触角还有待进一步延伸。保险资管机构应借助资管新规开放产品代销的政策契机,利用好商业银行、证券公司等金融机构,加强销售渠道建设。另一方面,保险资管机构销售队伍的专业性有待加强,应通过系统培训和准确宣导,提升销售团队在面对客户路演时的专业和深度。

四、保险资管机构市场化机制竞争力不强

可以看到,目前保险资管行业整体的市场化机制建设与券商、公募基金等市场化程度较高的资管同业相比仍存在一定差距。在当前行业转型、不确定性增大的时期,保险资管第三方资管业务面临更大的机会,也遇到了更多挑战。金融的顶层设计和执业牌照的结构调整,促使行业性的人员流动加剧。在此阶段,更有必要通过行业性整体市场化机制的提升,激发从业人员的积极性,为整个行业吸引更多优秀人才。

五、保险资管公司品牌建设滞后

一方面,虽然保险资管行业整体管理资产规模已超到 20 万亿元,但仍以保险资金等关联方资金为主,面向市场发行的保险资管产品余额较小。截至 2020 年末,保险资产管理产品规模与银行理财、公募基金以及券商资管等同业相比,总体呈现规模较小、行业占比较低的特征,在大资管行业中仍属于小众领域,导致投资者对保险资管行业认知度仍旧不高,行业曝光度总体不足。另一方面,保险资管产品属于私募性质,缺乏公开宣传渠道,使得保险资管品牌建设明显滞后,保险资管公司市场影响力与保险主业相比存在较大差距,与公募基金等资管同业相比差距更大。

第三节 买方投顾引导资产管理向财富管理转型

资产管理与财富管理都有共同的目标,就是为客户获得更好的投资体现,达到特定的投资目的,延长客户投资周期。因此,二者之间并不存在明显的边界,并且常常被混同。但事实上,资产管理和财富管理具有不同的本质,尤其是随着监管的统一以及金融科技的发展,买方投顾的发展将推动财富管理的深层内涵得到持续显现。

一、买方投顾将重塑资产管理模式

买方投资顾问服务的初衷就是从提供服务、帮助投资者管理好资产,并收取服务费用的角度出发,实现资产管理行业从"卖方销售"模式向"买方投顾"模式的变革。2019年10月开始,中国证监会已下发了4批基金顾问牌照资格,主要集中在银行、券商、基金和基金销售公司(见表2-4-2)。

表2-4-2 我国已获批基金投顾资格的机构

日期	机构类型	机构名称
2021-06-25	证券公司	中信证券、招商证券、国信证券、兴业证券、东方证券、安信证券
2020-02-28	证券公司	中金公司、中信建投、华泰证券、国泰君安、申万宏源、银河证券、国联证券
	商业银行	工商银行、招商银行、平安银行
	基金及基金子公司	博时基金、广发基金、汇添富基金、银华基金、兴证全球基金、工银瑞信基金、招商基金、交银施罗德基金
2019-12-13	独立基金销售公司	蚂蚁基金、腾安基金、盈米基金
2019-10-25	基金及基金子公司	易方达基金、南方基金、嘉实基金、华夏基金、中欧基金

资料来源:中国证监会

买方投顾业务以授权账户下的配置和管理为出发点,正在成为当下财富管理行业转型升级的重要突破口,由原来的"管理人——产品——渠道——客户"资管模式向"客户——投顾——产品——管理人"投顾模式进行转变(见图2-4-2)。这一财富管理逻辑的改变在于真正体现了"以客为尊"的观念,以"投"实现增值,以"顾"实现陪伴,这也是对传统资管业务逻辑的重塑。

二、买方投顾的业务谱系与创新

买方投顾覆盖了投资者各层次的投资管理需求,在收益性、波动性、久期等方面重塑产品谱系,并提供不同的策略产品。一些投顾推出养老组合、教育规划组合等(见表2-4-3),将财富管理和人生曲线场景化结合。部分投顾已试水在线直播等融媒体新途径。在新谱系和新策略下,衍生出更多创新型投资策略,例如目标日期、目标风险、目标收益区间、打新策略、策略定投、高净值用户定制策略、基于客户场景的策略等。

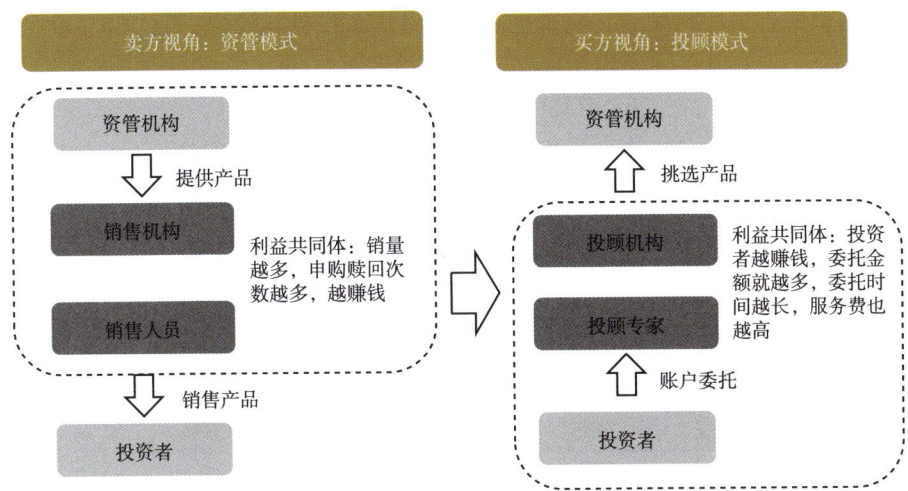

图 2-4-2 资管模式与投顾模式

资料来源：太平资产

表 2-4-3 养老组合策略与教育规划策略要点

养老组合策略	教育规划策略
➢ 按年龄分为不同组合，比如"65后""70后""75后""80后""85后"和"90后"等 ➢ 策略原则：随着退休时间的临近，定期调整股票和债权的资产配置比例	➢ 一种是以目标计划需求的资金不同来提供策略，例如：国内培优（稳健策略，股票占比50%）、常青藤教育基金（积极策略，股票占比65%） ➢ 一种是以投资久期不同来提供策略，比如：萌娃成长（积极策略，股票占比65%）、少年起航（稳健策略，股票占比50%）

资料来源：太平资产

三、买方投顾的快速发展与实例

（一）买方投顾处于发展快车道

从海外市场看，买方投顾已发展成为一种非常成熟的理财模式，并且得到客户的广泛接受和认可。例如，在美国市场中，有超过70%的投资者会选择投顾来进行基金投资。2020年末美国基金投顾市场资产规模达97.2万亿元，投资顾问人数1.35万人，服务客户数4 214万（见图2-4-3）。美国基金投顾客户分布中，非高净值个人客户占比83.3%，高净值客户占比11.7%（见图2-4-4）。对比来看，我国市场投顾业务空间巨大，随着国内资本市场的成熟以及专业化程度的提高，中小投资者通过基金投顾实现专业化将成为新的发展趋势，市场机构预计，我国基金投顾市场未来三年规模有望达 5 000 亿元人民币，长期来看，规模将达万亿元人民币级别。

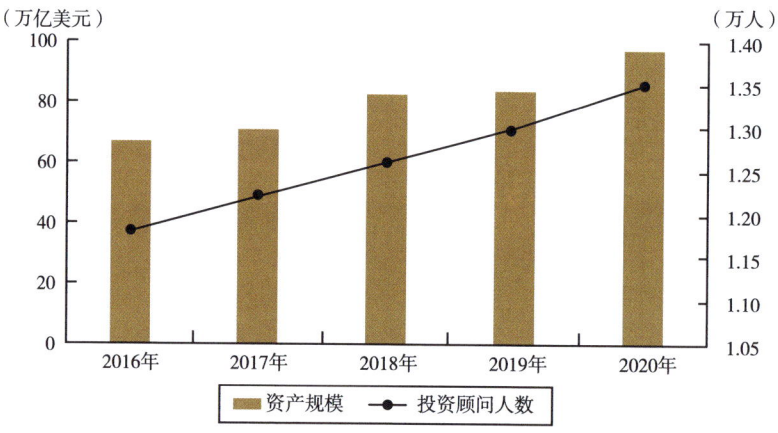

图 2-4-3 美国基金投顾市场资产规模与投顾人数

资料来源：IAA 2020 Evolution Revolution

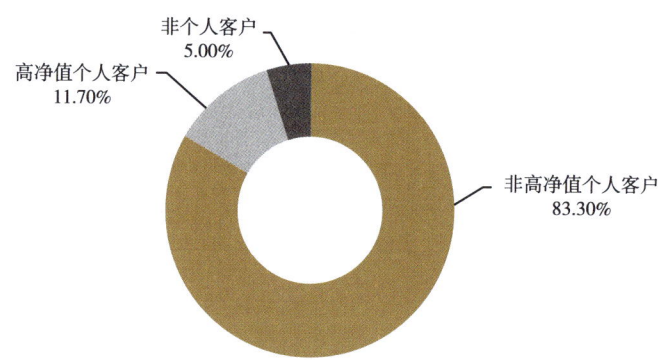

图 2-4-4 美国基金投顾客户分布比例

资料来源：IAA 2020 Evolution Revolution

1. 买方投顾业务模式多样，生态完整性高

从业务模式角度看，买方投顾模式包括：一是独立模式，即自建策略组合＋客户服务，如券商等资管机构；二是平台合作模式，即引入第三方基金投顾，如腾讯等；三是复合模式，即自建投资顾问业务同时输出投顾策略，以基金公司等为主。从易方达基金实例来看，截至 2021 年 3 月末，易方达基金投顾共与 8 家销售机构进行了合作，还与 4 家销售机构已完成了系统开发和测试。在基金投顾业务的合作中，基金投顾试点机构作为基金投顾服务的提供方，承担

受托责任,按照约定管理客户在该合作渠道的授权基金账户,而合作机构则为基金投资组合策略的成分基金提供交易渠道。收入模式上,基金投顾业务不参与基金销售佣金的分成。

2. 规模增长较快,客户复投率较高

据中国证监会 2021 年 7 月 16 日新闻发布会披露数据,首批 18 家买方投顾试点机构合计服务资产已超过 500 亿元,服务投资者约 250 万户。整体来看,我国基金投顾业务呈现较快增长速度。从具体实例来看,如盈米基金旗下基金投顾平台——且慢,截至 2021 年 7 月 1 日,且慢基金投顾签约客户已经超过 15 万,投顾签约资产超过 100 亿元,成为行业内首家基金投顾签约规模突破 100 亿元的试点机构。在这 15 万客户当中,盈利的客户比例高达 96.67%,3 个月复投比例达到 89%。易方达基金披露,该公司基金投顾业务自 2020 年 9 月开始展业,截至 2021 年 3 月末,易方达基金投顾总客户数超过 3.3 万,客户留存率在 90% 以上,包含机构客户在内的复投率超过 70%。

3. 全委托模式为主,投资策略丰富

基金投顾多数采取全委托模式,具有为客户进行调仓等操作权力。在策略组合方面,普遍提供五种左右的策略组合,多数策略采取白盒策略,即可以查看持仓样本、比例和调仓。从投资业绩看,整体表现出色,过去一年绝大多数投顾策略取得正收益,具有较强的绝对收益属性。

4. 买方投顾贯穿投资全程,呈现陪伴式服务

基金投顾紧扣投资者需求,在养老、教育、医疗、财富传承等方面,发展出各类"目标投"策略,可以引导投资者便利地进行策略选择。同时,基金投顾在线上和线下两种渠道都进行了大量实践,服务内容也比较丰富,贯穿了投前——投中——投后。

(二)买方投顾的行业实例

目前来看,所有试点基金投顾机构普遍采取了线上展业为主的模式,但不同类型机构的运作模式特色鲜明,符合各自风格和资源禀赋。在公募基金方面,公募机构积极与第三方渠道合作,输出投顾策略,获取外部客户;在第三方基金销售平台方面,普遍是在体系内进行客户渗透,例如腾讯公司投顾策略是由多家公募基金引进,暂没有自身投顾策略,而阿里集团则是与先锋基金合作成立了"先锋领航投顾(上海)投资咨询",设计专业投顾策略;在券商方面,除国联证券外均是内部发展,国联证券除了内部发展还积极与外部渠道合作,输出投顾策略(见表 2-4-4)。

表 2-4-4　　　　部分参与买方投顾业务试点的机构运作模式

基金系	南方基金	司南智投	自身 APP + 已上线 5 家渠道,进行投顾输出
	易方达基金	易方达投顾	外部渠道为主,上线 6 家渠道,进行投顾输
	华夏基金（华夏财富）	查理智投	自身 APP + 上线 4 家渠道,进行投顾输出
	嘉实基金	嘉实财富投顾	自身 APP + 上线 2 家渠道,进行投顾输出
	中欧基金（中欧钱滚滚）	水滴智投	自身 APP + 上线 2 家渠道,进行投顾输出
平台系	蚂蚁财富	帮你投	自身 APP + 自制策略
	腾安基金	一起投	自身 APP + 外部策略
	盈米基金	且慢	自身 APP + 自制策略/外部策略
券商系	银河证券	财富星 - 基金管家	自身 APP + 自制策略
	中金公司	A + 基金投顾	自身 APP + 自制策略
	中信建投证券	蜻蜓管家	自身 APP + 自制策略
	国泰君安证券	君享投	自身 APP + 自制策略
	申万宏源证券	星基汇	自身 APP + 自制策略
	华泰证券	涨乐星投	自身 APP + 自制策略
	国联证券	基智投	自身 APP + 外部渠道,进行投顾输出

资料来源：各公司网站，太平资产

第五章
我国保险资管第三方资管业务发展策略与建议

保险资管机构参与市场化、国际化竞争，既是专业能力的竞争也是综合管理能力的竞争。保险资管机构拓展第三方市场，需要在持续强化投资研究、产品设计等核心能力建设的同时，进一步增强能力建设的深度和广度，持续提高投资能力的专业性、产品设计的创新性，同时需要增强主动开发客户的意识和能力。

第一节　保险资管第三方资管业务布局策略

一、保持对监管政策变化的高度关注

随着资管新规整改过渡期逐渐结束，未来一段时期内监管环境总基调仍然偏紧，去杠杆、去通道、脱虚向实的政策导向明确。2018年中国银监会与中国保监会合并后，各行业回归主业的导向对第三方业务带来更多不确定性。保险资管机构更应该加强对于政策导向的研究，主动挖掘大资管行业整体转型时期的产品与投资机遇，研究其他金融子行业的发展动向，挖掘潜在的合作机会，促成共赢的局面。

二、明确以客户为中心的业务战略

保险资管机构开展第三方资管业务，必须以客户为中心，以市场需求为导向。在大资管背景下，保险资管机构深化发展第三方业务是大势所趋，资产管理行业巨大的潜在容量，为保险资管机构做大第三方资管业务提供了舞台。为做大做强第三方业务，必须以满足客户的共性需求为目标，依托结构健全、职能完备的销售体系，提升销售人员对目标客户的覆盖幅度。同时，要加强与客户深层次互动，实时跟进重点客户的个性化需求，利用多元化产品销售，增加客户黏性。

三、加强产品创新能力建设和投资机遇研究

（一）提升产品创新开发能力建设

基于丰富的金融要素市场，国际资管机构产品线更为丰富，产品体系更为健全，在金融产品创新和开发方面能力更强。我国资管市场产品同质化竞争依然较为严重，产品创新性、专业性存在不足，在细分市场和策略的精细化程度不高，各资管机构并未形成明显的产品化管理优势。国内保险资管机构要加大主动管理能力建设，围绕保险资管在固定收益以及另类投资领域的传统优势，提高资管产品的专业化和精细化水平，增强产品的风险收益透明度，通过更为有效的差异化策略，开发更具针对性或定制化的资管产品。

（二）加强投资机遇分析研究

一方面，开展第三方资产管理业务，要有品种齐全、特色鲜明的产品发展规划和策略，通过跨领域的产品工具，扩充不同投资领域、风格特征、风险偏好

的产品线。同时，必须通过不断总结业务模式，发掘资源优势，通过不同类型产品的组合，丰富业务多样性，打造能够满足不同客户、不同场景、不同需求的解决方案。另一方面，要结合市场不断涌现的投资机遇，持续丰富金融产品工具的研究储备，提升解决方案的灵活性和多样性，满足客户个性化、定制化的需求。

四、提升服务能力，优化客户体验

国际资管机构在机构客户与自然人客户开发方面经验丰富，已开始积极开发自然人客户。从我国保险资管机构第三方业务资金来源以及发展趋势看，需要在继续巩固机构客户的同时加大自然人客户的挖掘。在机构客户方面，国际大型资管机构普遍管理着大规模的养老金。近年来我国包括企业年金、职业年金、社保基金等在内的养老金市场也得到快速发展，这为保险资管机构第三方资管业务发展提供机遇。在个人客户方面，目前保险资管已经进入个人财富管理市场，我国个人财富管理市场规模庞大，但保险资管需要加强渠道建设，包括第三方渠道与自主销售渠道的结合，多途径开发高净值客户，拓展第三方资管业务。同时，我国保险资管机构需要不断加强与外部大型机构客户的对接，协调推进与战略客户的深化合作。借鉴银行业、基金业、券商业先进的客户服务经验，从流程上、制度上、服务差异化管理上开展客户服务体系建设，不断提升客户体验。

五、找准定位，发挥优势

买方投顾的快速发展是不可忽视的市场变化，资产管理机构与客户关系逐步从"产品营销"转向"配置选择"，当保险资管作为被选择对象时，"标识度"将成为资管机构发展的重要因素。因此，保险资管机构需要在某些细分领域中构建头部优势，更有利于扩大管理规模、提升市场影响力。在买方投顾快速兴起的新形势下，保险资管机构需要发挥自身传统优势，尤其是发挥资产配置能力、风控的深刻认知、丰富的券商和基金合作资源、专业研究智库和产品团队支撑等，在细分投资领域找到相对优势。

第二节　保险资管第三方资管业务产品化发展策略

一、加大资管产品创新开发

在资管新规等政策引导和作用下，资管产品持续向净值化、产品化方向转型,各类资管产品在统一的监管规则下进行市场化竞争。在"大资管"背景下,组合类保险资管产品与同业资管产品相比仍具有较强的交叉性和替代性,因此组合类保险资管产品面临着较大的发展压力。需要保险资管公司结合自身发展优势创新产品设计,不断丰富产品种类、交易结构、投资策略等,持续开发符合市场需求的差异化优质资管产品。

二、积极发展绝对收益策略产品

保险资管机构在绝对收益策略产品方面具有明显优势,而且更有利于发挥大类资产配置能力。一方面,区别于公募产品的相对收益策略,保险资管机构可以依托专业投资研究团队,在控制目标波动率的前提下实现组合的绝对收益增长,提升产品收益水平的稳定性和持续性。另一方面,券商资管、阳光私募等机构的资管产品,大多以股票多空策略为主,通过调节权益仓位和优选基金实现净值增长,基本没有跨资产类别的配置策略。保险资管是全市场最早专业从事资产配置研究的一类机构,在大类资产配置方面相对其他机构具有先天优势和经验沉淀,可以在自上而下研究的基础上,根据客户投资需求,最优化大类资产的配置方案。

三、巩固发展"固收+"类产品

"固收+"以固定收益资产作为基础资产,通过加入其他高波动资产在承担额外风险的前提下获取收益增厚。产品仍然以持有固定收益资产为主,核心在于控制回撤和波动率,这直接关系到如何保证组合净值的相对稳定,以及客户本金的安全。在所有刚兑逐步打破,不能采取期限错配之后,产品更依赖于资产配置策略和组合管理能力。如果将组合的仓位分化为"底仓"以及"增强部分",底仓提供票息收入,积累增厚组合安全垫,为风险敞口策略所带来的波动性提供对冲和稳定器。根据安全垫的"厚度"以及短期交易策略,组合会动态地调整边际交易的持仓,进而保证组合有可能获取超额收益的同时,保证组合的高收益、低回撤和较低波动。

四、积极拓展 FOF/MOM 多元化产品策略

公募基金在 2017 年正式开闸 FOF 业务,到现在已经超过 1 200 亿元规模。保险资金作为市场上长期的买方机构,对于基金的研究和投资历史更加久远,但目前成体系的 FOF 策略及其产品设计尚在发展初期,保险资管 FOF 类产品

的规模也仅在百亿元级别。下一步，保险资管机构需要研究如何进一步发挥好资产配置和基金优选的能力，做大做强 FOF/MOM 类产品，同时着力提升 FOF/MOM 投研能力建设，切入买方视角下的财富管理市场。

第三节　保险资管行业第三方资管业务发展建议

一、把握资管行业发展趋势

（一）坚持市场化、专业化、精细化、特色化模式

市场化，是要从销售、产品、客户服务、风险管控等多维度向优秀机构看齐。专业化，是要以严谨的态度、科学的方式对待第三方资产管理业务，不但要做到"人无我有"，也要做到"人有我优"，形成品牌效应。精细化，是要从业务策略、投入产出、过程管控等方面不断提升管理水平，多关注细节，多思考不足，多提出改善建议。特色化，是要充分依托现有的业务结构、经验积累，总结出优势所在，打造具有保险资管特色的投研品牌。

（二）明确产品化发展思路

保险资管机构要形成投资银行产品和资产管理产品齐头并进的发展局面，成为资管行业全链条的综合解决方案提供商。一方面，要通过产品纽带，对接上下游客户资源和合作伙伴需求，在合作的基础上不断深化、业务不断迭代中互惠互利、做大做强；另一方面，要有丰富的金融产品工具储备和灵活多元的解决方案，满足客户个性化、定制化的需求。

二、不断提升市场化核心竞争能力

（一）构建多维度的专业化投资能力

保险资管机构应打造从大类品种布局到具体个券配置的管理机制，加强对政策变化、市场利率走向及产业布局等方面的研究，在择时方面，提升抓住关键窗口期的能力，在择券方面，要进一步加强对优质标的的挖掘，扩大资产管理的品种半径和规模半径，切实提升投研能力和投资业绩，在与基金、券商等机构的竞争中，打造属于保险资管的特色投资品牌。未来，随着我国资管市场的国际化发展，资产管理业务市场化竞争将更加强调专业化和细分化，保险资管需要不断提高投资能力建设的深度，尤其是在另类业务、固定收益领域，加大研究投入，形成比较竞争优势和差异化竞争能力。

（二）加快金融科技与投研平台的融合

通过金融科技技术开展市场数据与基本面分析等，将传统线下研究成果与智能化学习相融合，提高投研能力和效率。重点将金融科技应用于资产负债管理、资产配置分析、投资组合管理、实时风险控制、绩效归因等场景，持续提高资金管理效率和精细化水平。

三、完善客户开发与服务体系

（一）进一步完善销售渠道

保险资管机构要形成直销与代销渠道同步推进的局面。直销渠道是传统的销售渠道，未来要沿着既定的发展轨迹，不断做深做实。代销渠道是资管新规为保险资管机构新开辟的新渠道。要紧密开展与各类代销机构的合作，发挥大类资产配置能力、固收/存款投资能力和回撤控制能力等传统优势。

（二）兼顾机构客户和自然人客户的协同发展

机构客户市场是保险资管机构深耕多年的市场，也是第三方业务的主力市场。保险资管机构在服务各类保险、银行、年金等机构投资者过程中，积累了丰富经验。相比而言，自然人客户领域是新近放开的领域，中高净值人群对于行业而言是一片新的蓝海。因此，大力发展自然人客户领域，对保险资管机构第三方业务开展非常必要。

四、构建新形势下的同业竞争合作关系

（一）明晰合作互补的发展基础

从发展历程看，银行理财与保险资管起步时间基本一致，并在发展过程中形成了各自的管理风格和特色优势。在资管新规之前，银行理财产品具有显著的规模性、安全性以及客户基础庞大的特征，与公募基金、保险资管等同业形成了较好的长期合作关系。在理财子公司专业化发展新趋势下，银行理财子依然具有管理资产规模大、客户资源优势突出、资管业务资质齐全等优势，但由于仍处于自主投资能力建设期，在投研、产品、风控等方面仍存在短板。

保险资管机构既有主要投资二级市场的组合类产品，也有投资一级市场的债权计划、股权计划。在组合类产品方面，既可以接受各类产品投资，可投的金融产品范围也相对灵活。银行机构的资管产品线与保险资管的产品线既有重合，但更多的是互补。目前银行理财仍以固定收益产品为主，保险资管机构可

以向银行提供更宽维度的产品线和更多元化的投资策略,为银行客户提供更加丰富的资产配置选择。

(二) 形成多维度合作领域

保险资管可以发挥相关成熟经验和能力优势,进一步加大与资管同业的合作力度,可以充分发挥自身禀赋优势,把握合作方的需求痛点,寻找优势互补的合作模式,在资金、产品和投资等方面,保险资管机构与其他金融机构均有丰富的合作模式。例如在风控方面,保险资管已建立了较为完善的风控体系,可以加强在传统投资和非标领域的风控管理能力输出;在产品方面,保险资管在"固收+"方面持续加大创新,产品谱系不断丰富完善;在非标投资方面,保险资管具有债权、股权等另类非标项目资源禀赋,具有投行业务优势,可提供丰富的项目合作资源(见表2-5-1)。

表2-5-1　　　　保险资管机构与其他金融机构的合作

资金端的合作	产品端的合作	投资端的合作
➢ 委外:参与银行理财资金委外招标,以专户或产品形式受托管理理财资金 ➢ 代销:与银行等金融机构开展代销合作,开拓自然人投资者市场 ➢ TOF:保险资管、信托机构和银行三方形成TOF结构,盘活资金来源 ➢ 垫资:银行可以为保险资管"T+0"模式的货币类产品提供日内垫资服务 ➢ 托管:组合类产品与银行开展托管合作 ➢ 经纪:保险资管于券商机构开立账户进行证券交易	➢ FOF:保险资管发挥资产配置和基金优选能力,以组合类产品形式开展FOF类产品业务 ➢ 投顾/MOM:保险资管机构聘请基金公司、券商资管或者私募投资人担任产品投资顾问,或者设计为MOM结构的多投顾模式 ➢ 专项产品:保险资管专项产品与券商资管计划对接,开展股票质押融资等纾困性质业务	➢ 与银行:保险资金/组合类产品参与投资银行理财产品、信贷资产证券化产品、银行发行或承销的债券等 ➢ 与基金:保险资管机构参与公募REITs投资,与基金公司合作开展养老相关主题投资等 ➢ 与券商:开展各类投资研究合作;券商发行的私募FOF母产品配置组合类产品作为子产品 ➢ 与信托:另类投资项目资源合作,契合不同风险偏好进行交叉引荐和配置

资料来源:太平资产

参考文献

[1] 杜长春,曹珊.开放格局下我国保险资管第三方业务发展形势与机遇 [J].中国保险资产管理,2020 (1).

[2] 曹德云.我国保险资产管理产品的改革与发展 [J].银行家,2020 (6).

[3] 周延礼.新冠肺炎影响下保险资金运用的挑战及应对 [J].当代金融家,2020

(9).

[4] 张杰."大资管"视角下的保险资管公司战略管理探析[J].保险理论与实践,2020(7).

[5] 朱映惠.保险资管机构第三方业务发展及市场化转型[J].金融博览,2019(8).

[6] 刘凡,李妍.资管行业转型发展的"第三方助力"[J].当代金融家,2019(10).

[7] 李真,王丰莹.行稳致远,进而有为:2020年保险资产管理年度报告[R].华宝证券公司证券研究报告,2021(5).

[8] 王浩,刘均伟,王汉峰.基金研究系列(9):FOF的未来,是星辰大海[R].中金公司证券研究报告,2021(9).

专题三

面向大规模多维度机构投资的数据中台建设方法与实务

课题承担单位：泰康资产管理有限责任公司
课 题 负 责 人：迟　哲
课题组成员：刘　欣　　邓安安　　任贵菊　　尹志敏
　　　　　　　高　兴

数字化已经成为驱动当今资产管理行业变革一个至关重要的变量，伴随过去信息化的一系列建设动作，国内各大机构普遍面临公司系统众多、烟囱林立，数据运用混乱、标准不统一、数据无法发挥价值等诸多问题。数据中台的构建已经成为大型资产管理机构进行数字化转型面临的当务之急。数据中台作为资管机构进行数字化转型的必要基础设施，已成为在不把过去建设的所有系统推倒重来的前提下，打通公司层面所有关键系统、形成统一标准的数据生态，有效发挥数据价值的唯一解决方案。但对于如何构建支持大规模机构投资的投资数据中台，无论从方法论层面还是实操层面，目前国内外可借鉴的研究成果十分有限。本专题对国内外行业先进数据中台进行了详细研究，分析了行业数据中台建设的通用方法，并结合自身数据中台建设实践经验，总结了一套面向大规模多维度机构投资的数据中台建设方法论体系与实务建议。本专题具体回答了如何搭建数据中台，如何融合大小数据体系，如何支持超大规模组合，如何融合数据中台与业务中台、技术中台等一系列数据中台建设过程中面临的普遍问题，对于大型资产管理机构的数据中台建设工作具有较强的现实指导意义。

第一章
国内外先进经验与探索

第一节 国外领先数据平台介绍

从国外资管机构投资数据中台建设经验来看，全球领先资产管理机构 B 公司的 A 系统目前是公认的行业标杆。A 系统将人、流程和技术有机连接起来，是 B 公司的神经中枢。本节将对 A 系统平台的发展历程、主要功能、核心技术、突出优势进行详细的剖析，为国内大型资管机构投资数据中台的建设提供一定的参考。研究内容基于相关信息获取时状态，如后续有变更，则未体现。

一、发展历程

A 系统始于 20 世纪 90 年代初，是作为分析评估债券投资组合风险的一种工具。1999 年，B 公司开始以 A 系统为外部客户提供服务，以帮助客户分析并跟踪投资组合，发现组合风险。

B 公司多年来通过收购兼并不断吞噬其他公司来壮大自己。2009 年，B 公司收购 Barclays Global Investors，其中包括 Barclays 的 iShares ETF 业务。2017 年，该公司收购了美林投资管理公司。2019 年，该公司表示将以大约 10 亿美元的现金收购一家名为 Aperio 的加利福尼亚投资提供商。同一年，B 公司以 13 亿美元收购了经营另类投资管理软件的法国初创公司 eFront。B 公司通过不断收购竞争对手，使其自身服务能力不断加强，A 系统的数据基础也越来越牢固，而且 B 公司这种收购的趋势还在不断加速。

二、主要功能介绍

A 系统最强大地方在于它拥有比同类系统都要强大的数据基础。它的大型数据管理中心拥有 6 000 台计算机，24 小时运行，日复一日地记录和存储着历史事件，除了利率和汇率的变动等金融指标，也包括恶劣的天气灾难、政治丑闻等非金融、非结构化的数据。再通过蒙特卡洛模拟，建立统计模型，计算它们对其管理的资产所存在的潜在影响。

A系统的工作原理：A系统对数以千万计的投资标的风险进行分析，并对每一个投资标的进行多达几百万个可能场景的模拟，综合得出每种投资标的在不同场景下的风险水平，并根据分析的结果引入风险调整、自动平衡组合等工具，帮助投资经理选择最优的资产组合。

A系统的主要功能有：一是构建金融计量模型。运用蒙特卡洛模拟，计算各类资产的风险预期概率分布，动态监控风险敞口，例如预测利率下跌对债券价格的影响。二是对各类资产的关联性进行计算分析。例如欧洲国债的价值变化会影响加拿大石油公司债。通过对资产关联度分析，防止风险在高关联度资产之间进行传染扩散。三是对各类极端场景进行压力测试。例如当美元流动性急剧枯竭时，各类资产的价值变化。四是组合管理。即对现金和仓位进行对账、对组合的表现进行业绩归因、对净资产进行估值计算（见表3-1-1）。

表3-1-1　　　　　　　　　　A系统平台主要功能

功能	功能说明
组合与风险分析	提供每日风险评估报告、盘前分析以及交易和资金分配模型
交易执行	管理订单、执行交易指令，并提供实时风险和现金报告
风险管理与控制	全面管控资产和每日风险敞口，分析VAR等指标，跟踪误差，进行压力测试等
数据管理与监控	管理数据及运营日志，确认交易
组合管理	现金和仓位对账，净资产估算，组合业绩归因

三、主要优势

（一）集智效应

使用A系统平台的资产管理机构越多，A系统获取的数据就越多，就更便于A系统从用户的操作策略与风险应对方案中吸收经验，从而进一步强化自身的风险防控能力。

（二）定制化情景分析和压力测试

定制化场景分析是A系统平台最重要的一个优势，它可以对每一个投资者的资产组合，进行组合情景定制。该平台将构建好的模型部署到A系统的客户端之后，每个客户都能够根据特定的需要或针对于其投资组合中的特性来调整模型。

（三）复杂分析和组合构建能力

A 系统具有复杂的分析能力和组合构建能力。该平台基于其数据中心存储的大量可靠历史数据，将预测细化到每一天。通过蒙特卡洛法则，模拟在金融市场可以想象到的不同变化，检查客户投资组合中的每一项资产、每一只股票在当前市场情景下存在于组合中的可行性，以及可能出现的走势情况。

同时 A 系统还可以通过分析各类资产的相关性，以及特定条件下这一相关性对资产价格的联动性影响，来构建资产之间具有低相关性特征、且有效分散风险的投资组合。而当发生某种特定情景时，资产间的相关性可能会发生改变，A 系统将会通过数据分析得出相应结果，有助于基金经理及时进行组合优化构建并控制风险。

（四）完整的投资服务流程

A 系统拥有非常完善的、端到端的一体化投资服务流程。首先在资产类别上，A 系统支持多资产类别的模型和分析，包括固定收益、股票、外汇、衍生品、商品、房地产、私募股权和对冲基金等。另外，在分析交易流程上，A 系统每天进行着 25 万次交易，建立了包括实时交易工具、投资组合构建工具、订单管理系统、风险报告系统、情景分析工具等各种数据处理和操作工具。其强大的一体化投资交易服务使得用户对 A 系统的依赖度非常高。

四、核心技术

B 公司是全球最大的资产管理公司之一，其标志性的核心系统 A 平台是使用 Julia 构建的，Julia 是用于数据和分析的最快的现代高性能开源计算语言。

Julia 结合了 Python、R、Matlab、SAS 和 Stata 的功能和易用性以及 Java 和 C++ 的速度。Julia 在简单性、速度、容量和生产力方面提供了巨大的改进。Julia 的保险模型估计速度提高了 1 000 倍，并行超级计算图像分析速度提高了 225 倍，宏观经济建模速度提高了 11 倍。Julia 很容易学习，它灵活的语法对于 Python、R 和 Matlab 用户来说是熟悉和舒适的。Julia 也可以很好地与现有代码和平台集成。Python、R、Matlab 和其他语言的用户可以轻松地将他们现有的代码集成到 Julia 中。

A 系统平台使用的其他技术包括：Linux、Java、Hadoop、Docker、Kubernetes、Zookeeper、Splunk、ELK Stack、Git、Apache、Nginx、Sybase ASE、Cognos、FIX、Swift 对象存储、REST、AngularJS、TREP。

五、未来发展方向

（一）提高平台的计算规模

B 公司已经与互联网科技巨头微软合作，通过采用 Microsoft Azure，将以更大的计算规模来加速 A 系统的创新，并增加新功能以增强客户体验。同时，B 公司还计划利用 Microsoft Azure 的全球数据中心网络和功能来满足 A 系统客户的本地化需求，同时保持 A 系统的最高弹性和安全性标准。Microsoft Azure 平台有助于满足机构当前对集成和可扩展平台日益增长的需求，逐步使 B 公司加快整个金融服务生态系统中 A 系统与提供商之间的创新与协作。

（二）构建数据云

B 公司通过和 Snowflake 合作，推出 A 系统数据云，一种由 Snowflake 平台支持的投资经理扩展数据效用的解决方案。A 系统数据云将成为 Snowflake 数据云的战略部分和 A 系统平台的一部分。该解决方案允许 B 公司将 A 系统和非 A 系统数据结合在一起，从而使用户可以轻松地使用 B 公司的开发人员平台并在其上进行自助开发。

通过和 Snowflake 的数据云结合在一起，A 系统数据云将允许其客户在整个组织中扩展数据的利用空间，从而释放创造力并提高运营效率。每个 A 系统数据云客户端都会收到一个独立的、集中管理的数据存储，预加载了丰富的从前到后的 A 系统数据集，然后可以补充专有和其他第三方数据源。

（三）为风险管理系统提供新的建模技术

B 公司已与 Baringa Partners 达成协议，购买该咨询公司的气候建模技术，用于其 A 系统风险管理系统。Baringa 的模型被政府和金融服务公司用来管理气候风险和规划向低碳经济的过渡。这笔交易是在世界各地越来越多的投资者承诺将其投资组合与到 21 世纪中叶限制温室气体排放的全球努力保持一致之际达成的。

A 系统气候分析平台是第一个为投资者提供气候变化的物理风险和向低碳经济转型风险的投资组合软件应用程序，具有气候调整的证券估值和风险指标。使用 A 系统气候，投资者现在可以在安全级别分析气候风险和机遇，并衡量政策变化、技术和能源供应对特定投资的影响。

B 公司还通过与领先的数据提供商 Sustainalytics 和 Refinitiv 建立新的合作伙伴关系，扩大了对 ESG 数据的访问。A 系统现在提供 1 200 多个关键绩效指标，以帮助投资组合和风险经理识别其风险敞口中与可持续性相关的风险，并做出明智的资产分配决策。通过向所有 A 系统客户提供一组广泛的公司的 ESG 评分，B 公司让投资者更容易将 ESG 指标纳入其投资流程。

（四）丰富平台的数据分析功能

第一，与 FlexTrade 公司的合作。B 公司已与领先的高性能、多资产执行管理系统（EMS）供应商 FlexTrade 建立战略合作伙伴关系。通过融合 FlexTrade 的功能，A 系统将为平台中的客户创造更丰富的体验。FlexTrade 在 EMS 领域的深厚专业知识和复杂功能补充了 A 系统平台现有的订单执行管理系统（OEMS）功能，使普通客户可以更轻松地在一个地方访问两个平台的交易功能——提高互操作性、透明度和生产力。通过集成的工作流程、共享数据源、增强的端到端自动化和一流的支持服务，客户将看到其交易体验的增强。

第二，与 ICE Bonds 的整合。ICE Bonds 已经与 B 公司合作，向 A 系统提供对 ICE Bonds 的投资组合拍卖功能的访问。ICE Bonds 为企业、市政、国债、机构、结构性产品和存款证提供交易解决方案。客户还可以利用 ICE Data Services 提供持续和日终固定收益定价和分析，该服务已经通过 A 系统提供给客户。投资组合拍卖提供两种不同的交易时段格式，即市价或收盘价，使投资经理能够利用 ICE Data Services 的持续评估定价（CEP）或日终评估。通过与 A 系统的连接，投资经理现在可以使用 ICE Bonds 的 Portfolio Auction 无缝访问和执行订单，从而降低运营风险并提高工作流程效率。

第三，与 Cassini 合作添加保证金分析功能。B 公司通过与衍生品分析提供商 Cassini Systems 建立战略合作伙伴关系，将其基于保证金的分析集成到 A 系统平台中。A 系统平台上的客户可以将基于保证金的分析纳入其衍生品交易前和交易后的决策中。用户可以分析保证金敞口的驱动因素和变动、优化抵押品的机会以及保证金效率。

第二节　国内代表性数据平台介绍

Z 平台是国内头部资管公司 P 公司，依托其在金融资产管理领域多年的业务积累，结合大数据分析计算与人工智能技术，构建面向金融债券体系的一款分析决策平台。目前该平台除了赋能 P 公司逾 3 万亿元资产规模外，同时服务于监管机构等政府及公共事业单位，帮助其加强债券市场的监督管理。Z 平台是国内资管行业比较领先的、具有代表性的数据平台，对于人工智能和大数据技术在债券分析领域的应用做出了探索。本节将基于其公开信息介绍其五大主要板块。

一、智慧信用

Z平台智慧信用模块依托行业、区域、企业、债项的信用评价体系,形成评级、预警、定价的核心功能,以数据、模型、工具、观点四位一体化服务,支持产业债、城投债、金融债等的信用风险研究。

(一)产品亮点

1. 还原投研逻辑,立体呈现宏观、中观、微观分析体系

基于市场最早的买方信用评价团队业务经验,还原投资经理及信用评价分析师日常投研考量,沉淀特色行业分类、城投分析体系等,直击信用债投研内核。

2. 精选有效数据,高清刻画行业、区域、企业、个券

以丰富的内、外部数据源为基础,自主研发舆情事件标签、行业特色指标、地域财政指标等,确保相关性高、有效性高的信用分析数据及指标基础。

3. 独有AI+BI模型,量化解析风险、动态追踪舆情

综合专家规则(BI)及机器模型(AI),有效平衡模型准确性及业务可解释性,全面监测企业基本面和冲击面的异常波动,支持证据链及时间线的任意时点追溯。

4. 灵活分析工具,支持信用策略、量化模型自定义

模型驱动的开放式工作台,支持自有评级、定价曲线、信用策略等个性化探索和研究。

(二)主要功能

1. 大数据评级

智慧信用量化评级依托于该公司十数年信评经验,整合专业数据团队的数据收集,结合专家经验和智能模型,通过量化信评指标,输出全自动、可解释、区分度高的企业评级结果(见图3-1-1)。

模型亮点:以17年累积的全市场评级数据为学习基础,异构数据解析入模,使用非参模型、机器深度学习拟合算法,利用钟形高区分度分布,反映企业实际信用水平。

应用价值:可以进行360度智慧画像,深入刻画发债主体关联的行业、企业、地域,利用三层行业分类体系和行业个性景气指数及分析指标进行行业画

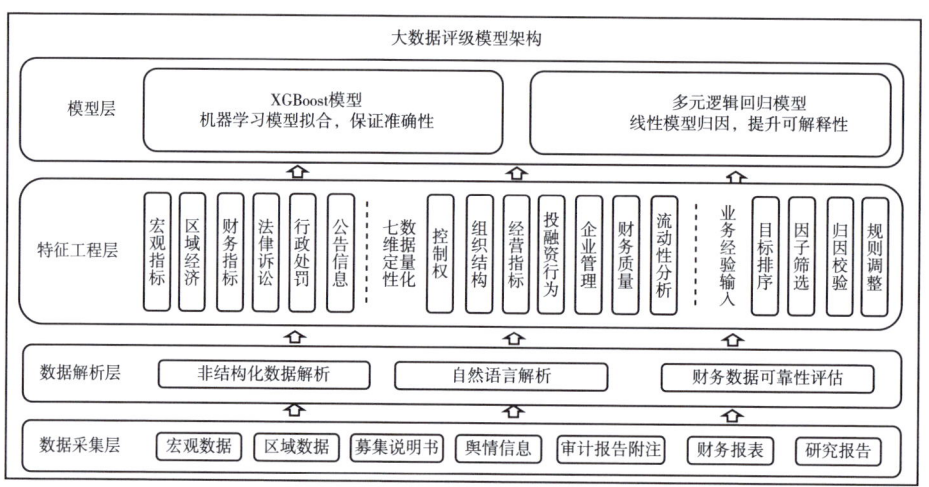

图 3-1-1　Z 平台智慧信用大数据评级模型架构图

像；利用买方企业分析框架，多维特色刻画指标进行企业画像；利用特色经济财政评分，特色城投名单进行地域画像。

2. 智慧定价

智慧信用定价是在有效汇集相关信用债投资、交易专业实力的基础上，为提升整体信用债券定价能力打造的智能化信用债定价决策辅助工具（见图 3-1-2）。

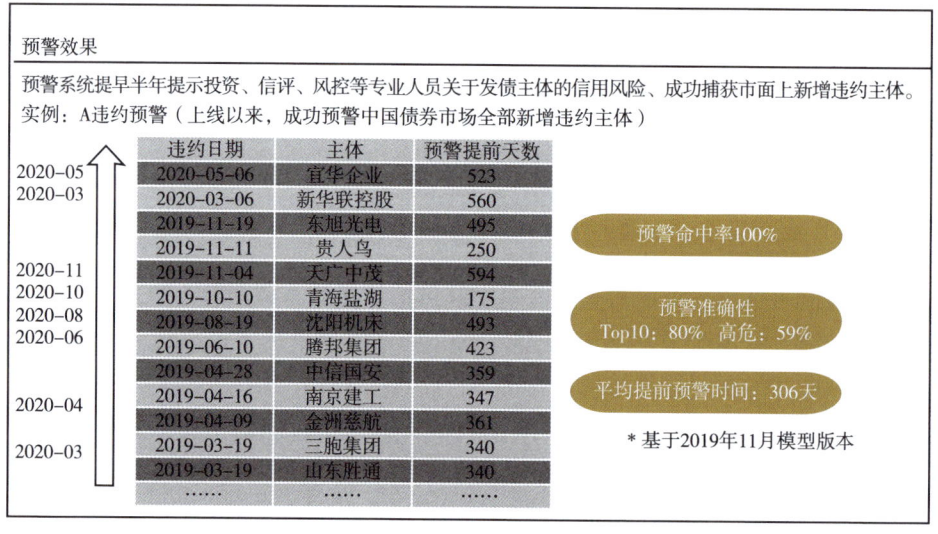

图 3-1-2　AI 风险预警效果图

二、智慧投资

智慧投资是基于买方逾 20 年委外投资经验，为 FOF/MOM 投资研究提供基金评价方法、策略优选支持与委受托检视工具（见图 3-1-3）。

（一）产品亮点

研究体系全面：7 000+基金产品研究覆盖，1 500 次/年高频跟踪管理人，独特的市场、策略、管理人三角研究体系（见图 3-1-3）。

机构服务经验丰富：国内专业领先、规模最大的 FOF/MOM 管理机构之一，服务保险、银行、财务公司等机构客户。

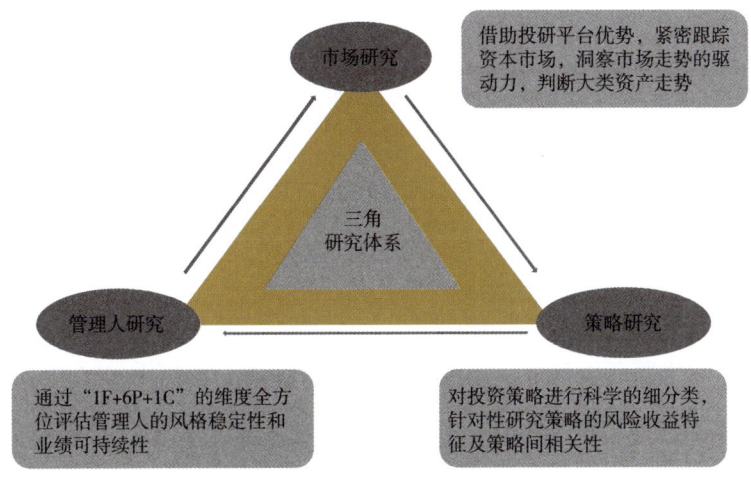

图 3-1-3　Z 平台基金三角研究体系图

（二）主要功能

1. 基金画像

贯穿全程，一站式委外研究导航。贴合买方视角，从市场研究、资产配置、策略甄选、智能选基，再到业绩追踪、自动再平衡，一站式服务于委外投资分析（见图 3-1-4）。

精准分类，一以贯之监测基金：洞悉投资风格，分别对公募、私募精细化分类，形成统一的基金风格分类。为监测基金风格漂移、分析基金相关性、匹配目标策略、智能推荐基金提供依据。

全维量化，深入刻画 7 000+基金：以基金基本面、基金预测的两类核心画像，聚合市场数据、尽调数据和创新数据，形成对市场 7 000+基金细颗粒、

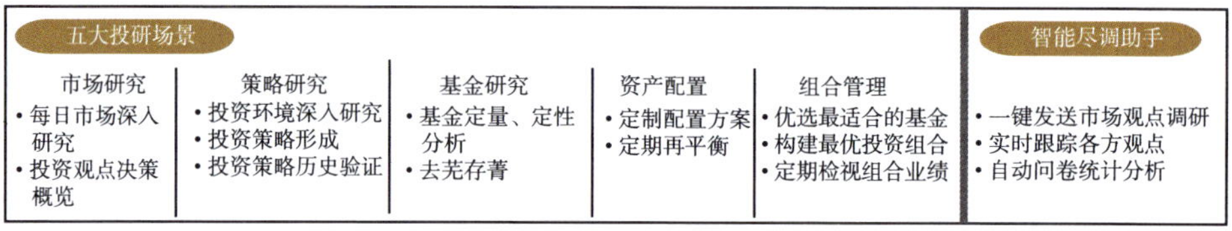

图 3-1-4 基金画像适用场景图

多维度的刻画。

透视持仓，监控底层配置风险：穿透至持仓行业，高频监控资产配置。可自设 Alpha 指标、预警阈值，防控行业超配风险、管理配置风险。

智能 FOF 策略：沉淀投资方法和投资策略，构建数字化的大类资产配置。

2. 行业穿透

AI 模型预测每日持仓，高频监控行业变动，透视准确度超 85%。

3. 智能 FOF 投资

打造全量化模型分析，形成智能 FOF 投资能力，科技赋能投资提质增效。

三、建模服务

（一）整体描述

Z 平台建模服务以强大因子为核心，结合业务专家经验、个性化自定义、灵活分拆、实时计算、构建部署运行集一体，模块化建模流程，透视建模全链路，为客户快速打造专属的建模平台。Z 平台是目前市场上最贴近业务场景的模型平台，为金融市场输出金融模型领域专业能力，让客户更专注于业务洞察，为客户实现快速集成、快速部署、快速上手的开箱即用的建模平台。

Z 平台建模契合业务需求，提供"因子+模型+平台"的专精模型服务，贴合信评分析师业务需求，完全从业务人员角度出发。有着深度行业理解，使用国内及海外市场海量信用样本建模及检验，汇集国内外行业经验积累。

（二）六大亮点

第一，接入 Z 平台大数据湖：全面覆盖市场上公开发行股票、债券的企业信息。

第二，强大因子库：根据各行业的特性，综合业务专家经验，将所有可能影响企业信用资质的因子进行清洗，并充分考虑行业特性，构建具有行业特色的指标因子。

第三，有效适用模型：聚集国内外模型专家，结合境外成熟市场模型经验和本土化需求，沉淀了国内及海外市场近 20 年的海量信用样本建模及检验。

第四，业务场景适配：从业务场景出发，为客户实现快速集成快速部署快速上手的开箱即用的模型平台，让业务人员聚焦于业务洞察。

第五，经验沉淀：系统沉淀业务相关经验，帮助机构客户构建内部风控体系，减少由于人员流动而流失的集体智慧。

第六，降低成本、一站式服务：实现从数据集成、特征工程、模型筛选、模型训练、模型管理、后期运维的一站式专业服务。建模平台兼顾 IT 运维，减轻实施压力，支持与客户现有系统的多种对接方式。

四、智慧组合

Z 平台智慧组合是在国际领先方法和本土金融市场结合下，推出的覆盖股票、债券、基金等多类资产的组合风险综合管理平台，为首席信息官、CRO、投资经理、风控经理等提供多视角的业绩和风险管理工具。

（一）产品亮点

第一，上下并举：将首席信息官/CRO 视角和投资视角相结合；

第二，中西合璧：将成熟市场的债券多因子体系本土化；

第三，前瞻预测：量化手段主动管理组合未来风险；

第四，灵活交互：快速构建高可视化、高定制化的风险报告；

第五，丰富的计量方法：Z 平台量化模型团队集聚了国内外模型专家，结合境外成熟市场模型经验和本土化需求，打造平台自建模型，拥有硬核模型库。

（二）主要功能

1. 组合全景

可按投资团队、投资策略等维度灵活构建组合群，自上而下、多层次检视资产规模、配置、业绩和风险变化。风险监控和舆情预警等功能帮助管理者实时了解投资和持仓风险。

功能细分：一是业绩全景，通过业绩分布迅速定位离群值，监控全局风险收益的动态平衡；二是风险全景，一屏查看团队重要风险指标和走势，快速了解高风险行业及地区资产配置情况；三是舆情预警，实时舆情预警关联所有持仓主体，快速定位需要重点关注的组合，支持查询和统计风险持仓情况。

2. 单组合分析——业绩深检视

历史业绩：完整追溯组合成立以来的历史业绩，任意切换默认基准、常用市场指数或自定义基准。

实时业绩：对接市场行情及组合日间持仓变动，动态估算实时业绩波动。

业绩归因：提供行业经典归因模型与自建多因子归因模型，针对不同投资策略和管理需求对组合的绝对收益或相对收益进行业绩归因和溯源（见图3-1-5）。支持权益类策略、固定收益类策略和多资产策略，也能满足MOM/FOF组合的归因需求。

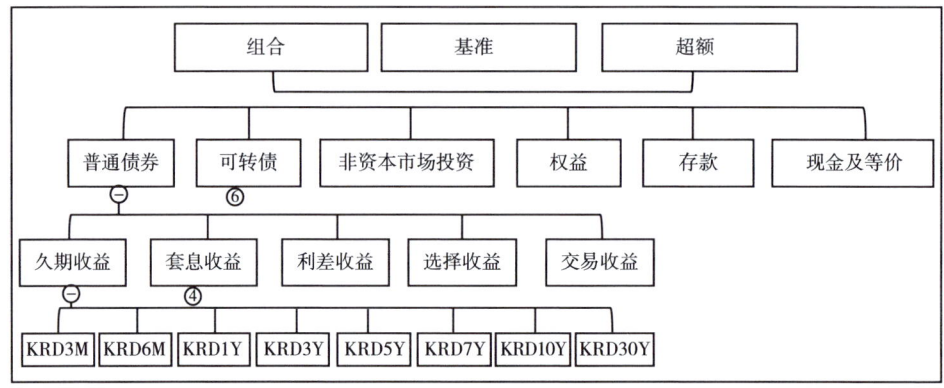

图3-1-5　债券多因子归因图

3. 单组合分析——风险全透视

风险分析：一是市场风险，进行敏感性分析、集中度分析、波动率分析；二是信用风险，进行违约损失分析，评级分析，违约预警；三是流动性风险，进行未来现金流管理，变现能力分析，流动性风险管理。

风险预测：跟踪误差或VaR。采用前瞻性的方法计量组合风险，对跟踪误差或VaR等进行预测和分解。

压力测试：基于因子模型和相关性传导的压力测试，支持自定义假设场景或历史场景，更准确地反映极端市场情况下组合的尾部风险（见图3-1-6）。

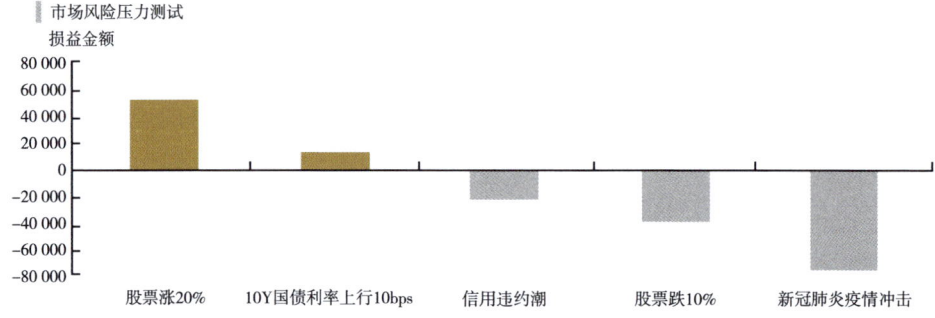

图3-1-6　市场风险压力测试图

五、智慧发行

智慧发行以企业为核心，依托数据、模型打造智能工具，结合投行业务流程形成线上化、自动化、智能化三维一体解决方案，端到端赋能投行四大阶段：承揽——挖掘企业；承做——智能文书；承销——精准定价；存续——跟踪风险。

第二章
投资数据中台建设方法论

本章是对数据中台建设方法论体系的研究。首先概括了目前行业内投资数据中台建设的通用方法以及面临的主要挑战。随后站在企业级中台的高度，详细剖析了数据中台与技术中台、数据中台与业务中台之间的关系，并结合自身实际经验，给出了数据中台与技术中台、业务中台相互融合的方法和经验。

第一节　行业通用方法与面临的挑战

一、行业通用数据中台建设方法论

随着近年来"数据中台"概念的持续火热，业界、学界对于数据中台建设方法论体系的研究与实践也越来越多，逐渐形成了一些行业通用的数据中台建设方法。普遍认为，数据中台不仅仅是一套技术体系，也不能简单看作一个项目或产品，而是一套能够让企业把数据用起来、服务于前台业务、最大程度发挥企业数据价值的机制。所以数据中台的建设，不同于普通 IT 项目建设，它需要从企业战略、企业文化、组织保障的高度来全盘考虑和整体推进。

目前在行业内通用的数据中台建设方法论,一般包括顶层战略、组织保障、目标准则、核心内容、关键步骤五个方面的全面规划和设计(见图3-2-1)。

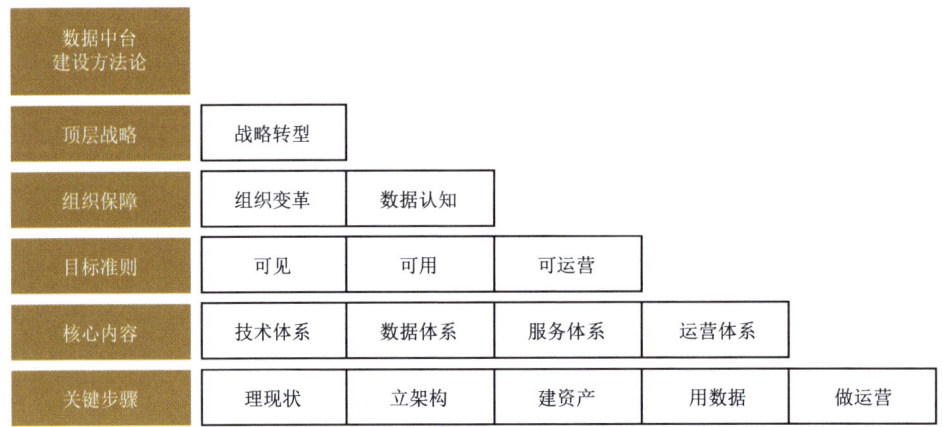

图3-2-1 数据中台建设方法论体系

(一)数据中台建设需要顶层战略规划

企业通过建设数据中台,实现业务数字化、智能化,赋能业务发展,使企业在当今数字化转型浪潮中保持或者获得竞争优势。因此,数据中台建设需要从公司战略层面做好顶层规划。数据中台建设是一项涉及企业前台、中台、后台各个业务条线的系统性工程,需要跨部门、跨条线的密切合作,建设过程中涉及资源协调、推进机制等都需要更高层面的决策和统筹规划。

数据中台建设需要企业各部门共建数据体系、共享数据服务。但现实中企业各业务条线往往发展不均衡,拥有的资源、对数据服务的需求程度都千差万别。另外,数据中台建设不只是技术架构、数据架构的改变,也会对现有的业务模式、运营流程产生巨大改变。所以,各部门对数据中台建设的支持态度是不一样的,"部门墙"会导致数据的共建共享存在困难,需要企业从组织架构、资源协调等方面给予全力支持,否则数据中台建设很难落实和推动。

总之,数据中台建设一定要有顶层战略规划,是"一把手工程",只有从组织、制度、资源等方面给予全方位的支持,才能有足够的推力推动数据中台的建设。

(二)组织变革与数据认知是数据中台实施的两种保障条件

数据中台建设是企业级的战略规划,涉及企业经营管理的各个方面,数据中台战略的落地执行必然有组织架构的保驾护航以及全企业数据意识的整体提升。

数据中台建设首先要有组织架构的保障。数据中台战略的落地执行，它的建设、运维、运营、推广、优化、效果评估等工作，都需要企业更高层面的组织来保障实施。数据中台组织架构，首先要建立起数据中台专业团队，且企业的各个相关业务条线、前中后台都需要有人员负责与数据中台团队对接。组织需要给予数据中台团队足够的资源，划清各自的责任（见图3-2-2）。

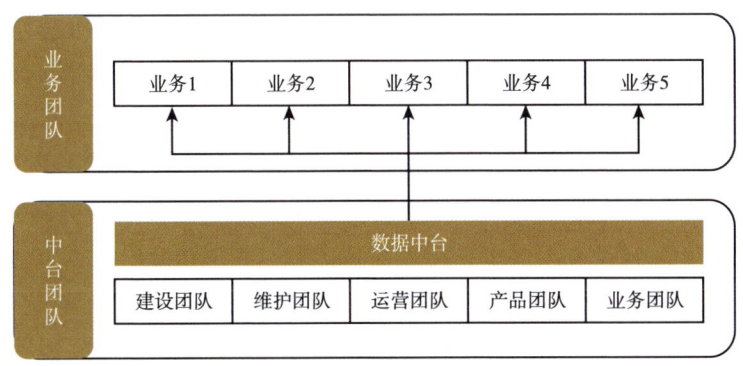

图3-2-2 数据中台组织架构

数据中台实施需要提升企业全体的数据意识。建立企业数据文化是企业数据中台战略的重要组成部分，也是推动数据中台建设的重要力量。因此，在实施数据中台建设过程中，要特别注重各业务条线、全体员工数据意识的培养和提升，让企业形成"用数据说话"的企业数据文化。

具体来说，可以从四个方面来提升企业全体的数据意识。一是提升数据采集意识。拥有强大的数据基础是数据中台的根基，企业日常业务中，应该尽可能采集一切业务触点数据。而随着技术发展，数据采集手段也越来越多，比如日志数据、网络数据、传感器等，企业需要把有价值的数据通过技术手段尽可能完整采集下来。二是提升数据标准化意识。杂乱无章的数据无法创造价值，企业应在各部门推广数据标准体系，尽早开展数据治理工作。只有各部门保持统一的数据标准意识和数据理解，才能避免因数据口径不一致导致各部门重复建设的情况，避免资源浪费。三是提升数据使用意识。要让企业形成一切用数据说话的文化，提升员工数据应用和分析的能力，让企业员工在工作中知道从哪找数据、如何用数据，通过数据的分析和使用来发挥数据对于业务的价值。

四是提升数据安全意识。数据安全是数据中台建设的底线，企业应采用培训、监督等方式，让员工有足够的数据安全、数据脱敏的意识，避免因数据泄露、侵犯隐私等数据安全问题给企业造成损失。

（三）数据中台建设需遵循三项目标原则

数据中台建设需遵循一定的标准来指导工作，以保证建设内容的完整性、科学性。行业内总结出数据中台建设的三项准则：可见、可用、可运营。

数据可见性评估，包括指标管理的可视化、元数据管理的可视化、数据资产类目的可视化、数据源的可视化、数据集成的可视化、数据ETL的可视化、数据建模的可视化、数据消费者的可视化、算法建模的可视化。

数据可用性评估，包括数据内容的可用性、数据服务的可用性、数据任务的可用性、数据的指标化、数据的标签化、资产的易阅读性。

数据可运营评估，包括质量量化管理、价值量化管理、数据运营角色。

（四）技术、数据、服务、运营是数据中台建设的四大核心内容

数据中台核心建设内容主要包括技术体系、数据体系、服务体系、运营体系四大体系的建设，是数据中台建设的产出物。前文提到的顶层战略、保障措施、标准原则就是为了四大体系能够顺利建设完成并让数据发挥价值。

技术体系是整个数据中台的骨架和支撑，包括两个方面：大数据存储计算技术和数据中台工具技术组件。

数据体系建设是数据中台搭建、使用的核心，是数据中台对外展现的主要内容。它将全企业的数据汇聚到数据中台，然后进行一系列清洗、加工，最终形成企业可用的数据资产体系。数据体系的建设目标是让数据尽可能完整、准确和被广泛使用。

服务体系是便于将中台数据以服务化的方式输出以支撑业务发展。服务体系通过服务组件，将数据转别为一种服务能力，比如风险预警服务、绩效归因服务等，让数据更容易为业务创造价值。

运营体系是一套保障数据中台持续、平稳运行的方案措施。数据中台是个复杂的系统性工程，数据的汇集、加工、管理、输出都需要持续的运转。如果没有运营体系的保障，数据中台的服务效率、数据质量将持续下降，最终导致中台的无法使用。

（五）数据中台建设的五个关键步骤

数据中台建设在具体实施过程，要结合技术、产品、数据、服务、运营等

方面逐步展开，可以总结为五个关键步骤：理现状、立架构、建资产、用数据、做运营（如图3-2-3）。

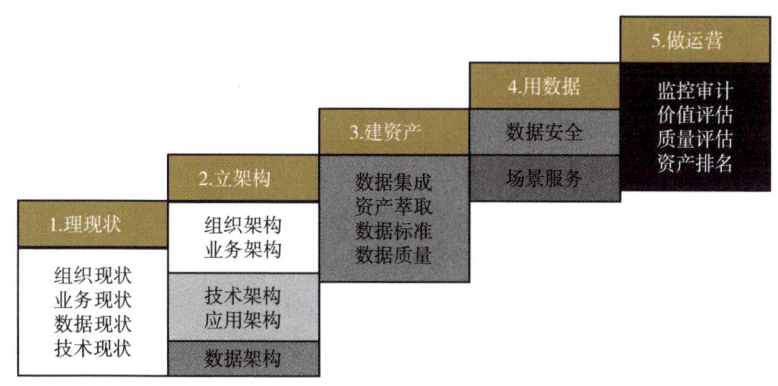

图3-2-3 数据中台建设的五个关键步骤

二、数据中台建设所面临的挑战

（一）金融监管趋严

近年来，数据安全、数据隐私问题逐渐成为国内外监管机构关注的焦点，对于企业的数据采集、使用、交换都采取了一系列监管措施，且呈现逐渐升温态势。数据的严格监管给企业的数据中台、大数据平台等数据平台的建设提出了更大的挑战。

国内来看，2019年10月央行下发《个人金融信息（数据）保护试行办法（初稿）》（简称《办法》），向市场释放了整治金融大数据行业的信号，掐断了金融机构间的数据交互和外部采购渠道。同年10月12日，北京银保监局发布《北京银保监局关于规范银行与金融科技公司合作类业务及互联网保险业务的通知》（简称"310号文"），明确了辖区银行业不得采用外部征信数据作为放贷依据，严禁辖区银行机构和以"大数据"为名买卖金融数据的企业开展合作。

国外监管机构对于大型数据中台的监管，也呈现收紧的趋势。2021年1月，英国监管机构金融行为监管局表示，像B公司A系统这样的大型投资组合和风险系统的失败"可能会对消费者造成严重伤害"，甚至"损害市场诚信"。纽约梅隆银行国际资产管理业务前负责人乔恩·利特尔（Jon Little）表示:"该行业正变得越来越依赖 A 系统等少数参与者。然而监管机构似乎不愿意直接监管或干预这些关键服务提供商。" A 系统庞大的影响力引发了人们的担忧,即 A 系统数据中台若面临着网络攻击,恶意代码行或公司的突然危机,则目前的金融体系将受到严重损害。

(二)数据安全面临挑战

随着数字经济时代的到来,数据中台、大数据平台逐渐成为各大企业不可或缺的信息基础设施。与此同时,数据安全问题也越来越严峻,若发生事故,可能会给个人、组织、国家都造成不同程度的损害。比如,A 系统在知名公司中的关键作用使其成为网络犯罪的主要目标,其中包括受到国家支持的黑客。因此,如何在保证数据安全、保护数据隐私的前提下,进行数据跨部门、跨组织的高效使用,是当前数据中台建设面临的一大难题。

数据中台建设中,面临的数据安全挑战主要有四个方面。一是数据平台的安全。以 Hadoop 为代表的大数据技术,主要着力点在于发展数据处理能力,但忽视了数据安全保护等其他能力的发展。当前市场上的大数据平台在安全防控方面普遍存在较大的问题。二是数据服务的安全。企业的数据中台、大数据平台在向内外部提供便捷服务的同时,需要应对病毒攻击、网络钓鱼、用户身份盗窃、信息泄露等一系列安全风险。三是数据本身的安全。数据在采集、传输、存储、处理、交换、销毁等活动中都可能发生数据泄露等安全问题。特别是如何解决在行业间以及行业内部进行数据交换共享时的数据安全问题,是数据资源开放共享的关键。四是高级可持续威胁攻击防御。高级可持续威胁攻击(Advanced Persistent Threat,APT)是某组织对特定对象进行的持续有效的攻击活动,以窃取关键、核心资料为目的,对企业的数据安全产生巨大威胁,需要重点防范。

第二节 数据中台与技术中台融合

数据中台在国内的发展,经历了由传统数据仓库到大数据平台,再到现在的数据中台的演进过程。国内数据中台的概念是最早由阿里巴巴在 2015 年首次提出的,是在技术平台架构和组织架构方面的一些创新性变革理念,最终发展出了"One Entity, One Data, One Service"的中台建设方法论。随着数字化转型浪潮的推进,中台的概念也在逐渐被推广,从最开始的数据中台,到数据中台和业务中台的双中台模式，再到后来的技术中台、组织中台。企业进行中台化改造的本质是要将复杂的业务进行解耦，打通不同业务板块的数据，实现技术能力的复用和数据的共享，最终的目的是降本企业成本，提升交付效率。

一、数据中台的构建

数据中台的核心思想是实现数据的共享复用。通过技术对海量数据进行采集、计算、存储、加工，形成数据资产，使业务数据资产化，进而将数据资产服务化后来赋能业务。

数据中台相关的技术、应用非常广，很难形成通用化的产品，从2015年阿里提出概念到现在，大的互联网公司也根据自身的业务特点建设了自己的数据中台，基础的应用场景都有了开源的技术组件来实现，开源的大数据技术呈现百花齐放的状态。企业在数据中台的实施过程中有了更多的选择，实施的难点也从最开始的技术攻关逐渐转移到了如何从纷繁复杂的技术栈中选择合适的组件来搭建自己的基础设施平台，如何推进落实数据的治理工作，如何结合自身的业务来实现数据的价值。

技术领域的更新是日新月异的，因此对数据中台建设模式的思考也应与时俱进，紧跟趋势的变换，在中台建设过程中要充分考虑以下几个方面：

第一，考虑存储系统的多样化。随着互联网技术的飞速发展，企业需要采集的数据源也更加多样化，数据格式也越来越多样化，需要用不同的数据源采集组件进行数据的收集，数据收集回来后还要根据不同的数据特点和后续处理需求及应用场景选取不同的存储介质。

第二，考虑技术组件的兼容性。从数据处理的工具组件出发，不管是负责数据采集的 sqoop、kettle、flume、cannel 等，负责大数据计算的 mapreduce、spark、flink 等计算引擎，还是 Impala、Clickhouse、Doris 等 MPP 数据库，新的技术组件层出不穷。这些新技术组件的存在使得人们处理数据的能力愈来愈强大，但是在整个数据中台的选型以及兼容性上也提出了新的要求。

第三，要考虑微服务化带来的影响。从单体架构到微服务架构变化之后，虽然一方面提高了服务的自治能力和独立性，但是随之而来的问题就是数据和应用之间的切分；同时，数据孤岛现象的发生，增加了数据和应用之间融合难度。因此，在中台的建设过程中，应同步进行业务中台的建设，并把业务中台的数据进程到数据中台，从建设之初就要消除不同核心业务板块间产生的数据孤岛现象。

二、技术中台的构建

无论是数据中台还是业务中台，在落地层面都需要技术组件来支撑，这些不同技术领域的技术组件就组成了技术中台。技术中台要为数据中台和业务中台的落地提供基础技术平台的保障，融合大数据、分布式、微服务的各类技术组件。下面以典型的微服务技术中台架构来讨论技术中台技术选型（见图3-2-4）。

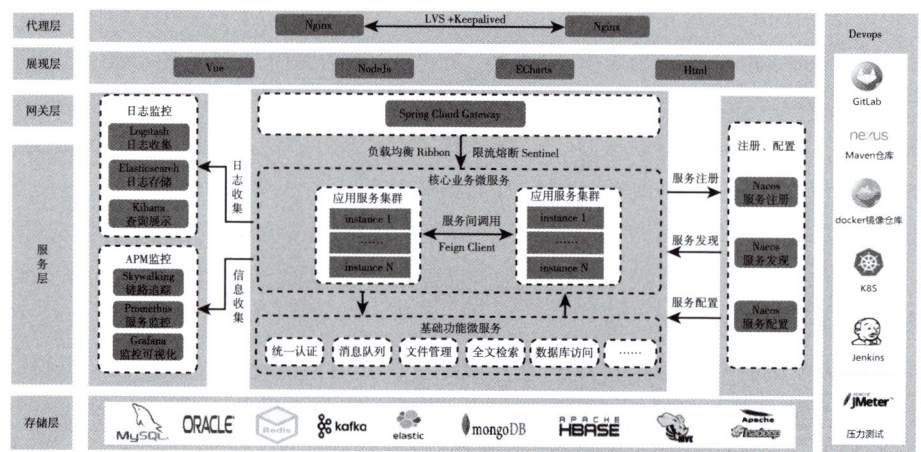

图3-2-4 基于微服务的技术中台架构

代理层：为了实现系统或服务的高可用，一般会前置一个Nginx作为入口代理。代理服务器nginx系统要做线上高可用，避免单点故障。

展现层：为了降低系统的复杂度，一般采用前后端分离的系统架构。前端主流的Vue、React、Angular三大框架中，从功能、性能、社区支持等方面来看，Vue、React、Angular并没有绝对差别，也都没有绝对瓶颈。唯一看来Vue的学习曲线要比Angular和React低一些，当然入门门槛过低也会造成自由度过高、团队成员个人风格不一致，从而导致项目中后期的混乱。具体的技术选型根据团队的技术积累进行选型即可。

网关层：微服务的架构下需要统一的网关来进行服务集成。网关功能主要包括：负载均衡、降级限流、服务路由、认证鉴权、日志记录等。

可供选择的网关技术组件主要有：SpringCloud Gateway、Netflix Zuul、Kong、Nginx+Lua等方案。SpringCloud是目前微服务框架的最佳落地方案，而Spring Cloud Gateway是Spring Cloud新推出的网关框架，之前是Netflix Zuul。实践中

推荐直接使用 Spring Cloud Gateway。

服务层：为了快速开发企业级微服务应用，一方面要搭建微服务的开发框架，集成服务发现、注册、容错、通信和监控等服务治理功能；另一方面，在服务的运行过程中，提供相应动态治理的策略，如服务注册、发现、降级、熔断和限流等，保证微服务能够持续稳定地运行。

（1）推荐的技术组件选型：

①注册中心：候选有 Eureka、Zookeeper、Consul、Nacos、etcd 等；

②服务调用：OpenFeign；

③负载均衡：Ribbon、LoadBalancer；

④服务降级：候选有 Hystrix，Sentinel；

⑤服务配置：候选有 Config，Nacos。

（2）存储层：根据数据的特点和应用场景选择合适的存储引擎：

①离线数仓：Hive；

②实时、统计类数据：MySQL、Hbase；

③对象存储：Ceph；

④图数据库：Neo4j；

⑤海量数据实时更新、查询：HBase（实时读写，高并发，时间戳多版本，集成 Phoenix 获得 SQL 能力）；

⑥应用层缓存：Redis（内存 KV 存储）；

⑦全文检索数据库：ElasticSearch。

DevOps：企业的技术中台除了要提供微服务的基础框架外，持续集成、部署平台也是技术中台的必备基础设施，与持续集成部署相关的基础设施及相应的开发模式我们通常称为 DevOps。DevOps 是对开发、交付流程等方面进行全方位变革，提升服务交付效率和质量，以快速、高质量地响应业务需求。涉及的技术组件包括 jenkins、git、maven、docker、K8S 等，可以基于这些开源技术自建，也可以考虑引入商业化的产品。

总的来说，技术中台是中台生态建设的根基所在。在技术平台构建过程中，可根据行业需求不断更新和吸纳新的技术组件，也可考虑先将部分通用功能加以抽象和标准化，但要提高技术中台的高性能与稳定性，在技术组件选型时就必须要小心，尽量选用成熟的技术组件。

前台业务的落地，需要数据中台和业务中台的紧密配合。而业务中台和数据中台的成功落地就必须有具体技术组件和平台的支持，而这种各个技术领域的具体技术组件也就构成整个技术中台。数据中台和技术中台的相互融通,是在建立企业级中台时一定要着力考虑的问题。

第三节　数据中台与业务中台融合

中台是一套有生态体系的架构理念和方法,解决顶层领域下各业务子域的高效协同和资源复用问题。科技部门与业务部门协同建设企业级的中台,各部门、各业务域是中台能力的使用方,同时也是中台业务需求的重要提供方。

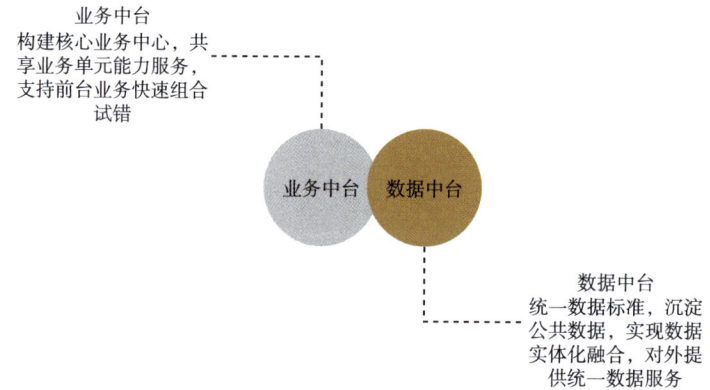

图 3-2-5　数据中台与业务中台

一、中台融合概况

泰康资管数据中台和业务中台最早融合场景是 2014 年建设的投资分析导航台,经过不断迭代优化和版本升级,逐步演变出泰康资管的数据中台和业务中台。

数据中台是指泰康投资数据中台,通过传统数据和大数据技术,对海量数据进行采集、计算、存储和加工,同时统一标准和口径。

业务中台这里是指微服务业务平台,横向和纵向提供细粒度的服务能力,上层应用平台如:泰康投资分析平台、泰康另类分析平台、泰康风险管理与绩效归因平台、泰康统一数据管理平台等。

泰康资管数据中台和业务中台融合案例(见图 3-2-6)。

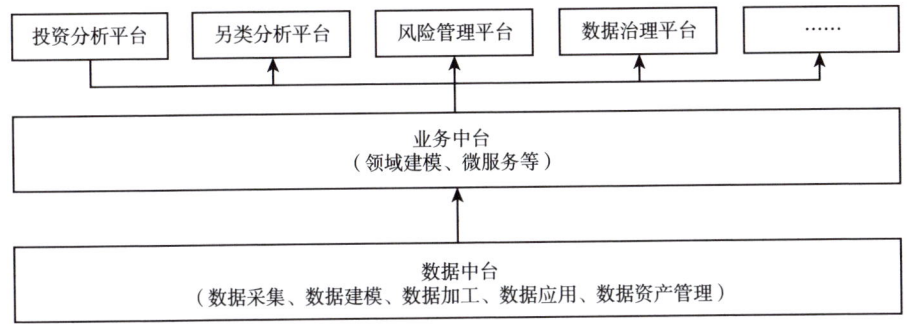

图3-2-6 泰康资管数据中台和业务中台融合案例

二、中台融合历程

数据中台和业务中台的建设体现一个组织的业务能力和数据能力的融合：

业务能力：主要体现为对中台各个领域模型的构建能力，对领域模型的持续演进能力，企业级业务能力的复用、融合和产品化运营能力，以及快速响应业务转变、应对需求多样化的创新能力。

数据能力：主要体现为企业级的数据融合能力、数据服务能力以及对商业模式创新和企业数字化运营的支撑能力。

泰康资管由业务部门牵头、科技部门主导来建设数据中台和业务中台，将公司投资组合分析业务、风险管理业务、监管报送业务、数据治理业务等条线的数据进行由概念逻辑到物理逻辑的抽象和知识沉淀形成一系列的既有横向切分，又有纵向划分的微服务能力，并且前台应用对这些微服务进行调用使用。在泰康资管投资组合分析业务、风险管理业务、监管报送业务、数据治理业务等条线，所有的数据中台、业务中台、应用前台，共享一个技术平台底座，技术平台底座是公司多年技术沉淀价值的最大化，7×24小时提供运行更稳定、架构更灵活的技术支撑。近期，泰康资管也在不断进行技术架构和组织架构升级，组成由"小前台，大中台"互为协同的创新管理模式，涵盖以上各个业务系统。

泰康资管业务中台建设历程（见图3-2-7）。

三、中台融合方法论

中台架构是解决企业复杂生态协作问题的方法论。中台架构的目标，是通过中台治理的理念和方法，让企业降低成本，提升协作效率；是通过制定符合企业实际情况和文化的标准和规范，来做具体的项目实施。中台治理方法的原

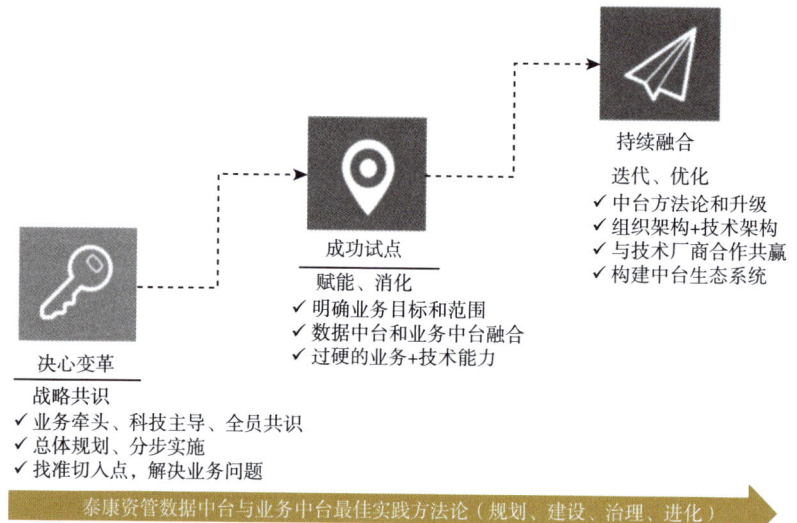

图 3-2-7 泰康数据中台和业务中台建设历程

则：集中管控，分布式执行。

当大量数据进入决策阶段，企业业务由原先的经验、流程驱动逐步转向数据驱动，数据中台和业务中台在整个业务链条的价值度越来越高。

基于数据仓库的传统业务模式，数据是沉淀的副产物，业务人员基于在本行业的经验和操作习惯，提出建设信息系统的需求，分析后的数据辅助业务人员进行决策和判断（见图3-2-8）。整个流程下来往往速度较慢，很难满足日新月异的业务需求。

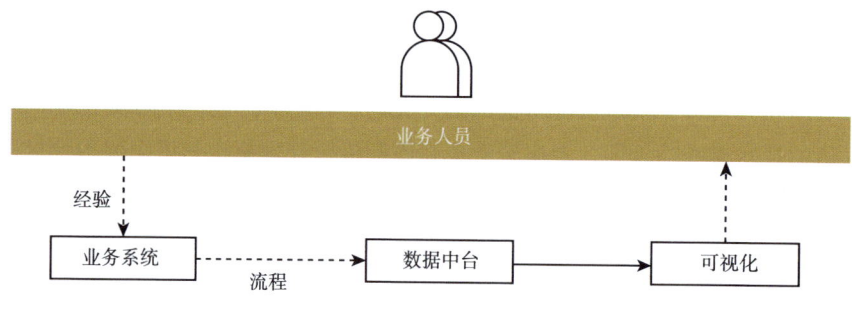

图 3-2-8 流程驱动的传统业务模式

基于数据中台和业务中台的新业务模式下，业务系统的核心是数据，底层基于技术中台的能力，将企业内外部数据打通形成数据中台，由数据中台进行数据汇总并按照业务维度切分形成业务中台，利用业务中台的微服务组件构建业务系统。有技术中台、数据中台和业务中台的支撑，各类微服务可以对前端应用的快速变化或需求做出响应（见图3-2-9）。

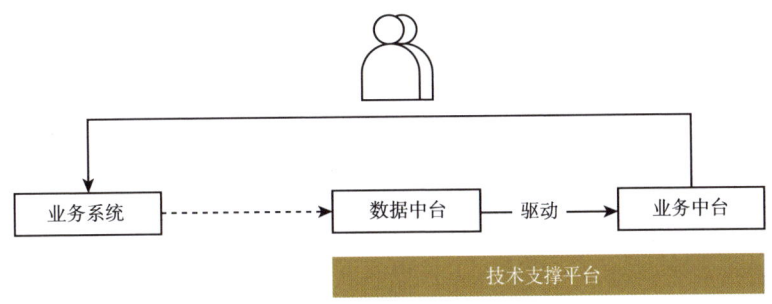

图3-2-9 数据驱动的两中台融合

以 Brinson 业绩归因的实现为例：每个交易日上午上千个组合的业绩归因结果会被发送定时邮件给各个投资经理和分管领导，并且系统里所有组合都支持多基准多行业分类任意区间多期归因的实时查询功能，底层个股、行业、组合、基准等数以亿计的业务数据都要参与归因计算的各个步骤。在软硬件资源有限的前提下，资源最大化利用、服务最小调用成为科技部门的一致性原则。比如一个公共的业绩计算服务有可能同时会被几十或上百人调用，把公共服务模块做成微服务，动态扩展应用节点资源，前端再加上负载均衡技术，有效降低了中台的计算压力，灵活"拆装"微服务组件，满足了灵活的业务需求（见图3-2-10）。

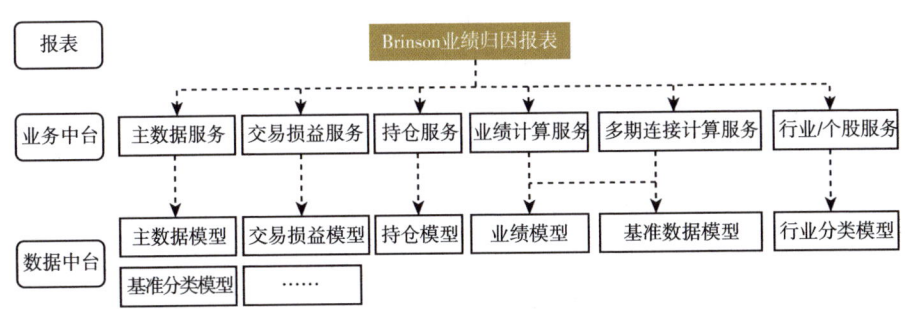

图3-2-10 数据中台和业务中台融合 Brinson 业绩归因案例

四、中台融合经验

泰康资管在中台信息化建设过程中也总结了一些问题和经验：

第一，组织架构与中台架构匹配度。由于金融资管信息系统有一些历史包袱，比如：直接采购或与厂商合作的一些系统，由于建设时间和开发人员变动、每个时期数据来源、数据扩展粒度和业务范围不同，导致组织架构与业务架构不匹配。对于如何打造与中台相匹配的组织结构，会在后文详细讨论。

第二，需求治理不完善，资源利用不充分。建立以价值为导向的需求治理机制，其目的是把有限的开发资源投入到更有价值的业务上。对于如何平衡短期需求与长期需求，提升需求决策质量，也是后文要重点讨论的议题。

第三，中台和业务的融合逻辑。中台化的难度是：技术＜数据＜业务＜组织，越往后越需要业务团队的介入，越要有业务认知才能做好中台。中台团队怎么和业务团队相融合值得进一步思考。

第三章
投资数据中台建设实务

本章主要基于泰康资产数据中台建设实践经验，从技术、需求、组织三个方面，提出了一套对于投资数据中台建设的实务建议。具体回答了如何融合大小数据体系，如何支持超大规模组合，如何平衡长短期需求，如何使研发组织与中台建设相匹配等一系列数据中台建设过程中面临的普遍问题。

第一节 实务——技术篇

一、如何融合大小数据体系

（一）统一数据生产力平台提出的背景

金融行业的企业由于历史原因，数据、应用基本都是架设在以 Oracle 系统为主的传统数据仓库上。随着时间的推移和业务的演进，企业内部数据规模在不断增长，业务的需求也越来越多样化，旧的技术架构已经不能满足复杂、快速发展的业务需求：如每天的 ETL 任务、业绩归因这样涉及亿级别的数据计算场景，现有的算力和架构已经出现了瓶颈；对于一些新的应用场景，需要实时数据交换、非结构化数据处理、数据挖掘、机器学习等能力的支持，现有技术架构也无法满足。从传统数仓体系往大数据体系迁移已经是当务之急。

随着大数据技术及数据中台理念的普及，大部分企业已经开始规划或者已经在建设自己的数据中台体系。但是，构建数据中台体系的过程，一方面，要完成由传统数仓体系架构的"小数据体系"向"大数据体系"架构迁移，包括数仓的重建、应用的迁移、团队技能的重塑等，必然是一个漫长的过程；另一方面，对于一些特定的应用场景，例如会计核算对账、交易系统等，由于对数据精度和事务有极高的要求，也不适合迁移到大数据组件系统中。可见，企业在中台建设过程中一方面要构建新的大数据技术体系，另一方面也要继续维持原有的"小数据"技术体系。那么，这两套技术体系如何管理就成了摆在每个由传统架构模式向数据中台体系转型的企业面前的一道难题。

在中台体系规划建设过程中，同样也面临着重大历史负担。想要构建一个物理上集中的数据中台非常困难，我们希望数据中台能够直接基于原来的数据仓库建设，不做数据迁移；希望能有一套统一的数据研发管理平台，用同一套工具来统一管理不同的数据孤岛，完成数据建模、数据开发。因此，我们萌生了大小数据统一数据生产力平台的概念。

（二）如何构建统一数据生产力平台

统一数据生产力平台提供的是一套数据治理和数据研发的平台级工具集，平台层尝试用技术把一个个数据孤岛打通，建设一个"物理分散，逻辑统一"的"逻辑数据湖"（见图 3-3-1）。"物理分散"，即底层的存储可以分开，但"逻辑统一"，上层的平台逻辑必须是统一的，拥有一套统一的数据视图。提供统一的平台入口，传统数仓开发人员、大数据开发人员、数据分析人员可以共用一套平台工具进行全链路的数据开发，包括任务调度、数据质量、数据治理及数据服务开发等。

1. 统一数据开发平台：提供一站式、可视化开发平台

数据传输：用于多种异构数据源之间的数据交换，采用分布式架构可以从容应对大数据量的数据传输需求。

离线开发：通过可视化的方式可让开发者方便地进行数据集成、数据 ETL、数据质量检验等工作，支持丰富的任务类型：Oracle、MySql、MR、

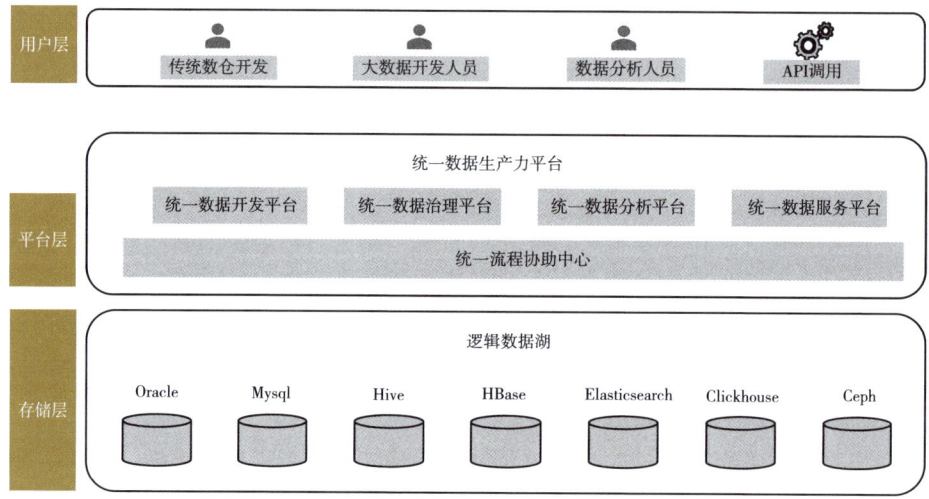

图 3-3-1　统一数据生产力平台架构图

Spark、Script 等。

实时开发：集成 Apache Flink，提供一站式实时任务开发平台，满足流式数据处理场景，通过标准 SQL 服务和更高级的代码定制服务，降低开发门槛。

任务调度：通过统一的任务调度功能，既支持 Hive、Spark、MR、Script、Java 等类型的大数据任务，也支持 Oracle、Mysql 等传统数据任务。通过配置任务之间的依赖关系，可以灵活地组织任务流。提供定期调度、crontab 调度、历史回溯调度及事件触发等多种调度方式。

监控报警：提供高效、智能、功能强大的运维能力，支持运维大盘、基线报警、数据回溯、报警处理等功能，辅助任务运维人员完成任务的运维工作。

2. 统一数据治理平台：提供统一元数据管理、数据地图、数据血缘、数据质量、数据资产管理、数仓建模规范化管理等功能

指标系统：提供统一的指标管理系统，管理指标的业务口径、数据来源和计算逻辑。

模型设计：提供主题域、表分层、字典集以及表设计规则设置的管理功能，实现数仓的规范化建模。

数据质量：支持事中监控和事后评估，贯穿数据接入、数据加工等环节，提供完整性、一致性、准确性、有效性和及时性五个方面监控。

数据地图：提供表、字段级别的导览和检索功能，并提供数据预览、产出任务、数据血缘等功能。

数据资产：通过资产管理，是资源管理透明化。通过表冷热统计分析，给出下线建议。

3．统一数据分析平台

基于统一 SQL 查询引擎，提供交互式分析平台，主要面向数据分析、产品、运营和开发人员，通过统一的 SQL 语法对各类数据源包括 Hive、MySQL、Elasticsearch、Oracle 等进行查询，用户还可以进行跨源、跨库关联查询，能够覆盖绝大多数查询分析场景；除了交互式数据分析，用户可以使用自助分析进行历史数据查询和自助取数。

4．统一数据服务平台

数据服务是数据工程和应用业务之间的管道，通过简单的配置即可实现取数 API 的自动化构建，快速将数据表生成数据 API 的能力，以供外部业务系统通过调用 API 获取数据，同时对开放的 API 进行统一的管理和发布。

5．统一流程协作中心

负责整个平台的工单流转。将开发任务拆解成工单，工单在系统内发起、流转，平台用户可以在统一的地方查看并处理与自己相关的工单。

统一数据生产力平台建设的意义主要有以下两点：首先，实现了大小数据两套技术体系研发过程的统一管理；其次，提供了全链路的数据开发，任务调度，数据质量，数据治理及数据服务平台，极大提升了中台的生产力。数字时代企业的生产力，大部分来自数据中台的生产力。统一数据数据开发平台的构建正是为了解决数字化转型过程中的不同技术体系研发过程管理，以及中台的研发交付效率提升的问题。

二、如何支持超大规模的组合

随着资产管理规模的逐年扩大，资产管理的投资组合数据也在快速扩张，数据的增长带来了组合查询分析上一系列的性能问题。如何支持超大规模的组合查询分析，提供及时和可靠的结果展示，已经越来越成为投资决策的重要影响因素。

为了解决超大规模的投资组合分析场景，我们在技术架构升级、模型算法优化两个层面做了尝试。

（一）技术架构升级

传统数据库（Oracle）在大量数据实时查询计算的场景下，已经遇到了性能瓶颈。我们的组合分析风险指标的查询计算，已经到了要等待数分钟甚至数十分钟才能完成一次查询的地步，而随着数据量的持续增加，其响应时间也会越来越长,已经无法满足投资经理的基本查询分析诉求。业务的压力驱动着系统技术架构的升级改造,朝着大数据、微服务方向迈进。

投资组合查询分析本质上属于联机分析处理(OLAP)分析的场景。大数据技术体系中,支持多维数据查询分析的计算引擎有很多,比如 ClickHouse、Doris、Impala 等,都能提供秒级的即席查询响应(Ad Hoc)。联机分析处理查询引擎,根据设计思想的不同,其适用的场景也不尽相同。针对不同的计算场景选择合适的计算引擎,可以最大程度地发挥其性能。

将传统数据库切换到大数据体系的 OLAP 查询引擎,可能会改变传统金融机构的业务开发模式。传统机构一般使用 Oracle 的存储过程进行业务逻辑的开发,而 JAVA 则充当连接前端和数据库的一个通道,只进行接口封装和调用 Oracle 中的存储过程。OLAP 查询引擎通常会由一整套大数据组件来完成,数据经由多个系统进行 ETL 处理,最后将 ETL 完成之后的结果存入 OLAP 引擎中。进行查询分析时,一般难度的查询分析需求,使用 OLAP 引擎提供的 SQL 即可完成;如果业务需求比较复杂,则往往需要使用编程语言对 OLAP 引擎的查询结果进一步进行加工,以满足我们的业务需要。

其整体架构设计如图 3-3-2。

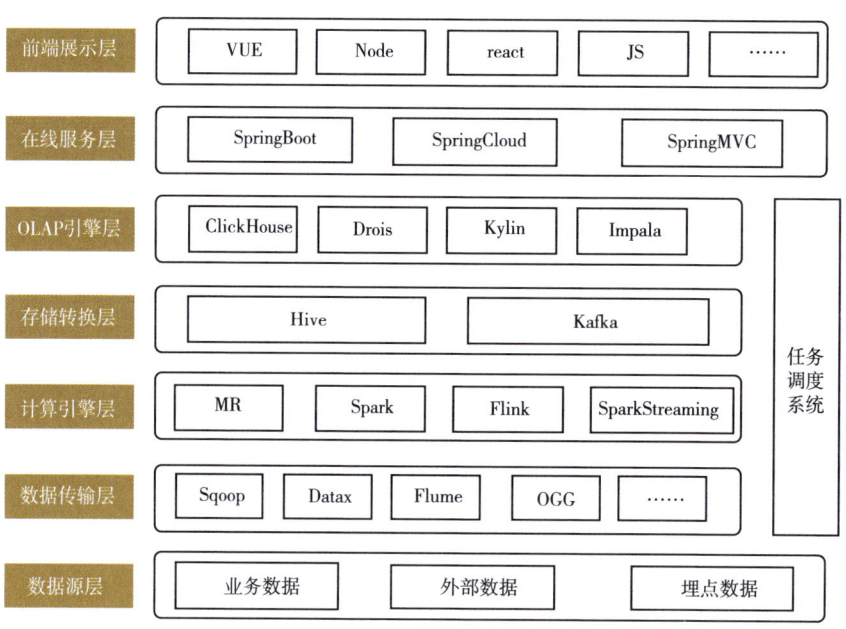

图 3-3-2 整体数据架构体系

架构层面的调整思路具体如下：

1. 使用大数据处理引擎进行离线数据清洗

使用大数据体系来替换传统 Oracle 的 ETL 流程，可以有效降低现有 Oracle 数据库的计算压力，让其更好地服务于业务，而不是消耗大量计算资源在数据 ETL 上。

大数据技术采用分布式架构设计，将数据打散到多台服务器进行处理计算，其计算效率可以随着服务器节点的增加而水平扩容，可以满足海量数据下的计算需求。

大数据技术经过多年发展，很多组件都提供了 SQL 语言支持，之前 Oracle 的数据清洗任务可以很容易地转换为大数据体系下的 ETL 任务。辅以大数据体系下完善的任务调度机制，可以构建清晰明确的数据流程图，其底层甚至可以自动分析各个任务之间的血缘关系，产出数据之间血缘关系图。当数据规模逐步扩大，其血缘关系图可以很好地帮助我们梳理各个表之间的关系，以及评估新的开发会影响后续的哪些任务、哪些表，解决前置任务修改造成后置任务连续崩溃的问题。

2. 使用 OLAP 查询引擎解决查询性能问题

Oracle 数据库在做少量数据的查询上没有性能问题，一些能够落地的指标结果都可以存储在 Oracle 中进行查询的快速响应，而对于一些需要现算的查询指标，Oracle 往往不能提供理想的查询效率。

大数据体系下有多种 OLAP 查询引擎可以提供海量数据的秒级查询响应，可以解决 Oracle 数据库在大数据量下指标性能查询缓慢的问题。OLAP 查询引擎设计之初往往是为了解决某个场景下查询缓慢的问题，要解决 Oracle 的指标计算问题，还需要对其进行一定的技术选型分析。

ClickHouse 和 Kylin 都是大数据系统中有名的 OLAP 查询引擎，但是其底层设计思想不同，所以其能解决的业务场景也不尽相同。Kylin 的设计思想是典型的用空间换时间，其将维度和度量所有可能的组合进行全量计算，等待后续查询时即可实现查询的快速响应；ClickHouse 底层则采用向量化引擎和极致的硬件资源调度策略来实现查询的快速响应。所以 Kylin 会更加适合查询模式比较固定的场景，如报表展示、大屏应用等，其不支持明细数据查询，而 ClickHouse 更加适合灵活多变的查询请求，比如任意时间区间的组合查询等。

针对不同的业务场景选用不同的 OLAP 查询引擎，其性能效率才能够得到充分发挥。

3. 使用编程语言解决 SQL 不能解决的场景

Oracle 模式下，业务的开发往往使用的都是存储过程，存储过程中提供了循环、判断等语言特性，能够解决单纯 select 解决不了的问题。而 OLAP 查询引擎一般不提供存储过程的特性，因此我们需要使用编程语言对 OLAP 引擎返回的结果进行进一步业务逻辑加工，以满足我们的业务需求。

虽然将部分业务场景的开发转移到了服务层，但是其主要的计算压力还是放在 OLAP 引擎端，并不会对服务层造成太多压力。服务层的业务开发往往可以更好地复用，其编程效率其实更高，业务逻辑也会更加清晰。

技术升级不是目的，解决我们遇到计算性能瓶颈才是关键。技术升级往往是整个架构体系的一次演进过程，需要数据、服务、前端等多方面的协同发展，共同努力来满足我们的业务需求。

（二）模型算法层面

技术架构的升级，能够从底层计算效率的层面上进行优化，但是如果我们的模型设计不合理，计算流程过于繁琐，单纯的技术架构升级可能并不能完全达到我们的预期，因此还需要对模型算法进行进一步优化和调整。

以区间收益率的指标计算为例，结合上述技术架构升级中使用的大数据技术体系为背景，模型算法优化主要分两个方面：

1. 分层建模——降低复杂度，提升复用性

分层建模是数据仓库建设中最常用的手段，大数据数仓下，一般分 5 层进行建模，分别为：贴源数据层（ODS）、明细数据层（DWD）、维度数据层（DIM）、汇总数据层（DWS）、应用数据层（ADS）。

分层整体架构如图 3-3-3 所示，数据从下往上进行汇总，数据量逐步减少。在多层建模中，主要采用一些维度退化的手法，将维度退化到事实表中，减少事实表和维度表的关联，尽可能构建基于单表的应用层查询支持；同时，在汇总数据层，加强指标的维度退化，采取更多的宽表化手段构建公共指标数据层，提升公共指标的复用性，减少重复加工。

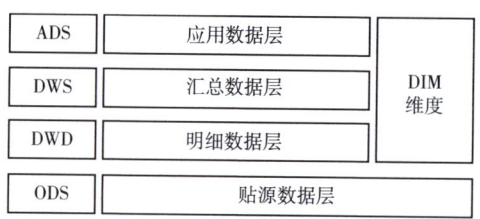

图 3-3-3　数据仓库分层模型

在区间收益率的场景下，各层数据基本情况为：ODS 层保留数据的原始结构和类型，不做任何修改；DWD 层将 ODS 层的数据进行数据的清洗过滤转化，统一字段的数据类型，去除异常值等；DWS 层则按照天的粒度，计算当日的收益率；ADS 层在 DWS 层的基础上，使用当日收益率，计算出业务需要的近一周、近一月、近一年的区间收益率等。

分层建模的设计下，每一层都只基于其上一层的数据进行计算，数据量会逐层减少，每个层级指标的计算逻辑会更加清晰，逻辑也会相对简单，便于阅读理解；汇总层计算出来的指标不仅仅可以用于应用层，对于一些临时的需求，汇总层的指标往往可以直接复用。

2. 算法优化——减少数据量，提升计算率

算法优化主要是为了提升指标的计算效率，其往往会采用减少计算数据量的方式来提升，而减少数据量的一个最直接的方法就是聚合，利用已经聚合的结果来进行计算，可以最大程度地减少数据的计算量。

以区间收益率的计算为例，首先是最传统的计算方式，即使用日收益率数据，进行时间加权算法。

由图 3-3-4 可得：

$$\begin{aligned}R_{(t_1,t_2)} &= (1+r_{t_1})(1+r_{t_1+1})(1+r_{t_1+2})\cdots(1+r_{t_2}) - 1 \\ &= \prod_{i=t_1}^{t_2}(1+r_i) - 1 \\ &= e^{\ln(\prod_{i=t_1}^{t_2}(1+r_i))} - 1 \\ &= e^{\sum_{i=t_1}^{t_2}\ln(1+r_i)} - 1 \qquad (r_i > -1)\end{aligned}$$

其中：r_i——第 i 日收益率；t_i——第 i 日；$R_{(t1,t2)}$——$t_1 \sim t_2$ 的区间收益率。

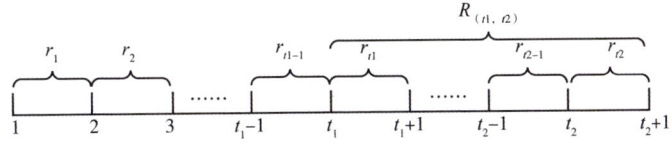

图 3-3-4 区间收益率传统算法

由公式可知，基于日收益率的算法，需要用到 $(t_2 - t_1 + 1)$ 的数据输入，其数据量会随着查询区间的时间跨度而增加。跨度越长，其计算数据越多，计算效率越慢。

由公式可以看出，连续时间的区间收益率，只需要乘以"1 + 当日收益率"即可，由此我们可以推导出优化算法一，使用累计收益率计算（见图 3 - 3 - 5）。

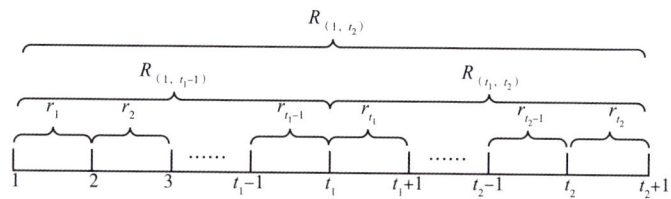

图 3 - 3 - 5　区间收益率优化算法一

推导优化算法一：

$$1 + R_{(1,t_1-1)} = \prod_{i=1}^{t_1-1}(1 + r_i)$$

$$1 + R_{(1,t_2)} = \prod_{i=1}^{t_2}(1 + r_i)$$

$$1 + R_{(t_1,t_2)} = \prod_{i=t_1}^{t_2}(1 + r_i) = \frac{\prod_{i=1}^{t_2}(1 + r_i)}{\prod_{i=1}^{t_1-1}(1 + r_i)} = \frac{1 + R_{(1,t_2)}}{1 + R_{(1,t_1-1)}}$$

$$R_{(t_1,t_2)} = \frac{1 + R_{(1,t_2)}}{1 + R_{(1,t_1-1)}} - 1$$

其中：r_i——第 i 日收益率；t_i——第 i 日；$R_{(t1,t2)}$——$t_1 \sim t_2$ 的区间收益率。

由推导优化过程可知，如果按照某个日期开始，连续不断地计算其累计的区间收益率，则如果要计算该连续区间的任意区间收益率时，只需要找到查询结束时间 t_2 的累计区间收益率和查询开始时间 t_1 前一日的累计区间收益率，然后两数相除再减 1 即可。

优化算法一，其输入的数据只有 2 个，大大减少了数据的计算量，但是其依赖于连续不断地从某个日期开始进行区间收益率的计算，中间如果由断层，则该方法无法进行，局限性比较大。

那么有没有办法即利用优化算法一的思想，还能减少对于连续区间的依赖呢？

观察可以发现，优化算法一的局限性在于要对区间进行连续计算，中间不能有断层,如果后续数据有变动,需要从比较靠前的位置刷数的场景下,会有很多的历史数据需要刷新,其影响成本较高。如果按照年进行分段的区间收益率计算,后续刷数的时间范围可以控制在一年的时间范围内,那计算公式又会变成什么样(见图3-3-6)?

推导优化算法二:

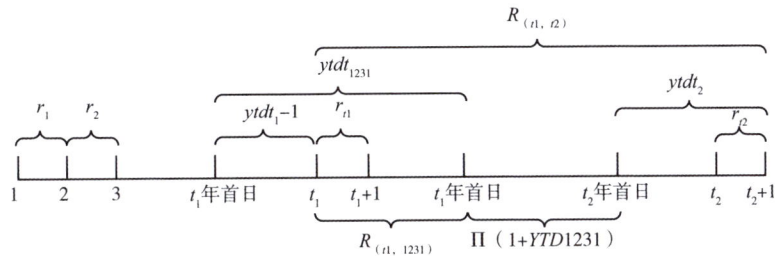

图3-3-6 区间收益率优化算法二

由图3-3-6可得:

$$\begin{aligned}
1 + R_{(t_1,t_2)} &= [1 + R_{(t_1,1231)}] \cdot \prod_{i=year(t_1)+1}^{year(t_2)-1} (1 + YTD_{i_{1231}}) \cdot (1 + ytd_{t_2}) \\
&= \frac{[1 + YTD_{year(t_1)_{1231}}]}{(1 + ytd_{t_1-1})} \cdot \prod_{i=year(t_1)+1}^{year(t_2)-1} (1 + YTD_{i_{1231}}) \cdot (1 + ytd_{t_2}) \\
&= \frac{(1 + ytd_{t_2})}{(1 + ytd_{t_1-1})} \cdot \prod_{i=year(t_1)}^{year(t_2)-1} (1 + YTD_{i_{1231}}) \\
R_{(t_1,t_2)} &= \frac{(1 + ytd_{t_2})}{(1 + ytd_{t_1-1})} \cdot \prod_{i=year(t_1)}^{year(t_2)-1} (1 + YTD_{i_{1231}}) - 1
\end{aligned}$$

其中:r_i——第i日收益率;t_i——第i日;$R_{(t_1,t_2)}$——$t_1 \sim t_2$的区间收益率。ytd_{t_2}——t_2所在年,t_2当天的本年以来区间收益率;$YTD_{year(t_1)_{1231}}$——t_1所在年的12月31日的本年以来区间收益率。

通过优化算法二的公式可以分析出,计算任意跨年区间的区间收益率,都可以转换为查询区间结束日期当天的本年以来收益率除以查询区间开始日期头一天的本年以来区间收益率,再乘以跨年区间所有年的12月31日的本年以来区间收益率的乘积,最后再减去1即可得到查询区间的区间收益率。

优化算法二,其输入的数据量会随着年份的增加而增加多少量的数据,但是其增加的数量很少,基本不会影响计算性能,并且避免了中间刷数可能造成大量历史数据重新修改的问题。其实是折中了普通算法和优化算法一的优点,均衡考量了各种可能场景之后得出的最优解。

综上，算法优化不单单考虑计算的性能，还要考虑其使用后是否会造成其他负面影响，综合评估其优缺点，要在满足性能需求的情况下，尽可能减少其他事务的处理。

第二节 实务——需求篇：如何平衡短期需求与长期需求，提升需求决策质量

一、扇子还是中央空调

为了更形象地说明在数据中台建设中如何平衡短期与长期需求的问题，这里用一个扇子与中央空调的故事来说明。

过去公司的数据平台建设有点像造扇子，按每个部门甚至每个人的需求偏好定制不同的扇子（报表），优点是见效快，缺点是扩展难，且报表规模大了以后，管理、维护与使用成本都会随之扩大。此外，用户还会提出很多类似给扇子雕花的需求，全局看意不大却很耗费资源。

长期看，能解决头部资管公司用数难问题的答案是"中央空调"。中央空调的缺点是建设周期长，见效慢，还需要用户改变使用习惯，从订单式转变为自助式数据服务。优点是可以切实把房间温度降下来，同时各个房间只要都把门打开（数据服务共享），温度就可以传导（数据体系打通）。

类比大型综合性资管机构的数据中台建设，问题就变成：如果研发资源倾斜中央空调（长期目标），则实施周期过长且见效慢，用户无法接受；如果持续造扇子（短期目标），研发与运营的成本会越来越高，匮乏的研发资源会造成扇子质量下降，用户满意度，需求利用率与研发效率越来越低。如果长短期都无法选择，是否要选择中期目标，即每个房间造一个电风扇或扇子工厂。

面对扇子还是中央空调这个两难问题，我们的建议是：长短结合，一定程度放弃中期目标。

（1）对于人多、温度高，且扇子很少或没有扇子的房间，优先快速地做出一批能用的扇子让用户能快速降温。

（2）对于人多、温度高，但是扇子也不少的房间，停止造新扇子，特别不要给扇子雕花，集中资源精力改水电，搭架子，调整工种结构，开始造中央空调。还有一种思路是，低成本引入自带足够维修工的扇子工厂（中期），但工厂与空调不可兼得，建议放弃扇子工厂，直接造空调。

(3) 对于人不多、扇子不多、温度高的房间，一种思路是说服大家等中央空调，另一种思路是引入工具教会大家自己制作扇子，这种思路也适用于情况（2）。

(4) 对于温度不高的房间，最优方案说服大家等空调，次优是引入扇子工厂，同时教会大家自己做扇子，不建议再做单独的扇子。

二、关于需求决策质量

先解释一下为什么提出需求决策质量的问题。首先，每个资管公司的科技部门会面临一个共同的痛点：有限的研发资源与看似无限的数据需求之间的矛盾。在研发资源不足并且有多个业务线需求的情况下，最重要的决策就是选择哪个业务线的需求集中资源重点突破，并以此构建起整个数据中台体系。

回到扇子与中央空调的场景，也就是要回答三个关键的问题：

(1) 如何客观地判断房间温度——需求紧急性。

(2) 如何判断一个需求到底是扇子还是雕花还是中央空调——需求重要性。

(3) 如何确定每个房间以及整屋不同阶段的避暑方案是造扇子、造风扇，还是直接造中央空调——实施路线图。

问题（1）和（2）说的是需求画像问题（紧急—重要），其中最重要的工具是温度计——用来测量房间温度，和测量仪——用来衡量需求的重要程度。有了整体需求画像后，问题（3）说的是需要一套严谨的决策体系来分配兵力（研发资源），形成具体的作战部署（落地项目及优先级）。

回到数据中台需求决策的问题上，答案就是：建立一套需求评价体系（投资模型），形成一套需求决策体系（投决会）。

这里很重要的一点是：体系不是目的，而是手段。公司层面对于数据中台建设路线图的共识才是建立需求评价体系的最终目的。就像投资体系并不只是为了评价市场选出投资标的，更重要的是在投研组织内部对市场投资判断的统一话语体系。需求评价决策体系建设的难点就是，这个共识不只是在科技内部，更是在科技与业务之间（也就是公司层面）形成。

在形成统一话语体系过程中，沟通的效率与效果是影响是否能形成最终共识的关键变量。这个沟通是分为两个维度三个层面。两个维度分别是：科技视角与业务视角，三个层面分别是：战略决策层（脑）、战略传递层（腰）、战术执行层（脚）。

对于数据中台建设来说，很多时候业务不满的根源是沟通不顺。中台建设过程中很多的数据问题都出在沟通上，中文天然带有二义性的特点，造成数据中台建设中的具体沟通难度，想精确无歧义地表达一个数据的真实语义在中文环境下是非常不容易的。

第三节 实务——组织篇：如何打造与之匹配的组织结构，实现中台价值

一、为什么组织架构才是中台落地的关键

1967年，Conway在其管理学论文《How Do Committees Invent?》中围绕"如何设计一个系统"的共性问题进行讨论，指出不同领域的设计行为大体是相似的。之后《The Mythical Man–Month》（人月神话）这本书引用了该结论，并命名为康威定律（Conway's Law）得以推广。

Conway's law：Organizations which design systems are constrained to produce designs which are copies of the communication structures of these organizations. – Melvin Conway（1967）.

译：康威定律：设计系统的组织其产生的设计等价于组织间的沟通结构。

康威定律说明了一条简单而又深刻的系统建设原理：组织架构决定系统架构。这团在软件工程实践过程中前人足迹留下的智慧之火，经过了几十年的技术更迭后，到今天依然点亮后人在大规模系统建设中的疑惑。有过大型系统建设经验的团队负责人，都会对下面这句非常简单直白的道理有着深刻的理解：想要什么样的系统就组建什么样的团队，有什么样的团队就建立什么样的系统。

人与人的沟通是非常复杂的，一个人的沟通精力是有限的，所以当问题太复杂需要很多人解决时，就需要做拆分组织来达成对沟通效率的管理。组织内人与人的沟通方式决定了他们参与的系统设计，作为管理者可以通过不同的拆分方式带来不同的团队间沟通方式，从而影响系统设计。

二、精细化分工——形成前中后多层次研发作战部队

对于资管行业中台建设，行业上通用的建设模式是基于一个外部成熟的数据平台产品做本地定制化开发，少有机构（例如泰康资产）采用自建研发团

队完全自研符合公司投资管理特色的数据平台。对于自研还是外采的问题我们将在下一个小节重点阐述,这里重点讲的是研发团队的内部分工问题。

精细化分工其实是工业化时期产生的一种生产方式的变化,到目前为止软件工程还是遵循着工业化精细分工的普遍规律。这里想讨论的问题并不是要不要精细化分工的问题,而是如何做的问题——也就是如何围绕打造资管数据中台的目标来设计研发内部的分工协作方式。

传统软件工程会按照研发的职能进行分工,也就是:需求(产品)、设计、开发、测试、运维等,这样的分工在一个科技公司(也就是行业各供应商)中很常见,但对于资管公司的科技团队来说却并不合适,主要体现在两点:

第一,业务用户需要的是稳定的服务交付能力,也就是需要一个团队对科技服务从规划到交付整体负责。为了减少沟通成本,最好是一个人全权负责(现在又称"IT BP",后面都以"IT BP"来代指业务统一接口及负责人)。而对于一个大型资管公司来说,业务线需要的科技交付是要一个完整科技团队形成的系统化能力。如果按照传统科技职能划分组织,这个负责人必须有同时调动各团队资源协同作战的能力及权限。没有足够的权限,在各业务线资源出现冲突的情况下,根本无法及时作出决策,造成对用户部门的不满。在这种组织分工下,能做负责人的其实只有首席技术官(CTO)本人。

第二,投资相关的业务用户因资本市场快速变化,往往需要快速敏捷的问题解决能力。从科技角度看,IT BP 负责资源部署协调,本身不参与项目一线的工作;业务角度对 IT BP 的理解是具备 IT 技能,能和业务共同作战的前线特种兵,既要有良好的沟通与业务理解能力,又具备很强的执行能力,是一种全栈型人才。

多年的项目实操经验总结下来,我们建议的一种研发分工方式是遵循资产管理行业内的组织分工方式,将科技研发团队内部也分为前台、中台、后台。前台研发团队直接对业务的具体交付项目负责(交付时间与交付质量)。前台团队内部还可以单独设立一个特种突击队,直接派驻到需求不稳定、变化快的业务部门现场办公。中台团队对接前台团队,对前台团队负责,为前台团队提供可复用的技术服务能力,中台团队并不直接对某一个的业务项目交付负责。后台团队提供整体的技术平台与架构方案,为前台与中台团队提供最新进的武器库与弹药库支持。

前台团队往往包含传统的需求、设计、研发、测试、运维各种职能,同时还可能包含全栈型人才。前台团队是研发内部的前线作战部队，直接肩负项目交付与用户满意度压力，这个团队的工作节奏是完全由业务交付决定，往往是非常快的，团队以业务交付与业务满意度作为唯一的目标，团队主要能力建立在业务理解、业务沟通、工作抗压、快速响应等方面；在一个任务面临短期方案与长期方案取舍时，前台团队通常都是通过短期方案来快速满足业务的要求。

中台团队主要由比较资深的设计和研发人员组成，这个团队的工作节奏会慢一些，团队能力主要构建在对系统与模型的设计能力、通用功能的抽象封装能力、核心代码健壮性保障能力等方面，业务理解是一个必要能力但并不是团队的核心能力。中台团队很多时候是解决前台团队因短期方案而遗留下来的技术债务，更多负责技术与架构导向的中长期目标，团队工作节奏一半由团队内部自主决定。在前台压力过大的情况下，中台团队的工作节奏会加快，紧急时刻中台团队的人员会被临时抽调到前台。

后台团队主要负责整体的架构方案与技术平台，为前台及中台团队提供架构指导与技术平台。从架构层次角度看，后台团队的工作主要在 PAAS 层，而前台与中台团队工作在 SAAS 层。职能上后台团队主要由架构师，以及技术平台本身的研发与运维人员组成，团队规模往往较小，工作节奏较慢。团队主要的目标可总结为研发内部的赋能与提效。这里想讲的关键一点是，在资管行业科技团队中的后台团队（架构师）除了扎实的技术能力以外，更需要非常强的产品思维及同理心。前台团队天天面对业务用户，服务意识与能力会不断得到锻炼和提升，而架构师因为不会面对业务用户，往往缺乏产品思维与服务意识，在站位上更多的是"管控"而不是"赋能"，这样很容易造成前线作战部队（前台与中台）的不满，造成技术架构与技术平台变成空中楼阁，永远停留在纸面上无法落地投入实战。

最后想用一个不是很严谨的比喻分别说明三个团队工作交付的内容：前台团队交付业务中台，中台团队交付数据中台[①]，后台团队交付技术中台。

三、从富士康到苹果，打造生态，实现行业共赢

对于数据中台是外购还是自研的问题，行业内并未形成普遍共识。对中小型机构来说，自主研发能力有限，不得不采取外购模式。而对处于数字化转型

---

① 这里提到的数据中台更加狭义一些，属于小中台概念；本文数据中台其实是大中台概念，包含了业务中台与技术中台。

过程中的头部机构来说，会把自主研发当成实现数字化的重要落地途径。但即便目前头部资管机构在数字化投入上逐年上升，但数据中台建设资源也非常有限，且需要包含：数据产品、数据架构、数据研发、数据运维、数据管理等多个职能。所以要落地数据中台，完全不依赖任何外部厂商或外包开发人员并不现实。

那么，需要思考的下一个问题是：哪些自己做，哪些外包出去。在不同资管公司的不同发展阶段，这个问题的答案可能都不一致。从资管公司近10年的科技建设过程看，也许都会经历两种模式。第一种是纯采购模式，全部系统都找厂商采购。这种纯采购的方式都是厂商主导，时间长了，甲方会感觉事事受制于厂商，于是会找一个全栈的项目经理负责需求、设计、上线、研发、测试、运维交给外包人员。这就形成了第二种模式，一个全能的甲方项目经理带领一群外包人员进行项目研发。因为甲方对外包人员的掌控力远远大于对乙方的掌控力，这种模式在规模较小的起步阶段对比第一种纯采购模式有明显的优势。但面临的困境是，全栈的甲方项目经理非常稀缺，造成了有能力带外包的全栈项目经理管理的项目与外包数量会迅速膨胀。这样必然就会从外包人员里选拔一批优秀的做小组长来承担实质性的项目管理职责，项目经理也会因为做得好被迅速提拔到管理层，精力被行政事务大量分散。过去甲方项目经理有精力可以指导外包开发，但随着其离项目一线越来越远，造成后续项目质量逐年下降，过去从 0~1 的成功，无法保证未来从 1~10 以及 10~100 同样成功。

其实从产业分工上看，甲方做大规模研发人员管理，无论效率还是成本都不划算，因此甲方研发团队一定是特种兵作战模式，团队小而精，每个人都是一个小全栈工程师（即能技术落地又能业务沟通）。但这种优质的研发资源在整个资管行业的人才供给上是极为稀缺的。如果把投资数据中台比喻为每个甲方要建造的苹果手机，除了对手机的基础架构、产品形态等核心方案设计外，还需要大量优质供应链厂商提供不同标准组件服务，但是核心组件（如芯片）可以完全由甲方自研，目的是自主可控或构建竞争壁垒。苹果手机成功的背后是苹果公司构建的庞大价值网络，而这个网络上每一个关键供应商自身都跟随这个大的价值网不断成长。苹果公司的核心能力是工业化产品的设计能力以及全球供应链的打造能力，这两大能力帮助苹果建立了一个庞大的价值体系，创造了商业奇迹。这两大能力才是未来头部资管机构在数字化时代需要打造的核心科技能力，投资数据中台就是那台未来可以帮头部资管机构创造商业奇迹的苹果手机。

参考文献

[1] Amy Whyte. The Relentless Ambition of Black Rock's Aladdin. https：//www. institutionalinvestor. com/article/b1lprrf5v41rz2/The‐Relentless‐Ambition‐of‐BlackRock‐s‐Aladdin, 2020（5）.

[2] 何剑波. B 公司的"A 系统"神灯. http：//mapp. jrj. com. cn/news/opinion/2017/03/23072722214355. shtml, 2017（3）.

[3] New York Times. Julia Computing. https：//web. archive. org/web/20190810134702/https：//juliacomputing. com/communication/2017/03/29/aladdin‐blackrock. html, 2017（3）.

[4] Mauricio. What You May Not Know：The Software That is More Powerful than Windows or Even the US Government. https：//medium. com/twogap/what‐you‐may‐not‐know‐the‐software‐that‐is‐more‐powerful‐than‐windows‐or‐even‐us‐government‐8f2e08822673, 2020（9）.

[5] Simon Jessop. BlackRock to Buy Baringa Partners' Climate Tech for Aladdin. https：//www. reuters. com/business/sustainable‐business/blackrock‐buy‐baringa‐partners‐climate‐tech‐aladdin‐2021‐06‐17/, 2021（6）.

[6] BlackRock. Blackrock Unveils Aladdin Climate Module. https：//www. finextra. com/pressarticle/85245/blackrock‐unveils‐aladdin‐climate‐module, 2020（12）.

[7] Black Rock. BlackRock to Launch the "Aladdin Data Cloud" Powered by Snowflake. https：//www. businesswire. com/news/home/20210222005526/en/BlackRock‐to‐Launch‐the‐%E2%80%9CAladdin‐Data‐Cloud%E2%80%9D‐Powered‐by‐Snowflake, 2021（2）.

[8] Damon Leavell. ICE Bonds Completes Integration with BlackRock's Aladdin to Offer Fixed Income Portfolio Auction Functionality to Investment Managers. https：//ir. theice. com/press/news‐details/2020/ICE‐Bonds‐Completes‐Integration‐with‐BlackRocks‐Aladdin‐to‐Offer‐Fixed‐Income‐Portfolio‐Auction‐Functionality‐to‐Investment‐Managers‐/default. aspx, 2020（2）.

[9] Annabel Smith. BlackRock Adds Margin Analytics to Aladdin with Cassini Integration. https：//www. thetradenews. com/blackrock‐adds‐margin‐analytics‐to‐aladdin‐with‐cassini‐integration/, 2021（6）.

[10] 金融界网站. 美联储救市 为什么又是 B 公司？https：//baijiahao. baidu. com/s?id = 1662611584947260099&wfr = spider&for = pc%201, 2020（3）.

[11] 付登坡, 江敏, 任寅姿, 孙少忆. 数据中台让数据用起来［M］. 北京：机械工业出版社, 2020.

[12] Conway M E. Committees Invent？［J］. Datamation, 1967, 14（4）.

专题四

数据科技在宏观策略中的应用研究

课题承担单位：阳光资产管理股份有限公司
课 题 负 责 人：白雪石
课题组成员：沈非若　　吴 浪　　樊子飞

  随着数据和算力将经济研究推向数据探索科学的第四范式，数据科技对经济相关领域产生了巨大影响，其中就包括宏观策略这一以宏观分析为基础的投资策略。理解范式发展的历史沿革、把握数据探索科学带来的改变，是资产管理机构提升资产管理能力、防范化解金融风险的重要方向。首先，本专题通过理论与应用相结合的方式，以具体案例展示了数据科技在宏观策略中的应用。一是数据边界的延拓，增强了数据的深度和广度。深度包括通过分类和降维分析经济体国际金融制度和中国经济活动状况，广度包括在自然语言识别技术支持下从文本中寻找关键词，或从新闻中读取市场情绪。二是数据处理能力的增强，运用算法识别并挖掘有效信息，通过算法识别市场模式，形成投资决策。其次，数据科技的快速发展为行业带来变革的同时也带来挑战，我们提出通过建设具有商业智能特点的投研系统，连接数据科技所代表的人工智能和投研人员所代表的人力智能。最后，本文对数据科技在宏观策略中的未来发展做出展望。数据科技将在绿色金融发展中发挥重要作用，提高数据披露和数据水平，助力绿色金融发展。从应用路径上说，数据科技需要坚持以人为中心的发展方向，提升人的能力，打造人工智能、商业智能和人力智能形成合力的研究模式，实现保险资金宏观策略研究体系的全面升级。

第一章
数据科技对宏观策略的赋能

与自然科学上由认知与技术的相互推动带来的范式演变类似，随着数据和算力的增长，经济学也正在经历从第三范式计算科学向第四范式数据探索科学的转变。宏观策略作为建立在宏观经济分析基础之上的一种投资策略，在数据探索科学范式下，宏观策略在"增强数据的深度和广度"和"识别并从数据中挖掘有效信息"两个方向均发生了较大的转变和发展。而 2020 年以来的新冠肺炎疫情，则在各方面加速推动了数据科技在宏观策略分析的应用。

第一章从范式理论和市场实践两个方面介绍数据科技对宏观策略的影响。在第二章以实际案例展示数据科技在宏观策略中的应用，建立数据科技应用的直观概念，案例包括传统数据改良、另类数据挖掘，以及使用算法进行市场模式识别等。第三章介绍投资策略模型系统作为连接人力智能和人工智能桥梁的重要作用，以及我们在数据科技应用中的实践经验。第四章对数据科技在行业中发展做出展望，一是绿色金融与数据科技的结合，二是打造人工智能、商业智能和人力智能形成合力的研究模式，实现数据科技对人的赋能。

第一节　范式转变决定了数据科技的广泛应用

一、认知与技术相互推动带来自然科学范式演变

美国科学哲学家 Thomas Kuhn 在 1962 年提出了范式的概念，后续进一步被定义为"为科学家提供待解决的问题，和用于解决问题的工具"（Bird，2018）。随着人类对科学探索的不断深入，研究方法和技术手段相互推动，科学的范式也在不断演变。自然科学的研究到现代已经经历了四个范式。图灵奖获得者 Jim Gray（2007）将人类科学研究范式划分为四个阶段：第一范式的经验科学、第二范式的理论科学、第三范式的计算科学和第四范式的数据探索科学。范式在很大程度上决定了人们看待客观事实的角度、使用的技术手段和解释的方法，从而影响着结论本身及结论传播对客观世界的影响。因此，正确认

识当前研究范式的历史沿革和未来发展,是推动包括宏观策略在内的各项研究紧跟时代步伐的关键。

第一范式经验科学贯穿于过去数千年人类文明发展的大多数时间。"描述现象"是这一范式的典型特征,人们观察、收集并总结客观经验。更进一步,当自然发生的事件不满足观察的需要时,科学家也会主动设计实验并完成探索。许多伟大的科学发现都是在这一范式下完成的,如阿基米德观察物体放入水中水面发现浮力,伽利略在比萨斜塔上通过自由落体实验得到物体下落速度与质量无关的结论。这一阶段科学研究成果是零散、碎片化的。随着对客观世界的经验增多,人们逐渐从不同事实中找到了联系,总结了规律,并用数学语言表达了出来,科学研究也就进入了第二范式。

第二范式理论科学出现于最近几百年。人们不再满足于描述现象,更要预测现象,探索事物背后的普遍规律,也即理论。从经验科学到理论科学的转变,一方面需要以丰富的客观事件积累为基础,另一方面也需要数学的发展。例如牛顿发现万有引力,是大量天文观察材料和微积分这一突破性的数学进步相结合的结果。理论科学范式下,人们期望科学的研究能够得到一组数学公式,并且能够做到理论指导实践。理论科学在几百年间快速发展,变得越来越精细、越来越复杂,逐渐超出人力所能处理的程度。同时,电子计算机的发明实现了高效地处理数据,推动研究范式进入计算科学。

第三范式计算科学是近几十年计算机推广后的研究范式。为了处理复杂问题,科学家不再寻求解析求解,而是转向了数值模拟。数值模拟起初只是一种工具,但其重要性不断提升,现在已经被学者认为是科学研究的第三条腿,与实验和理论相并列。在计算科学范式下,科学家将现实世界投影为计算机中的模型,并利用强大的运算能力得到关注的结果。一个经典案例是对天气的模拟,让天气预报的准确度大大提高。由于系统太过复杂,计算科学范式不再限定科学研究要以数学公式为结果,更重要的是形成清晰易懂的概念。随着计算能力的提高,预先输入模型的重要性不断降低,甚至计算机能够运用算法自发地生成合适的模型以解决实际问题,科学研究步入数据探索科学。

第四范式数据探索科学是当下正在兴起的研究范式。当计算机在科学研究扮演越来越重要的角色时,大量信息的数据化和计算能力的飞速提升成为一个自然发生的事情。类比于经验科学到理论科学发生的转变,当计算机接触到足够多的数据(经验),并掌握足够强的算力(数学工具)时,计算机开始能够挖掘数据背后的故事,而数据探索科学范式就是强调对数据和计算的聚焦。受数据探索科学范式的影响，很多学科都衍生出两个分支。如生物学衍生出生物信息学和计算生物学，分别探索如何收集生物学领域的数据和如何模拟生物系统的变化。数据探索科学范式下，更多规律发现和模型构建的工作都隐藏在了算法背后，因此从数据出发的研究不仅要形成概念，还要形成一定的叙事结构，才能让科学研究的结果产生生命力。

二、经济学的范式演变与"第四范式"

经济学作为一门社会科学，也经历了与自然科学研究范式演变相似的发展历程（洪永淼、汪寿阳，2021）。相比于自然科学几千年的历史，经济学成为一门独立学科是从亚当·斯密1776年出版的经典《国富论》才开始的。《国富论》具有很强的经验科学范式特征，建立了经济学范畴内的各种概念和关系，但是以定性表述为主，基本不涉及定量表述。经济学研究进入第二范式理论科学的标志是20世纪30年代，Keynes（1935）和Samuelson（1947）对数学的运用和计量经济学的出现，将现实世界的经济学概念与关系抽象转化为数学公式并固化。尽管经济学进入第二范式的时间也大大晚于自然科学，但是从第一范式过渡到第二范式仅用了不到200年。1982年Kydland和Prescott提出了动态随机一般均衡（Dynamic Stochastic General Equilibrium，DSGE）状态模型的原型，开创了新的宏观经济研究方法，将经济学引入第三范式计算科学。从经济学原理上说，DSGE模型是在新凯恩斯模型（New Keynesian Model）基础之上的拓展和修改，并非一套新的理论。但是，通过计算机对DSGE进行大量数值模拟，能够高度近似拟合经济运行过程，让经济学家第一次可以"做实验"，无异于一次重大的研究方法革命，为理解、预测、调控宏观经济做出巨大帮助。事实上，经济学的理论也极大地影响了宏观经济政策调控的模式，很多全球主要央行仍在使用DSGE模型做宏观分析，如美联储的FRB/US和欧央行的NAWM等。DSGE模型将经济学带入计算科学的第三范式，不是单纯得到一组公式，更重要的是模拟出各种经济指标的动态关系，从而以更全面的模型描述经济活动。

因此，概括来看，经验的积累和数学的结合标志着经济学的第二范式，而知识与计算机结合后形成的模型则使经济学进入了第三范式，那么现在的数据科技的兴起，则有可能实现模型与数据的完美结合，并升华为"智慧"，让经济学进入第四范式。经济学最近200余年的快速发展并追赶自然科学研究范式的历程，也可能在21世纪取得重大的进展，从而与自然科学接近同步进入数据探索科学的时代。沿袭从经验科学到理论科学、理论科学到计算科学的演化过程，当人类对经济规律的经验总结被准确的数学逻辑抽象固化，并被逐渐强大的计算模拟能力反复验证，计算机就可能帮助我们在海量数据中挖掘出更多隐藏的规律，从而形成新的智慧。数据探索科学的第四范式大幅提升了计算对数据信息挖掘的重要性，算法和数据也在一定程度上成为研究人员的理论构建工作的一部分。

第二节　宏观策略在数据科技时代的转变

宏观策略是建立在宏观经济分析基础之上的一种投资策略，它通过自上而下地对各类宏观风险和机会进行全面考察，更好地实施了长期视野、较大规模的资产管理，也成为包括主权基金、养老金和保险资金在内的全球大型机构投资者进行大类资产配置和组合管理时最重要的分析方法。由于宏观策略与宏观经济研究在理论和方法上具有天然的一致性，宏观策略的范式也必然随着经济研究的范式演进而不断迭代更新，将数据科技应用于宏观策略。

数据探索科学范式推动下，宏观策略的发展主要聚焦于两个方向：增强数据的深度和广度，以及识别并从数据中挖掘有效信息。

一、增强数据的深度和广度

增强数据的深度和广度，既包括传统数据的再开发，即提升数据的深度，也包括通过技术手段获取另类数据，即拓展数据的广度。对数据深度和广度的追求是在数据科技进步过程中的关键，早在20世纪30年代，NBER的两位经济学家Mitchell和Burns（1938）对经济周期做了开创性分析，面对复杂的经济系统，二人仔细研究了数以百计的数据序列以寻找出其中的模式和规律。他们发现，数据序列存在系统性的变动，而且不同部门和各种经济活动广泛地存在起伏波动。这使得他们认识到经济中存在不断重复出现的扩张和衰退现象。时至今日，随着移动互联网、人工智能、云计算等新一代信息技术的发展，人们生产和生活的方式发生了根本性改变，对电子设备的依赖程度大大提高，在经济活动过程中产生的信号都可以被捕捉，从而产生了各种形式的另类数据，数据的深度和广度都得到进一步增强。

传统数据经过算法处理后，数据质量得到提升。投资者情绪是具有重要意义但不可直接观察的指标，从传统的资产价格信号中可以提取投资者情绪的变化。例如经过周期和流动性调整后，可从股票、期权隐含波动和债券利差中提炼出投资者的情绪变化（Baweja 等，2019），这比一般通过调查等传统方式获得的信息更加及时。Baweja 的计算用到了主成分分析法（Principal Component Analysis，PCA），而 PCA 作为一种应用广泛的无监督机器学习算法，能够在众多信号中捕获具有最丰富信息的主要成分。高盛于 2011 年使用 PCA 等方法编制了追踪美国增长的指标 Current Activity Index（CAI）。CAI 基于广泛的数据，通过主成分分析的方法"实时"反映实体经济状况。由于数据处理方式和效率的改进，CAI 比 GDP 更易获取、公布频率更高，同时其所用序列也不像官方 GDP 初值那样易受数据修正的影响。虽然 CAI 被设计为一个衡量实体经济活动的独立指标，但它能够很好地捕捉 GDP 的关键动态，并能比 GDP 更早地发现经济形势拐点。在 2020 年，高盛运用 CAI 分析了疫情后各经济体经济活动恢复的情况，更加及时地观察到经济下滑和复苏的情况。瑞银于 2014 年发布了 Nowcast 指数，该指数是一种实时跟踪经济活动的指标。为了处理不同频率的数据信息，该指数参照了起源于 20 世纪 70 年代末用于预测短期大气变化的技术，运用改进的算法（例如：有监督学习），不断增加包括高频数据在内的新信息，从而使其预测 GDP 等宏观数据的能力不断改进。

通过技术手段获取另类数据可以拓展数据的广度。与传统数据源相比，另类数据的数据源通常不易获取或者结构性较差。另类数据的类型非常广泛，包括储存在手机和应用软件上的本地数据、消费者的信用卡消费数据，以及网络、媒体等文本信息（Denev 等，2020）。具体来看，另类数据可分为三类：（1）个人产生的数据。主要通过文本媒体记录，这些数据通常是非结构化的，并且分布在多个平台上。我们可以进一步将其分类为：来自社交媒体，如 Twitter、微博等平台；来自专业网站，如亚马逊、大众点评等商业评论网站；来自搜索引擎，如谷歌搜索指数、百度搜索指数等。（2）商业流程产生的数据，指企业和公共机构产生或收集的数据。一个重要的子类别是交易记录，如信用卡数据。企业数据可以是公司记录保存，如银行记录、超市扫描仪数据、供应链数据等。业务流程产生的数据通常是结构化的（与个人生成的数据相比），通常可以作为企业报告的现行指标数据。商业流程产生的数据也可能会来自公共机构，例如，在过去几年中美国政府将政府的大型数据库面向公众提供在线服务。（3）传感器生成的数据。通过嵌入在各种设备中的传感器（连接到计算机、无线和网络技术），传感器的示例包括固定在感兴趣地点的摄像头、天气和污染传感器等。其生成的数据通常是非结构化的，其容量通常是显著大于个人或商业流程生成的数据。传感器生产的数据也具有很大的经济价值，典型的例子是卫星成像用于监测经济活动（建筑、航运、商品生产等）；地理位置数据可以用于跟踪零售店、港口船舶等的行人流量。

二、从数据中挖掘有效信息

从数据中挖掘有效信息，要求将传统数据和另类数据转化为信息优势，产生有效的投资策略。Kolanovic 和 Krishnamachari（2017）指出，随着算法升级和算力提升，在短期交易中人力只占据很小的部分，在中期策略中机器产生的话语权也越来越大。一个显著的对比是量化投资与基本面投资规模的分化。据估计，基本面选股只占据股票市场交易量的 10%，而被动及量化投资则超过了 60%，较 10 年前翻倍。2017 年，基于 IBM Watson 人工智能平台的 AI 策略 ETF，AIEQ 登陆美股，引起市场关注。

相比于人工分析，计算机能够不知疲倦地处理大量数据，在处理效率和准确性方面也有很大优势。人工决策所难以避免的情绪波动、认知缺陷等问题在算法中也不复存在，计算机总是能够冷静、客观地处理问题并做出决策。不过，市场的复杂性和多变性仍然超出现有算法独立处理能力的范围。AIEQ 在过去 3 年中累计回报 74.5%，而同期标普 500 指数回报 74.4%，二者相差无几，AIEQ 未显现出获取超额收益的能力。

被誉为"AI 之父"的 Sejnowski 认为人类与机器将是合作而非竞争关系。我们认为，至少在现阶段和可预计的未来，算法和人仍将以合作的方式在市场中共存。这就要求投研人员深入了解各类算法的优势和劣势，灵活选取适合市场状况的算法，充分调动计算资源，在市场中争取主动。

第三节　新冠肺炎疫情加速推动数据科技在宏观策略分析的应用

2020 年以来的新冠肺炎疫情进一步推动了数据科技在宏观分析中的运用。在数据的获取方面，为了解新冠肺炎疫情对于经济活动的实时影响并指导决策，研究人员探索和试验新的数据来源。疫情期间 GDP 预测被广泛运用（Foroni 等，2020），其中包括纽约和亚特兰大联储运用一系列来自月度调查的传统数据和一些非结构化数据做经济状况的实时预测。巴西央行使用来自新闻和企业的非结构化信息来支持经济状况的实时预测。Aguilar 等（2021）为西班牙构建了一个新的基于报纸新闻的情绪指标，可以实时监控经济活动。结果表明，该指标在预测西班牙 GDP 方面的表现明显比欧盟的大众经济情绪指数更好。Chen 等（2020）利用苹果和谷歌提供的手机地理位置信息的数据，评估新冠肺炎疫情对各国人口流动的影响。Wolski 和 Wruuck（2020）通过研究 Google Trends 的互联网搜索查询数据，以探究新冠肺炎疫情对欧洲当地劳动力市场的影响。相较基于传统数据的预测通常比较滞后，这些高频的数据能够使决策者更准确地了解经济和金融的发展状况。

此外新冠肺炎疫情期间，研究人员还通过从银行或应用程序获得的大数据研究不同地区和人群的支出模式。在美国，Chetty 等（2020）根据私人公司提供的数据构建了根据邮政编码、行业和收入分类的消费者支出每日指数。通过这些指数发现，高收入家庭比低收入家庭减少了更多的支出；这些支出削减导致为高收入家庭服务的企业工作减少，从而造成低收入家庭失业。纽约联储的 Chakrabarti 等（2020a，b）使用高频数据调查疫情后重新开放对消费者支出和企业收入的变化影响；Andersen 等（2020）等做了类似的研究，发现健康风险较高的丹麦家庭的家庭支出下降幅度更大。

在数据处理和挖掘有效信息方面。Li 和 Wu 等（2020）通过自然语言技术对 2 894 家美国公司的财报电话会议记录进行研究分析，研究表明，拥有强大企业文化的公司在面对新冠肺炎疫情的负面冲击下表现更好，这背后的原因包括积极的数字化转型、开发出新产品等。Hassan 等（2020）使用创新的自然语言处理方法，通过对 80 多个国家上市公司财报电话会议记录进行分析来衡量与新冠肺炎疫情传播相关联的风险，研究表明最初公司的主要担忧在于需求的崩溃以及供应链的不确定性和破坏性增加，随着疫情引发的衰退加深，融资问题变得更加突出。Baker 等（2020）运用股市的波动性、基于新闻的经济不确定性和商业预期调查的不确定性合成的经济不确定性指数来评估新冠肺炎疫情的影响。

第二章
宏观策略中的数据科技实践

数据科技能够显著提高投资研究的能力边界，我们将通过具体的实例进行说明。宏观策略的进展集中在两个方面。一是增强数据的深度和广度,其中既包含通过算法对传统数据的再利用,通过聚类和主成分分析来对国际金融制度和中国经济活动状况进行研判;也包括运用新的技术手段开发另类数据,在自然语言识别技术的支持下,从报告中提取关键词,或从新闻中提取情绪信号。二是识别并从数据中挖掘有效信息,这一技术的应用场景包括市场模式的识别等。本章以具体案例介绍数据科技在宏观策略中发挥的作用。

第一节 机器学习算法对传统数据的再挖掘

应用数据科技增强传统数据,是引领宏观策略投资进入"第四范式"最好的切入点。成熟的资产管理机构基本已经建立了系统的数据资源和投资分析框架,并经过了时间和市场的检验。在原有基础上进行边际改善,不仅能够较快地见到成效,也减少了调整投资体系的成本和不确定性。传统数据的分析仍是当前资产配置和组合管理的重中之重,数据科技能够在传统数据处理中展现能力,释放出更多的信息维度,从而让资产管理机构能够获得信息优势。

无监督机器学习算法在挖掘传统数据信息中能够起到关键作用。传统数据指的是处理方法标准化、经济含义研究已较为深入的数据,从这些数据中挖掘信息,就需要让经济学的指示和研究人员的经验暂时处于次要位置,而让数据本身"说话"。无监督学习就是在减少主观判断的影响下,从数据本身出发,寻找信息线索的一种算法。本节以无监督学习为例,介绍两个通过数据科技增强传统数据的方法。

一、通过主成分分析把握经济增长关键信息

对实体经济运行状况进行及时、有效的跟踪是宏观策略研究的重要工作。在中长期宏观预测中,国内生产总值(GDP)是受到市场最广泛关注的经济活动综合指标,但其公布频率仅为季度,时间相对滞后,且分项信息难以满足个性化的研究需要,在一定程度上降低了其用于投资决策参考的有效性。在经济和金融分析时,为解决时效性问题,经济学家常采用采购经理指数(PMI)、工业增加值同比增速等月频经济指标作为替代,但这些指标都只能描述经济活动的一个方面。特别对中国经济分析而言,随着经济走向高质量

发展，中国经济结构正在发生深刻转型，大消费、数字经济的兴起也使传统上反映投资相关需求的经济追踪指标不再有效，宏观经济数据的监测方法需要随之改变。

通胀不仅可以反映社会物价水平的变化，还可以从侧面展示出经济活动状况的变化。Stock 和 Watson（1999）针对使用菲利普斯曲线进行的通胀预测效果并不稳定的问题，探索使用广谱数据改进通胀的预测，通过比较双因子、多因子和主成分分析等方法，发现综合 168 个指标信息的第一主成分效果最佳。在此基础上，美国芝加哥联储选取 5 大板块 85 个经济数据序列，编制了"芝加哥联储全国活动指数"（Chicago Fed National Activity Index，CFNAI）作为对美国经济活动的临近预测指标（Fisher，2000；Evans 等，2002）。该指数在此后的长期实践中被金融市场广泛采用。

与之相关的学术理论成果也在不断涌现。Stock 和 Watson（2002）后续又证明了上述方法的有效性，使用主成分分析能够有效消除宏观预测中的误差与噪音，提高经济预测能力。具体来说，时序变量 y_t 是待预测的变量，X_t 是一组 N 维时序预测器。假定（X_t，y_{t+h}）服从因子模型，即：

$$X_t = \Lambda F_t + e_t$$

$$y_{t+h} = \beta_F' F_t + \beta_w' w_t + \varepsilon_{t+h}$$

其中，e_t 是 $N \times 1$ 维的异质扰动；h 是预测期限；w_t 是 m 阶的 y_t 滞后项。y_t 由因子（F_t）、历史观测（w_t）和观测误差（ε_{t+h}）共同决定。提取 X_t 的主成分作为 F_t 的估计 $\hat{F}_t$，可构建对 y_t 的方程：

$$\hat{y}_{T+h} = \hat{\beta}_F' \hat{F}_t + \hat{\beta}_w' w_t$$

其中，$\hat{\beta}_F'$ 和 $\hat{\beta}_w'$ 是拟合的参数。

Stock 和 Watson 证明了即使在误差 e_t 自相关性不为零，并存在弱关联性（Chamberlain 和 Rothschild，1983）的情况下，增大预测器数量 N 和时间长度 T 能够对因子做出一致估计，且这一过程不限制 N 和 T 增大的关系。这一良好的性质表明通过扩大预测器数量以及积累更长的观察样本，对经济活动的预测能力会持续提高。

芝加哥联储全国活动指数的编制方法为解决中国经济预测面临的结构转型问题提供了思路。相对于仅使用供给相关或需求相关数据进行经济监测，使用广谱数据的方法可以更加全面地衡量经济活动情况，从而带来经济结构转型背景下的预测稳健性。在此基础上，本文通过主动的指标筛选、数据清洗等方式，在保证数据质量的基础上，最大限度提升中国经济预测中的数据

量 N 和观察样本区间 T，获得可以为宏观策略实施提供有效支持的临近预测指标，我们将其称为"中国经济活动监测指数"①。其构建步骤（见图 4-2-1）如下：

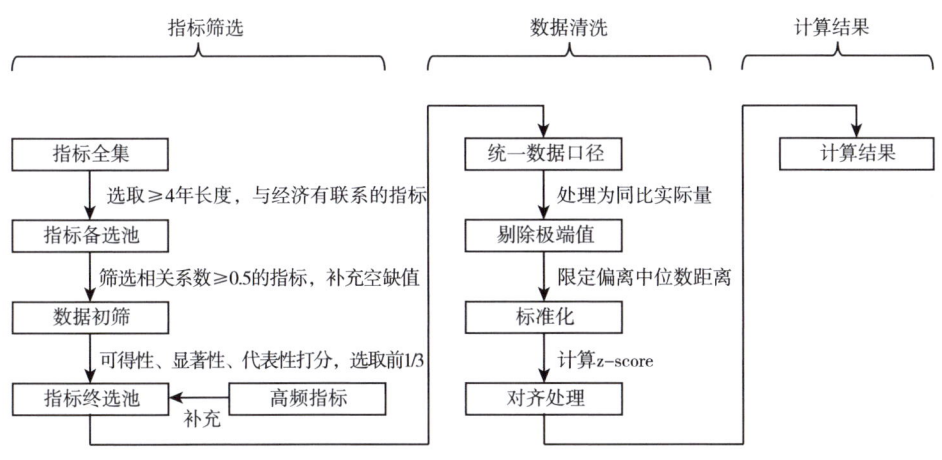

图 4-2-1　中国经济活动监测指数的编制过程

第一步，指标筛选。主要分为四个步骤：

（1）建立指标备选池。为了达到高频监测的目的，进入备选的数据应为月频数据，并至少有 4 年的历史长度。我们的备选数据序列共有反映工业、消费、服务、贸易、投资、融资等六大经济活动领域的 104 个数据指标序列。

（2）数据初筛。筛选指标与 GDP 的相关性，保留相关系数 ≥0.5 的指标进入初选指标池，以确保进入计算与经济活动有较强的正相关性。此外，一些重要数据由于春节假期的影响仅发布 1—2 月份合并口径数据，部分可选择相似口径但持续公布的数据做空缺值填补。经过相关性筛选和数据连续性调整的指标构成初筛指标池，将进行进一步筛选。

（3）形成指标终选池。在初筛指标池的基础上，结合经验判断和量化计算按照可得性、显著性和代表性等三个标准对数据指标进行打分。具体来说，可得性包括数据长度、数据公布及时性和统计序列稳定性；显著性包括指标的信息密度和 GDP 相关性；代表性主要通过主观判断指标的重要程度打分。最后，将综合得分靠前的 1/3 指标纳入指标终选池。

---

① 该指数已经申请国家发明专利并已公开，申请号 2020112909523。

（4）加入高频指标，提升数据质量。高频指标可定义为以周度或日度频率更新的经济数据，这些数据通常只反映一个细分领域的信息，仅经过简单的统计处理，数据波动性较高。但高频指标在统计上的随机误差是可以在多指标计算下得到很好抑制的，将高频指标与筛选后的月频指标混合，最终能够起到增强数据质量的效果。

第二步，数据清洗。主要分为四个步骤：

（1）统一数据口径。将水平量均转化为同比量，并将名义量调整为实际量。

（2）缩尾处理。定义数据集合25分位与75分位的差异为1个单位，偏离历史中位数超过6个单位的数据将被限定为6个单位。

（3）标准化。将数据转化为无量纲的 z-score。

（4）对齐处理。从时间长度看，数据可分为3组，其中第一组最长，为16.3年；第三组最短，仅为4.4年；第二组居中。为了能够用一致的方法计算因子，需要填补第二组和第三组缺失部分的信息。这里采用的方法是首先计算第一组的主成分，并将其填充至第二组和第三组缺失的时间段中。

第三步，计算结果。在高质量的数据集的支持下，可以充分发挥算法的长处。主成分分析法是一种基础的无监督机器学习算法，也是常用的降维算法，能够在高维数据中发现并提取共性最大的信息。在第一步数据选择中，数据都是围绕经济运行的描述，保证了主成分对经济活动信息的包含关系；而第二步则是尽可能排除统计因素对数据的影响，从而保证了主成分提供的信息全部为经济活动相关信息。

二、使用聚类分析建立货币制度模型

蒙代尔不可能三角是开放经济体三元悖论的一种表述，指的是一个开放经济体无法同时实现独立的货币政策、固定的汇率和自由的资本流动。传统蒙代尔不可能三角理论认为，上述三个目标需要完全放弃一个，从而在三角形中取得"角点解"。易纲和汤弦（2001）认为，可以拓展的蒙代尔不可能三角将解从顶角中释放到三角形内部任意点，形成由一定比例构成的政策"组合解"。这些理论将经济体国际金融制度描绘为货币政策的独立程度、汇率与主要货币的连接方式，以及资本流动的限制力度等三个维度。在传统分析框架下，不论是"角点解"或是"组合解"，都是在二维平面上的分析，如果希望完全获取其信息，则需要采用高维分析。

聚类分析是一种将高维度信息转化为易于识别的定性结果的方法，对于三维空间下的国际金融政策分析有很好的效果。聚类分析的原理是通过一定的定量标准，由计算机将数据点贴标签，并使得同一标签下的数据点性质相近，而不同标签下的数据点性质差异较大。对于最简单的二维数据，可以直接以可视化加观察的方法完成分类，但是当维度上升时，特别是维度超过三维时，就需要借助于聚类算法。另一种需要算法辅助的是数据点之间的距离不是欧氏空间距离，此时直接观察也难以完成分类。不过，蒙代尔不可能三角问题可以归结为三维的欧氏空间分类问题，我们在本例中采用经典的 k-means 聚类方法，同时由可视化形成具有直观含义的图像，很好地实现了对经济体金融政策的分类分析（见图 4-2-2）。

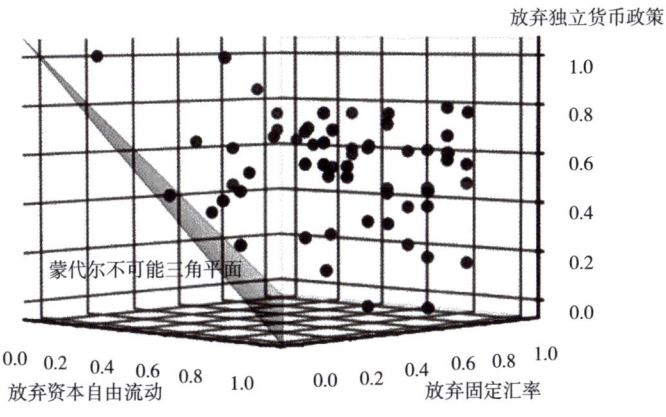

图 4-2-2　三维空间展示的蒙代尔不可能三角

资料来源：Haver，IMF，作者计算

聚类分析的理论基础是定位数个核心，使得数据点至最近核心的距离之和最小化。具体来说，对于 n 维向量 $x_i \in \{X\}$ 代表的数据点集，以及给定的参数 k，可以将向量分为 k 组，即 $x_i \to x_i^j$，其中 $j = 1, \cdots, k$。分组结果由 $i \in \{I\}_j$ 表示。定义核心 $c^j \in \{C\}$ 同为 n 维向量，数量由外生参数 k 规定。k-means 的目标函数成为损失函数，定义为：

$$J = \sum_{j=1}^{k} \sum_{i \in \{I\}_j} \nu(x_i^j, c^j)$$

其中，$\nu(x_i^j, c^j) \equiv \|x_i^j - c^j\|^2$，是欧式距离的平方。对于不同问题距离的定义也有所差异，但为直观和简便起见，我们使用欧氏空间距离定义。在 n 维空间内寻找最优的核心向量和标签组，完成 k-means 聚类。

在分析国际金融政策时,令维度 n 和参数 k 均取 3,表明基于货币政策、汇率政策和资金开放政策三个维度区分的三类经济体。

在数据准备阶段,对经济体的三个维度进行量化。在货币政策维度,以美国的联邦基金利率为基准,计算各经济体政策利率与基准在 2007—2019 年的调整差异,差异最大的记为"0.0",代表完全独立;差异最小的记为"1.0",代表完全不独立。对于欧元区周边的经济体,考虑到经济关联程度的差异,以欧央行的政策利率为基准,这些经济体包括丹麦、克罗地亚、捷克等。另外两个维度的信息主要来自于国际货币基金组织(IMF)的年度《汇兑安排与汇兑限制》,报告中 IMF 对各经济体做了比较完备的整理。对于汇率制度维度,IMF 列举了 10 种汇率制度,从无独立货币、直接使用美元的厄瓜多尔,到汇率完全自由浮动的美国、欧元区,我们给予 0.0～1.0 分的取值,代表从固定汇率和完全浮动汇率的制度安排。对于资本流动政策,IMF 总结了 11 个类别的限制政策,我们按施行限制政策的类别数量从少到多给予 0.0 分到 1.0 分的分数,代表完全自由流动和完全限制流动。

在数据准备完成后,可先通过可视化形成直觉概念。在由货币政策、汇率制度和资本流动政策张成的三维空间中,每一个经济体都有唯一的一个点。在传统的蒙代尔不可能三角问题分析中,经济体要么选择角点解,要么选择在以 (0,0,1)、(0,1,0)、(1,0,0) 为顶点的三角平面上。但实际情况表明,经济体的政策组合可能更为谨慎,如同时进行资本管制及跟随式的货币政策。甚至,在大多数情况下,经济体的国际货币政策处于蒙代尔不可能三角较远的位置,以保证政策的可持续性。

最后进行聚类计算,将全球经济体国际货币政策归为三类,即汇率稳定型、资本自由流动型和货币政策独立型,从而更好地进行宏观分析。以 2019 年的聚类分析结果为例,典型经济体的政策组合反映了它们分别倾于稳定汇率、自由资本流动和独立货币政策的目标。结果表明,资本自由流动型和汇率稳定型经济体在相应政策上都施行得相对充分,但货币政策独立型经济体的货币政策独立性只是居于中值 0.5 附近。这是由于在全球化过程中经济体之间的关联性显著上升,导致经济周期同步化,多数经济体的货币政策跟随联系紧密的主要经济体的货币政策周期,独立性水平整体较低。

进一步,可以计算每一个经济体与典型经济体的差异,显著的偏离表明这些经济体存在"宏观政策失衡",可能出现投资机会或风险(见图 4-2-3)。

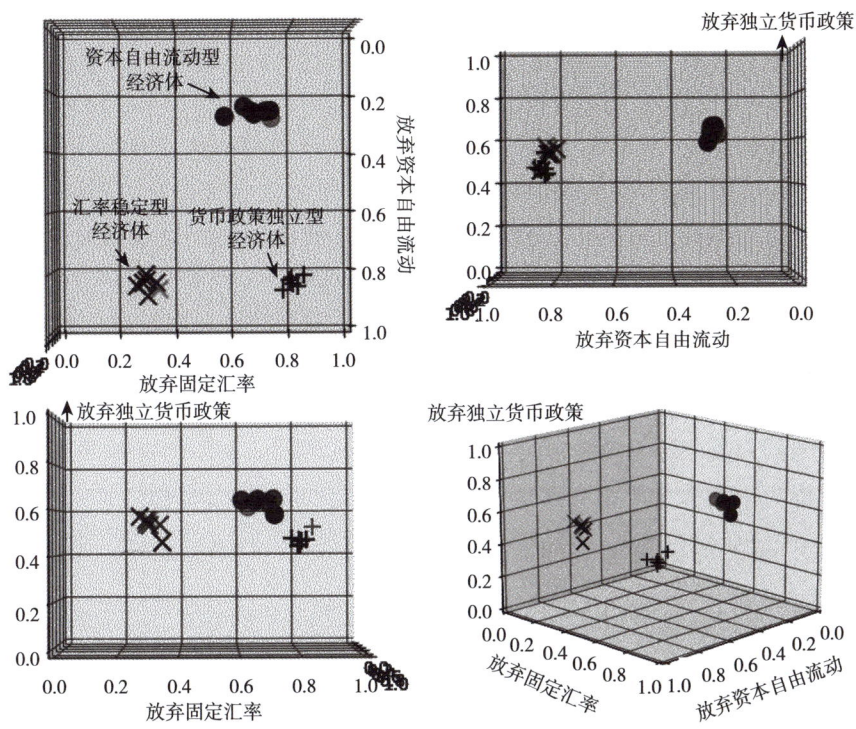

图 4-2-3 三维空间中 2012—2019 年三类典型经济体位置变化

资料来源：Haver，IMF，作者计算

第二节 通过数据科技发掘另类数据

一、文本分析背景介绍

对传统数据收集和利用是资产管理的基础，对另类数据的发掘则是在投资中获取信息优势的关键。全球的机构投资者都在加快将另类数据作为获取超额收益的来源，该领域仍处于发展的早期阶段，尚没有形成统一的方法论，各机构根据自身的情况，通过不同的方式进行参与（McPartland 等，2017）。如果通过正确的工具和策略应用另类数据，投资者可以有效降低成本，同时创造长久的竞争优势（Ekster 等，2017）。另类数据在预判经济活动中已经有了多项应用，在辅助投资决策中也发挥了重大作用（廖理，2021），如编制实时物价指数、跟踪产业情况等。

另类数据的典型代表是自然语言识别衍生的信息。摩根大通在2017年的研究报告中，运用iSentium（推特情绪分析）整合了多类社交媒体来源建立了一个日频信心的指标，以此在标准普尔500指数上产生交易信号。摩根大通基于该指标建立了JPUSISEN指数，历史回测表明，相较于标准普尔500指数，该指数的历史回报较高、波动率较小、信息比率较大，风险收益特征优势明显。从信息的规模上说，由于计算机上约80%的信息是以文本形式储存的，对文本信息的挖掘和分析显得非常重要（Sanchez等，2008）。

文本数字化技术提高以及获取方式的扩展，自然语言处理在信息系统领域获得了突出地位（Sebastiani，2002），将不同领域的文本信息通过自然语言处理技术转化为数字信息是目前应用另类数据的主要方式之一。随着Antweiler等（2004）和Tetlock（2007）使用来自网络或新闻的文本来预测股票价格，文本分析在金融领域研究与应用大量涌现（Gentzkow等，2019）。

二、文本分析原理介绍

（一）文本特征降维

文本特征降维包括两方面内容。一是因在文本识别时提取的特征数量过大，一些无效信息会降低分析效率，因此需要在保证重要信息不被损坏的前提下，对存储为特征向量的文本特征进行降维。基于特征选取的主要思想是选取的特征对文本分析的贡献尽可能大，特征选取主要有文档频次法（Document Frequency，DF）、互信息法（Mutual Information，MI）、信息增益法（Information Gain）、卡方检验法（CHI）（许惠，2021）。二是特征加权，文本信息在进行了特征选取的工作后，已经将原始特征中一些不重要的特征剔除了，为了便于后续的文本分析，通常使用一些方法对提取出的特征赋予权值。常见的方法如下（许惠，2021）：

一是布尔加权法。布尔加权法主要用于判断某一特定的特征是否被包含在被分析的文本中。如果该文本出现了该特征，则输出结果为1，反之则为0。布尔加权法非常简单，但无法对考察文本中不同特征的出现次数。

二是频率加权法，其中最常见的是Bag of Words模型。该方法不考虑文本词序、语法和句法的影响，把每一个特征看作独立的对象进行词频统计（Sivic，2009）。此外，考虑文本本身的长度后，很多人也使用Luhn（1957）提出了一种文本特征加权法，即文本术语在文本中的权重与术语频率成正比。

$$tf(t,d) = \frac{f_{t,d}}{\sum_{t' \in d} f_{t',d}}$$

其中，$f_{t,d}$是即术语t在文本d中出现的次数；$\sum_{t' \in d} f_{t',d}$是文本d的总词汇数。tf值越大表明术语出现频率越高，重要性越高。

三是TF-IDF加权法，在Luhn（1957）的基础上，为消除常见词汇如"的"出现频率较高的影响，Jones（1972）提出了逆文本频率指数，它减少了文本中出现频率很高的术语的权重，并增加了词频较低的术语权重。

$$\text{idf}(t,D) = \log \frac{N}{1 + |\{d' \in D : t \in d'\}|}$$

其中，N是语料库中的文本总数$N = |D|$。$|\{d' \in D: t \in d'\}|$表示在语料库D中包含术语t的文本d'的数量。如果该术语不在语料库中，$|\{d' \in D: t \in d'\}|$为零，通常将分母设为$1 + |\{d' \in D: t \in d'\}|$。idf是重要性的反向指标，通常与tf相乘得到调整后的术语重要程度。

TF-IDF技术目前非常流行，2015年进行的一项调查显示，数字图书馆基于文本的推荐系统有83%是使用TF-IDF技术（Beel等，2016）。学术前沿对传统的TF-IDF技术进行改良，使其能够适用于不同场景，比如有研究人员等构建了一个TF-IDF模型来分析文本的分布特征（Xue等，2006）。

（二）文本分类

在对文本的特征进行识别、提取和降维后，使用相关特征来训练分类器，从而更好地对文本进行分析。在文本分析过程中，文本分类因其广泛的适用性受到越来越多的关注，越来越多的技术在该领域被开发出来，如朴素贝叶斯（Naïve Bayes）、决策树（Decision Tree）、神经网络（Neural Network）等（Joachims，1998）。Jahanbakhsh和Moon（2014）使用了朴素贝叶斯（Naïve Bayes）分类器分析了社交媒体信息对美国大选的预测能力。

朴素贝叶斯分类器能有效将文本转化为可量化信息，如情感指标等。这一方法假定文本的情感由其组成的词汇所组成，通过对每个词汇赋予适当的值，就能够量化分析整段文字。令待分析的文本为$T = \{w_i\}$，w_i为文本T中所含有的所有词。研究定义标签$L \in \{l_j\}$，其中l_i为标签，如分析情绪时可定义$L \in \{-1, 0, 1\}$，分别代表悲观、中性和乐观。朴素贝叶斯分类器定义了T与L的关系为：

$$P(L = l_j | T) \propto P(L = l_j) \times \prod_i P(w_i | L = l_j)$$

第一项$P(L = l_j | T)$是给定文本信息后贴标签的后验概率，$P(w_i | L = l_j)$是词w_i被标记为l_j的似然概率，其计算公式为：

$$P(w_i \mid L = l_j) = \frac{c(w_i \mid l_j) + 1}{c(l_j) + |V|}$$

其中，$c(w_i \mid l_j)$是训练集中被标记为l_j的文本中w_i的频数，$c(l_j)$为总频数，$|V|$为词数。

三、文本分析的应用案例

（一）提取报告关键词

尽管计算机算法仍然不能就内容做出理解，但是短时间处理大量文本的能力，在信息爆炸的环境中显得尤为重要。如果能够在很长篇幅的文献中快速定位关键信息，就能够有效提升信息处理能力，在投资中占据先机。

关键词提取的技术基于 TF－IDF 实现。在收集文本后，以相同领域或行业的历史文献为语料库，从而令术语在近期报告中的频率变化得以凸显。

使用 Python 的中文自然语言处理库 jieba 做进一步的文本分析。中文自然语言处理库 jieba 的功能较齐全，在对文本识别的基础上，既可以使用 Bag of Words 统计相关图像特征（词汇）在文本中的频率，也可以使用 TF－IDF 分析词汇重要性。通过 jiaba 对文本库进行分析，得到关键词汇的频数及重要性程度值。

在实际应用中，当面对大量文本需要阅读理解时，使用文本分析可以有效减少人工的工作量，有助于人们在大量信息中获得自己所需要的关键信息。

（二）财经新闻情绪指数

在实践中使用布尔加权法和朴素贝叶斯分类器构建了财经新闻情绪指数。为了将文本信息处理为情感信息，本文基于 Python 的中文自然语言处理库 SnowNLP 进行分析。SnowNLP 集成了中文分词和朴素贝叶斯方法的情感分析等功能，能够满足分析需要。SnowNLP 在剔除停用词（如"的""吗"等）后，应用二维标签 $l_j \in \{-1,1\}$ 的朴素贝叶斯分类器标记训练库，以表示悲观和乐观。SnowNLP 默认的训练集是购物评价文本，在使用时需要替换为合适的经济金融文本。在本案例中，我们采用了内部编制的文本训练集，通过人工筛选的方法积累了悲观和乐观文本库各约 4 万字，较好地保证了朴素贝叶斯分类器的准确性。

在使用文本信息时首先需要了解信息来源的局限性。从社交媒体的信息流中获取专业判断并不是最佳实践，为了建立反映经济金融体系信心指标，我们选取专业的财经媒体作为文本信息来源。

经过新闻文本采集、分词标记、情感打分三个步骤后，我们将非结构化的文本信息转换为结构化的新闻情绪指数，并发现情绪指数能够很好地与风险资产价格走势相匹配。从结果上可以观察到 2020 年 10 月至 2021 年 1 月财经新闻对上证综指的走势有一定领先性；二者关系 2021 年 2 月后逆转，上证综指略领先于情绪指数变化，可以推断 2021 年春节后的急跌对情绪产生了负面作用；3 月至 6 月二者趋于同步（见图 4 - 2 - 4）。由此可见，情绪和市场走势在时间上的先后关系并不稳定，表明二者之间应当存在双向作用，因此仅通过情绪指数产生买卖信号是不充分的。但是，若情绪处于历史极端水平一段时间，基本可以判断市场情绪已经极度乐观或悲观，该指标可以作为反向指标，具有实际投资含义（白雪石等，2021）。

图 4 - 2 - 4　财经新闻情绪指数

资料来源：万得资讯，网易新闻，财经新闻，作者计算

第三节　在数据技术下增强市场模式的识别

模式识别是近年来计算机科学取得重要进展的领域，对金融市场投资而言，传统的投资决策本质上依赖于人对市场模式的判断，而计算机在确定任务、明确规则的封闭体系中已经被证明具有较强的模式识别能力，将这种能力迁移到金融市场中，是值得探索的方向。

一、模式识别的研究背景和方法

随着技术手段提升和数据获取门槛降低，策略研究能够依靠的信息量呈几何基数增长,传统依靠人力来处理数据的方式将在数据科技时代中处于劣势。广泛地讲,每一条经济或市场信息都能够转化为一个市场信号,而转化存在两个难点:一是信息与信号的转化并非线性;二是信息之间会产生相互作用。传统上,这一转化依靠研究人员的市场直觉和逻辑分析,但这一过程费时费力,当前信息的广度和深度都达到了前所未有的程度,策略研究将被迫放弃细节或仅做局部分析。

通过模式识别,可以将基础数据转化为市场交易信号,即"买入""持有""卖出"三类。转化程度的不同,代表算力对人力的替代程度高低,并可以据此分为完全替代法或部分替代法。

二、完全替代法

从数据到决策的过程可以完全通过机器学习算法完成,因此也可称为完全替代法。由于算法在决策中起到了主导作用,选择合适的机器学习算法是非常关键的一步(见表4-2-1)。DeRose 和 Le Lannou(2019)提供了一种简便的索引方式。根据算法目标的性质,可以按图索骥,找到合适的选项。

表4-2-1　　　　　　　　　　机器学习方法索引

	问题	选项1	选项2	市场交易信号识别
1	是否用于简化复杂度?	是→维度简化类算法	否→问题2	否。完全替代法中算法需要直接生成具有结论性的结果
2	是否是分类问题?	是→问题3	否→拟合类算法	是。转化结果为"买入""持有""卖出"三类
3	是否有标记?	是→问题4	否→聚合类算法	是。"买入""持有""卖出"可根据市场实际表现确定
4	是否为复杂的非线性关系?	是→神经网络,CART,随机森林等	否→KNN,SVM等	是。数据与信号并不存在简单的线性关系

资料来源:DeRose 和 Le Lannou(2019)

在神经网络、CART(Classification and Regression Tree)和随机森林中,随机森林是最适合市场交易信号识别的算法。神经网络的适用性最广,但需要的训练集也比一般的机器学习算法更大,规模一般在数千甚至是数百万条(Donges,2019)。由于大多数经济数据以月度为频率发布,而中国的资本市场存续时间较短,如沪深300指数等只能追溯至2002年,月度观测股市样本仅为数百条,因而难以训练出高性能的神经网络。分类与回归树是以节点和分支构成的树状结构模型，根节点和后续每个节点都代表对一个特征和截断值的比较。比较的结果将产生分支并连接下一级节点。每一个经训练的分类与回归树（即 CART）就形成一个分类器，由多棵分类与回归树构成的分类器包则称为森林。随机森林算法在森林中对每棵分类与回归树所接受的特征进行了随机处理，并将森林中所有分类器结果的众数作为最终输出。通过这一处理，随机森林算法能够抑制机器学习算法中常见的过拟合的问题。

应用随机森林算法识别市场模式可分为两个主要步骤：

第一个步骤是数据准备，其中又包括指标数据和标签。在完全替代法中，构建指标间关系的任务交由算法完成，因此应纳入未经模型计算的原始指标数据，如 CPI、PPI 等。指标的范围应全面，但应避免过量选取，以免导致过拟合。在本例中，指标选取了周期、市场平衡、估值三大类共 26 个。标签的选定以中证 800 全回报指数 6 个月投资回报为依据，统计 2009 年以来的月频回报，以 6 个月回报最高的 1/3 作为"买入"信号，最低的 1/3 作为"卖出"信号，其他标记为"持有"。为了减小短期波动带来的误差，6 个月回报经过了 HP 滤波处理。

第二个步骤是调试参数，这也是机器学习算法中最重要的一步。调整参数的作用是防止机器学习算法欠拟合或过拟合。随机森林算法需要调节参数有 3 个，分别是森林中每一棵分类与回归树计入的特征（即指标）数 T、每棵树的最大节点层级 L，以及数的数量 N。为了得到最优参数，k 折交叉验证是一种常用且有效的方法（Anguita 等，2012）。本例中，以 2009 年至 2018 年 10 年作为样本集，取 $k=10$ 既是符合机器学习的常用值（Anguita 等，2012），也有利于事后解释学习效果。利用十折交叉验证，遍历参数选择并获得最优参数选择 $(T,L,N) = (13,20,150)$。

模型参数确定后，进一步评估模型效果。取 2017 年至 2020 年区间为测试区间，学习区间为 2009 年至计算时点上一年度末，如计算 2018 年 10 月的信号时，学习样本为 2009 年至 2017 年。结果显示，根据模型信号编制的模拟组合的信息比率能够达到 0.99，而混淆矩阵显示出显著的倾向性，表明模型更适用于判断上涨机会。

三、部分替代法

经济和市场指标间具有内在逻辑关系，通过算法对这些关系做出的估计效率低且准确性差。因此，以人力构建逻辑关系，并由算法推测非逻辑关系，能够让二者都发挥相对优势。形式上，对于给定的 N 维基础信息向量 $\{x_{it}\}$，在理论模型生成 M 维中间信息向量 $\{y_{jt}\}$，再结合算法生成最终信号 $\{z_t\}$。理论模型和算法可调换顺序或多次计算。如：

$$x \xrightarrow{模型} y \xrightarrow{算法} z$$

或：

$$x \xrightarrow{模型} y \xrightarrow{算法} y' \xrightarrow{模型} z$$

本例中策略框架由四个层次组成，相邻的两个层次有直接的关联关系。第一个层次是基础经济或市场指标，具有一定的市场指示作用。第二个层次是经过组合和计算后的模型指标，模型指标使市场含义进一步加强，如使用股票价格和每股盈利组成的市盈率。第三个层次是由模型指标组成的指标大类。在本例的策略框架中指标大类分别是周期、估值和市场平衡，其中周期指经济周期、政策周期等经济基本面信息，估值包含经周期调整市盈率、股市市值占国内生产总值等价格信息，市场平衡则描述情绪和资金面的信息。第四个层次即为市场模式自身。四个指标层次间有三层关联关系，其中第一层关联关系经过研究人员的积累，已经基本完整成熟；第二层关联关系和第三层关联关系容易通过人力建立定性完成，定量的关系可以通过算法补充。

市场模式识别是一个模糊判断的过程，各指标状态比具体的指标数值更为重要。为此，各指标均简化为三个状态并取值为 $\{-1,0,1\}$。同时，除第一层关联关系外均简化为线性关系。自上而下地将模型形式化，首先，令市场模式 $z_t \in \{-1,0,1\}$ 分别代表"卖出""持有""买入"三个模式，市场模式与指标大类 q_{it} 存在关系：

$$z_t = F(\beta_1 q_{1t} + \beta_2 q_{2t} + \beta_3 q_{3t};R)$$

其中，权重 β_i 满足 $\sum_i \beta_i = 1$，参数为 α 的阶跃函数 F 定义为：

$$F(x;R) := \begin{cases} -1 & x \leq -R \\ 0 & -R < x < R \\ 1 & R \leq x \end{cases}$$

指标大类 q_{it} 由相应的模型指标 p_{ijt} 决定。对于周期和估值，有：

$$q_{it} = F\left(\sum_j \alpha_{ij} p_{ijt};S_i\right), i \neq 市场平衡$$

权重 α_{ij} 满足 $\sum_j \alpha_{ij} = 1$，其中 $i \neq$ 市场平衡。对于市场平衡，需要补充市场情绪后验指标 K。$K = 1$ 表示市场情绪极端风险追逐，$K = -1$ 表示市场处于极端避险状态。指标 K 能够反映极端市场情绪：

$$q_{it} = F\left(-\frac{1}{2}K + \sum_j \alpha_{ij} p_{ijt}; S_j\right), i = 市场平衡$$

权重 α_{ij} 满足 $\sum_j \alpha_{ij} = 1$，当 i = 市场平衡。上式可见，平衡的结果与 K 相反，除非 $K=0$。模型指标由基础指标构成，函数形式遵循经济和市场模型。本例中模型指标 p 有 13 个，指标大类 q 有 3 个，因此参数 $\{\alpha, \beta, R, S\}$ 共 20 个。

考虑到模型中存在大量非线性关系，使用蒙特卡洛法在全局中寻找最优参数集合。为了消除过拟合问题，提高模型的稳健性和适应性，在模型指标层面加入误判噪音，即有一定的概率出现 $\{-1, 0, 1\}$ 中的任何一个。模型的参数选取为在无噪音和加入噪音后均有较好表现的参数组合。

参数确定后，评估模型效果。在 2017 年至 2020 年测试区间内，以部分替代法为交易信号的模拟组合比率为 0.67，小于完全替代法的结果。这一结果是符合预期的，因完全替代法中对指标间的关系进行了算法挖掘，过拟合的风险更高。虽然从组合效果看，部分替代法有所欠缺，但部分替代法的透明度更高，中间过程变量 p 和 q 也具有明确的经济学或市场含义，可以为市场研究提供更多的信息。

第三章
通过投资策略模型系统实现对传统投研体系的赋能

我们已经看到数据科技的巨大潜力，从数据深度和广度以及数据处理能力上都创造了新的可能。金融行业对新技术的应用始终是开放的，在数据科技领域的竞争也是机构不断提升投资能力、持续获取稳健收益所必须面对的。对于新兴的或小型资产管理机构，专注于几项长处即可能在竞争中占据有利位置；但是对于传统的大型资产管理机构，需要快速有效地调整传统投资体系，使其适应数据科技时代变化。

第一节 数据科技对传统投研体系的挑战

一、数据科技在传统投研体系中的定位

数据科技提供了新的工具,但如何用好这些新的工具并使其发挥最大作用,还需要从投资体系的视角来分析。数据科技带来的改变,即增强数据的深度和广度,以及提高数据的处理能力,可以在投资研究的多个环节提供支持。如果我们把策略研究分为收集信息、分析问题、做出决策三个相对独立的部分,可以更清晰地看出数据科技在当中扮演的角色。

数据科技极大地提升了信息采集和整合能力。实际上,商用数据库的出现也是数据科技发展的成果,近些年数据科技让研究人员能够覆盖的数据类型更加广泛,解析的信息也更加深刻。数据作为分析的基础资源,应以全面、兼收为导向,但数据采集涉及大量重复劳动,应以数据科技为主导。

在分析问题环节,数据科技可以很好地从历史案例中学习。在现有技术条件下,即使是最强大的算法,也是从已有的样本库中学习再应用到新的问题当中,而非通过演绎、逻辑推理来寻找答案。对于一般的问题来说,数据科技可以很好地从历史数据中找到相似的案例。例如,在第二章第三节介绍的完全替代法,即是在大量历史信息中搜寻对当前情况的最好解读。不过,在面对未来不确定时,特别是对中长期场景的策略研究(Kolanovic 和 Krishnamachari,2017)。例如,2020 年的新冠肺炎疫情史无前例地冲击了全球金融市场,是任何一个算法都无法预测的,但具有前瞻视野的研究人员却能够尽早发现市场变化。

决策环节目前仍然需要以人作为主导。尽管算法可以避免情绪、偏见等主观问题,但是人仍然握有最终的决策权。对这一问题的深入探讨超出了本文的范畴,不过这一情况在短期不会改变。

数据科技在收集信息中可以扮演重要甚至是主要的角色,但在分析问题时至多只能起到部分作用,而决策环节仍需要人来主导。综合来看,数据科技在投研体系中的定位应该是以人为中心,通过科技手段增强人的判断能力,以此实现传统投研体系的数据科技升级。

二、在传统投研体系中实现数据科技的困难

即使数据科技有增强资产管理的实效,机构也有意愿促成数据科技落地,

但较陡峭的学习曲线和期初投入成本都可能成为阻碍。第一，数据科技与传统研究方法存在差异。数据科技形成的新数据与传统数据在定义上、方法上都有区别，虽然提供了信息，但是实际应用到研究中并不直接。使用数据科技产生的模型则可能存在缺少透明度、算法复杂、缺少直观概念等问题，在传统投研体系中难以形成有效的信息通道。第二，数据科技应用成本较高。尽管部分投研人员已经具备了编程能力，但是多数情况下研究人员对数据科技产生的内容以接受为主。当需要对模型的结构进行调整时，研究人员可能难以自主完成操作。第三，数据科技的投研视角和传统投资体系不匹配。在数据探索科学范式下建立的新模型可能会突破原有的分析框架，导致即使产生了新的信息也难以投入实际应用的情况。

第二节　投资策略模型系统实现数据科技赋能

我们使用投资策略模型系统来实现数据科技对传统投研的赋能。赋能应是全面的、深入的，而非个别策略或投资方法的升级。同时，基于对数据科技在投研体系中的定位，赋能的始终是人，通过增强人的能力，达到对数据科技的掌控力。

从这一目标出发，首先投资策略模型系统要具备易用性。数据科技在产生新信息的同时也产生了很多新概念，例如上文提到的无监督学习、自然语言识别、随机森林等。将这些信息以清晰、简洁的方式传递给用户，是降低学习壁垒的重要方式。投资策略模型系统也应以封装的形式呈现数据科技生成的模型，同时保留可操作的空间。简单说，研究人员应当可以快速调整模型，而不必进入代码或公式细节当中。

其次，投资策略模型系统应当是现行投资框架的延伸，可称为兼容性。其中包含两层含义。第一层，现有的策略指标和模型都能够在投资策略模型中找到正确的位置，用户在使用时仍可以按已有的框架完成研究；第二层，由数据科技产生的新信息有机地嵌入已有框架中。例如，通过自然语言识别得到的市场情绪指标，应与其他情绪指标并列。不属于原有框架的新模型与同级别的板块并列。

最后，投资策略模型需要充分的拓展性。数据科技不仅创造了新的工具，更为行业注入了许多变化。在当前阶段，这些变化并未从根本上改变投资的方式,但不能否认的是,随着技术能力的增强,新的信息资源、新的策略模型,甚至是新的投资体系都将进入人们的视野。为了能够以最快的速度适应新变化,投资策略模型应当具备完全的拓展性。

第三节 投资策略模型系统的具体实现

我们使用的投资策略模型系统是一套基于商业智能(Business Intelligence,BI)的策略共享平台,是为推动宏观策略研究在数据科技世代全面进化而设计的,满足易用性、兼容性、拓展性。投资策略模型系统具有三层结构,最顶层是用户层,即用户使用的界面。用户在投资策略模型系统上可以完成模型浏览、时间和数据截面选取等基本功能,也可以实现剔除异常点、重构拟合乃至部分计算,甚至改变模型展现方式等进阶功能。如果用户需要,还可以在系统中下载基础或衍生数据。系统不仅提供了丰富的功能,还仍然保持浏览器页面的轻量化模式,以方便用户随时接入。投资策略模型系统的中间层是模型层,包含传统策略模型和使用数据科技生成的新模型,如上文所述的中国经济活动监测指数等。投资策略模型系统的重要目标之一是完整传递宏观策略观点,系统的模型层设计严格参照了成熟的投资策略体系,从市场、趋势、周期和地缘政治四个方面进行全面分析。模型层采用多层级结构,将一些大的方向进一步细分,并通过适当的策略模型呈现,使得结构具有完整的自上而下的宏观视角。在投资策略模型系统使用过程中,这一宏观视角被自然地传递给了用户。系统底层是数据层,由各类传统和另类数据组成。在市场竞争激烈的环境中,建立具有机构特色的数据资源,是获得信息优势的关键(见图4-3-1)。

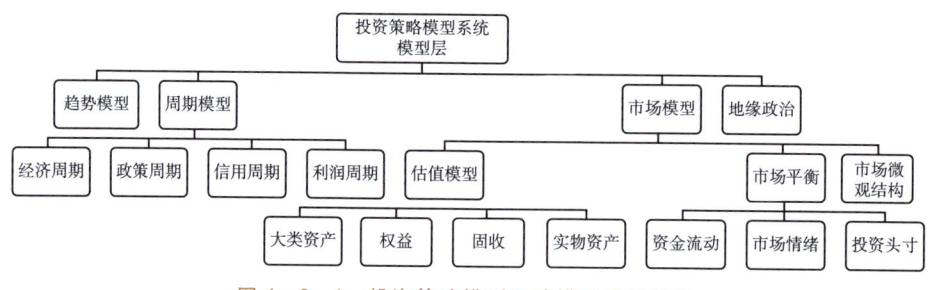

图4-3-1 投资策略模型系统模型层的结构

资料来源:作者编制

专题四　数据科技在宏观策略中的应用研究

投资策略模型系统增强了内部信息传递过程。在投资与研究互动方式中，信息的传递将以研究报告、会议讨论的形式进行，信息内容与时效的损耗难以避免。如果出现反馈修改的情况，损耗还会更大。投资策略模型系统提供了开放式的平台，策略研究和投资部门能够在平台上完成信息的高效、双向传递过程。对于研究部门，模型的计算过程和细节可以充分保留在系统中，保证了信息的最大化输出；对于投资部门，平台内嵌的商业智能工具能够让研究人员可以依照个性化的需求调整数据处理方法甚至重构部分模型，大幅缩小投资和研究之间多次迭代的成本。

保险资金宏观策略在实际应用中，不仅需要考虑资产端市场的情况，也要考虑负债端的成本和现金流，这使得投资策略实施在保险资金运用中具有双重意义，从而成为一项复杂而需要高度协作的工作。一般来说，资产端和负债端的分析研究工作是相对独立的，缺少必要的关联。得益于投资策略模型系统，负债端的研究人员能够快速进入宏观场景，了解宏观策略形成的情景假设和分析判断，从而对资产负债风险和机会的联动产生具有一致性的判断。这样，宏观策略也能够及时响应、匹配负债端的变化，增强保险资金资产负债匹配管理的效果。

第四章
宏观策略中数据科技应用的未来展望

实践表明，数据科技能够显著提升宏观策略研究质量，进而提升资产管理的能力边界。数据科技的未来应用势必越来越广泛、越来越深入。对于宏观策略来说，我们从应用场景和应用途径两个方面进行展望。

全球对绿色发展的重视与日俱增，资本市场也在其中发挥了越来越重要的作用。投资离不开数据和信息的支持，但 ESG 数据面临诸多挑战，如评级可比性、披露规则一致性等。绿色金融发展和 ESG 数据的丰富为数据科技提供了很好的应用场景，数据科技可以在数据收集、数据分析和数据验证等方面提供有效的解决方案。

数据科技不应与人产生全面的竞争关系,而是成为扩大人能力边界的工具。替代性数字技术的蓬勃发展已经引发了学术界和政界的广泛讨论,从负面影响看,过度发展的替代性数字技术甚至可能威胁到对社会的可持续发展。对此,我们提出以人为中心的数据科技布局,以增强人的能力为根本,实现从宏观策略研究、到资产管理的数据化转型。

第一节　绿色金融投资中的数据科技

一、绿色金融投资背景

绿色发展已成为全球共识。气候变暖、老龄化等诸多长期结构性问题阻碍了社会的可持续发展,得到了全球范围的关注。国际上通常以环境(Environmental)、社会(Social)和治理(Governance)合称 ESG 作为主要方向。

越来越多的主权机构、养老金、保险机构和其他资产所有者将绿色金融投资理念纳入了其投资框架中,并以此为标准进行资产管理人选聘。自 2006 年联合国负责任投资原则(UNPRI)鼓励投资者将 ESG 因素纳入投资决策中以来,全球签署 UNPRI 的机构已经由最初的 100 家增加至超过 3 000 家,累计管理资产规模超过 100 万亿美元。摩根士丹利的一项调查表明,全球 57% 的资产所有者预计未来将不会把资金委托给没有践行 ESG 投资理念的资产管理机构(Morgan Stanley,2020)。

中国的决策者和投资者在探索中对绿色金融投资的认识和理解正在快速加深。在决策层面,"双碳目标"是中国对全球的承诺,"双减""反垄断"在国内市场树立正确的可持续发展观念。在投资层面,2019 年中国证券投资基金业协会的调查显示,证券类机构中仅有 6% 在 ESG 中有所实践,这一比例在 2020 年上升至 16%(中国责任投资论坛,2019,2020),但仍有巨大的上升空间。

伴随快速增长和庞大体量投资的,是同样处于快速发展 ESG 数据。除了来自企业的、品类繁多的微观 ESG 数据,宏观策略更需要宏观 ESG 的支持,来自公共部门(包括政府、国际组织、科研机构或非政府组织)的公共环境数据能够帮助金融和非金融企业评估与环境相关的物理风险(如自然灾害、环境事故)和转型风险(如能源政策、绿色技术的变化)的概率及其影响(中国人民银行,2017)。有些具有宏观意义的另类 ESG 数据也会对资产价格产生影响。从实证上来看,当气候异常变暖时,碳排放量大的企业在股市表现得比碳排放量小的企业差,并且在这种气候变化下,零售投资者倾向于卖出碳排放量大的企业股票(Choi 等,2020)。

二、ESG 数据存在诸多问题

尽管当前绿色金融投资发展迅速,但依旧面临许多挑战。从结果上看,部分绿色金融投资主题基金表现不如市场(Deutsche Bank,2018)。LFIS 资产管理公司使用因子模型分析得出,学术研究人员和从业人员整合的传统 ESG 数据并没有给投资组合贡献超额收益(Sarfati 等,2021)。在投资过程中,ESG 数据存在诸多问题。一是评级数据的可比性问题。由于构建框架、衡量标准、指标选取、数据使用、定性判断和分项权重不同,不同评级提供商提供的 ESG 评级数据存在差异(Boffo 等,2020)。考虑到对公司行为的非财务要素以及与可持续性问题相关的分析,数据的作用更加重要,但由于数据可用性存在差异、潜在的不准确性以及供应商之间缺乏可比性,ESG 数据质量仍然令人担忧(OECD,2021)。因此,尽管 ESG 评级信息激增,但市场参与者在决策过程中往往缺乏有效的参考信息(OECD,2020)。二是数据的质量问题。围绕 ESG 问题的数据是分散、不完整、不连贯和非结构化的(Arabesque,2018)。与财务信息不同,企业披露的 ESG 信息具有非标准化、非义务性、非整体性等特点。许多 ESG 信息也是自我披露的,这不可避免地增加了"漂绿"的可能性(Bhattacharya 等,2021)。因此,许多公司在其可持续发展报告中被指责为"漂绿",这些公司为"漂绿"而大量披露与可持续发展相关的信息,传统的 ESG 评级系统常常对此不堪重负(Deutsche Bank,2018)。三是信息披露滞后问题。传统的 ESG 评级体系是滞后的,新闻文章发布后过来一段时间才被纳入 ESG 投资数据(Deutsche Bank,2018)。一些 ESG 数据每年最多更新几次,并且经常滞后于价格变动(Sarfati 等,2021)。四是数据处理方式问题。正是因为很多原始 ESG 数据本身是非结构化的,传统的人工处理方式存在很大的缺陷。人工阅读海量相关报告并提取有效信息是非常困难的,许多投资者要么忽略了公司披露的 ESG 信息,要么看到了,也不善于将其转化为适时的市场交易。而简单的关键词计数可以节约大量时间,但是忽略上下文背景可能得出相反的结果(Deutsche Bank,2018)。

三、数据科技有助于解决 ESG 数据相关问题

数据科技有助于绿色金融投资的发展。随着数据科技能够对非结构性数据

进行智能分析，在绿色金融投资实践的拓展中，基于大数据的全面 ESG 整合正在开辟新的道路。大数据的价值不在于原数据，而是在于对数据进行深度分析，剖析数据间的逻辑及统计关系，通过分析加工，实现数据的有效增值。以绿色产业高质量增长为目标，以大数据和互联网技术构建和完善"大数据 + 绿色金融"，可以激励绿色投资，推动绿色金融发展（高钰博，2019）。具体来看，人工智能和大数据在环境、社会和治理（ESG）领域发挥着越来越重要的作用。数据挖掘和机器学习技术，不仅可以从公司报告中提取和分析 ESG 信息，还可以从另类数据源中提取和分析 ESG 信息（Li 等，2021）。数据科技可以在数据收集、数据分析和数据验证助力绿色金融投资（Databricks，2020）。首先，数据科技可以有效拓展 ESG 数据的来源，提高数据质量。数据科技可以访问结构性、半结构性和非结构性数据。既可以评估公司数据，也可以评估非公司数据（Bala 等，2015）。例如用卫星数据估计不同公司的排放量并建立其碳特征。其次，数据科技可以对相关信息进行分析，提高分析效率。比如使用自然语言处理技术对文本进行分析。与人工分析相比，数据科技可以分析 ESG 新闻报道之间的依赖关系，以避免对一个事件过度关注或关注不足（Deutsche Bank，2018）。由于可以获得更多的信息，使用数据科技生成 ESG 评级可以帮助克服"漂绿"的风险，并且可以与传统的 ESG 评级方法相互补充（OECD，2021）。最后，数据科技可以对数据进行验证，它可以通过限制可能源于传统分析的主观性和认知偏差、减少 ESG 数据中的噪音并利用非结构化数据来做出更明智的决策。特别是，NPL 可用于分析大量非结构化数据集（地理定位、社交媒体），以执行情感分析、识别这些数据中的模式和关系。基于人工智能技术，此类分析的结果可用于为可持续性参数的定性数据分配定量值（Bala 等，2015）。

使用另类数据的 ESG 评级提供商已经出现，它们提供基于人工智能的评级，以期为公司的可持续发展绩效提供更客观视角，经验表明，与传统方法相比，使用另类数据的 ESG 评级具有重要优势，包括更高的标准化水平、更可信的过程以及更实时的分析结果（Hughes，2021）。还有学者使用数据科技（这里使用的是异构信息网络技术）对 2012 年 1 月至 2018 年 5 月全球超过 35 000 家公司的构建负面投资清单（Hisano 等，2020）。LFIS Capital 与法国金融科技 SESAMm 使用自然语言处理技术，通过分析 400 万个不同来源的超过 140 亿篇文章，构建了分别监测环境、责任和治理的高频指数（Sarfati 等，2021）。在此背景下，保险机构也应积极探索数据科技在绿色投资中的应用。

数据科技应用于绿色金融投资中依旧存在一些需要警惕的风险。首先，与另类数据相关的最大风险是隐私问题（Li 等，2021）。其次，企业可能根据数据科技的算法作出信息披露方式的调整，以进一步模糊其可持续发展行动的形象，操纵其 ESG 评级（OECD，2021）。有分析表明当公司表达积极情绪术语时，提供公司 ESG 评级的数据供应商往往会给予更高的评级。此外，随着可持续发展报告篇幅的增加，评级也趋于上升（Deutsche Bank，2018）。

第二节　以人为中心的数据科技赋能

范式的演进是长期的、不可逆的，它反映了知识和技术积累由量变引起质变的过程。数据科技是近几十年计算机飞速发展后出现的范式，它主导了自然科学和经济学研究的问题和工具，也正在冲击着传统投资业务。历史上看，金融行业对新技术的应用是积极甚至激进的，作为以稳健收益为目标的机构投资者，保险资管更应加强对数据科技的掌握，主动适应数据科技带来的变化。

数据科技为投资行业带来了很多新的工具，并从中产生两个主要效果：一是数据边沿的延拓；二是数据处理能力的增强。数据边沿的延拓既有算法带来的在传统数据中产生的新信息，也有从宏观经济活动中直接收集的另类数据。更广泛的数据信息让策略研究迈向更广阔的舞台，这就要求数据处理能力也需要提升。机器学习和人工智能是数据探索科学范式中发展的重要技术手段，能够从更广范围、更大规模的数据中提取信息。由算法执行的交易已经在市场中占有非常可观的比重，预计未来其重要性还会进一步上升。

我们通过实际案例说明了数据科技带来资产管理能力的提升，但同时也提出数据科技应坚持以人为中心、通过为人赋能的方式布局。在金融服务业通过提升人而非替代人的方式进行数字化转型，也是由金融市场的独特之处所决定的（白雪石和沈非若，2020）。数据科技与人的相互协作，能够发挥各自在金融市场中的长处，弥补另一方的不足。2002 年诺贝尔经济学奖得主卡尼曼将人类的决策方式划分为"慢系统"和"快系统"，慢系统由逻辑主导，快系统则是直觉。金融市场既需要从大量数据中冷静分析，得到投资线索。这时数据科技能够提升人的慢系统能力。金融市场也需要在非单一任务优化、多目标权衡的场景中做出抉择，而这仍是人类的独有优势（Kahneman，2011；白雪石和沈非若，2020）。

　　让人力和算力的结合更加紧密高效，应是当前策略研究中引入数据科技的重点。我们通过搭建投资策略模型系统，将数据科技下产生的新数据、新模型和新思想，在原有框架和体系上，用互动的方式呈现给用户。在这一过程中，专业的商业智能工具成为连接人工智能和人力智能的桥梁。抽象、复杂的算法结果以图像的方式呈现时，更容易被研究人员理解和接受，进而产生投资直觉，实现投研能力的进化。但面向未来，我们仍有许多工作要做：一是要让宏观场景引导投资决策体系，根据场景的不同，决定模型的选择，让人的直觉在更擅长的宏观判断上发挥作用；二是加强对人心和人性理解，让数据科技服务于技术层面，而让研究人员在人的层面更加专注，这也同时符合可持续投资的理念；三是强化人才梯队培养，通过技术教育和技术培训来平衡生产力关系。与时俱进的专业技能，是弥合数字鸿沟、保持始终以人为中心的关键。从系统角度上说，在技术上也有提升的空间，比如在数据持续增长后，需要统一数据格式，实现多数据源的高效联动。更进一步地，建立以研究为导向的数据中台，打造具有机构特色的投研数据体系，助力投研工作。此外，投资业务在范式演进下获得成长，其对应的风控体系也需要同步升级。在融合人工智能、商业智能和人力智能的同时，应考虑加入风控智能，应用数据科技下的方法综合提升宏观策略体系。

参考文献

　　[1] 白雪石，沈非若. 金融服务业数字化转型的思考 [OL]. 清华金融评论. http://www.thfr.com.cn/m.php? p=87427，2020.

　　[2] 白雪石，沈非若. 数据密集科技在保险资金宏观策略研究中的应用 [J]. 保险研究，2021（8）：11.

　　[3] 高钰博. 大数据助力绿色金融发展 [C]. 2019 中国环境科学学会科学技术年会论文集（第三卷），2019.

　　[4] 高祥，赵京胜等. 基于融合算法的短文本评论情感分析 [J]. 信息技术与信息化，2019（11）.

　　[5] 洪永森，汪寿阳. 大数据如何改变经济学研究范式？[J]. 管理世界，2021.

　　[6] 廖理. 另类数据：经济增长的新亮点 [J]. 人民论坛·学术前沿，2021（06）.

　　[7] 许惠. 基于 NLP 方法实现文本分类识别 [D]. 大连：大连理工大学，2021.

［8］易纲,汤弦. 汇率制度"角点解假设"的一个理论基础［J］. 金融研究,2001.

［9］中国人民银行. 2017年G20绿色金融综合报告［R］. 中国人民银行,2017.

［10］中国责任投资论坛. ESG投资在中国：进步与不足［J］. 董事会,2021（07）.

［11］中国责任投资论坛. 中国责任投资年度报告［R］. 中国责任投资论坛,2019& 2020.

［12］Aguilar P., Ghirelli C., et al. Can News Help Measure Economic Sentiment? An Application in COVID – 19 Times［J］. Economics Letters,2021（199）.

［13］Bird A, Thomas Kuhn. The Stanford Encyclopedia of Philosophy. 2018.

［14］Andersen S., Campbell J. Y., et al. Sources of Inaction in Household Finance：Evidence from the Danish Mortgage Market［J］. Social Science Electronic Publishing,2020.

［15］Anguita D., Ghelardoni L., et al. The 'K' in K – fold Cross Validation［C］. Computational Intelligence and Machine Learning（ESANN）,2012.

［16］Antweiler W., Frank M. Z. Is All That Talk Just Noise? The Information Content of Internet Stock Message Boards［J］. Journal of Finance,2004,59（3）.

［17］Arabesque. Big Data and ESG：Two Megatrends Shaping Asset Management［OL］. medium. com/swlh/big – data – and – esg – two – megatrends – shaping – asset – management – 3a82d606a8bd,2018.

［18］Bala G., Bartel H., et al. Tracking Companies' Real Time Sustainability Trends：Cognitive Computing's Identification of Short – Term Materiality Indicators［J］. Social Science Electronic Publishing,2015.

［19］Baker S., Bloom N., et al. COVID – Induced Economic Uncertainty［J］. NBER Working Papers,2020.

［20］Baweja B., Kapteyn A., et al. EM by the numbers：Tracking the Trade War's Impact on Markets［R］. UBS,2019.

［21］Beel J., Gipp B., et al. Research – Paper Recommender Systems：A Literature Survey［J］. International Journal on Digital Libraries,2016.

［22］Bhattacharya B., Yu K. Putting Big Data at the Heart of ESG Decision Making. KPMG,2021.

［23］Boffo R., Patalano R., ESG Investing：Practices, Progress and Challenges［R］. OECD,2020.

［24］Chakrabarti R., Heise S., et al. Did State Reopenings Increase Consumer Spending?［J］. Liberty Street Economics,2020.

［25］Xue X. B., Zhou Z. H. Distributional Features for Text Categorization［J］. IEEE Transactions on Knowledge & Data Engineering,2006.

［26］Chamberlain G., Rothschild M. Arbitrage Factor Structure, and Mean – Variance Analysis of Large Asset Markets［J］. Econometrica,1982.

[27] Chen S., Igan D., et al. Tracking the Economic Impact of COVID – 19 and Mitigation Policies in Europe and the United States [J]. IMF Working Papers, 2020, 20 (125).

[28] Chetty R., Friedman J. N., et al. The Economic Impacts of COVID – 19: Evidence from a New Public Database Built Using Private Sector Data [J]. NBER Working Papers, 2020.

[29] Choi D., Gao Z., et al. Attention to Global Warming [J]. Social Science Electronic Publishing, 2020.

[30] Databricks. Taking ESG From Buzzword to Reality with Data Analytics and AI [R]. Databricks, 2020.

[31] Denev A., Amen S. The Book of Alternative Data: A Guide for Investors, Traders and Risk Managers [M]. Wiley, 2020.

[32] DeRose K., Lannou C. Quantitative Methods [R]. CFA Refresher Reading, 2019 (7).

[33] Deutsche Bank. Big Data Shakes up ESG Investing [R]. Deutsche Bank, 2018.

[34] Doerr S., Gambacorta L. Covid – 19 and Regional Employment in Europe [J]. BIS Bulletins, 2020.

[35] Doerr S., Gambacorta L. Identifying Regions at Risk with Google Trends: the Impact of Covid – 19 on US Labour Markets [J]. BIS Bulletins, 2020.

[36] Donges N. Pros and Cons of Neural Networks [OL]. Experfy Insights, 2019.

[37] Ekster G. Driving Investment Performance with Alternative Data [R]. Integrity Research, 2017.

[38] Evans C. L., Liu C. T., et al. The 2001 Recession and the Chicago Fed National Activity Index: Identifying Business Cycle Turning Points [R]. Economic Perspectives, 2002.

[39] Fisher J. D. M. Forecasting Inflation with a Lot of Data [R]. Chicago Fed Letter, 2000.

[40] Foroni C., Marcellino M., et al. Forecasting the Covid – 19 Recession and Recovery: Lessons from the Financial Crisis [J]. International Journal of Forecasting, 2020.

[41] Gentzkow M., Kelly B. T., et al. Text As Data [J]. Social Science Electronic Publishing, 2013.

[42] Gray J. eScience – A Transformed Scientific Method [R]. NRC – CSTB meeting, 2007.

[43] Hassan T. A., Hollander S., et al. Firm – Level Exposure to Epidemic Diseases: COVID – 19, SARS, and H1N1 [J]. Social Science Electronic Publishing, 2020.

[44] Hisano R., Sornette D., et al. Prediction of ESG Compliance Using a Heterogeneous Information Network [J]. Journal of Big Data, 2020, 7 (1).

[45] Hughes A., Urban M. A., et al. Alternative ESG Ratings: How Technological Innovation Is Reshaping Sustainable Investment [J]. Sustainability, 2021, 13 (6).

[46] Iati R., Alternative Data: The Hidden Source of Alpha [R]. Dun & Bradstreet, 2017.

[47] IMF Monetary and Capital Markets Department. Annual Report on Exchange Arrangements and Exchange Restrictions. IMF, 2012-2019.

[48] Jahanbakhsh K., Moon Y. The Predictive Power of Social Media: On the Predictability of U. S. Presidential Elections using Twitter [R]. ArXiv Preprint, 2014.

[49] Li M., Wu H., et al. Big Data for ESG Investing Practitioner's Brief [R]. CFA Institute, 2021.

[50] McPartland K. Alternative Data for Alpha. Greenwich Associates, 2017.

[51] Joachims T. Text Categorization with Support Vector Machines: Learning with Many Relevant Features [J]. Ecml, 1998.

[52] Jones S. K. A Statistical Interpretation of Term Specificity and Its Application in Retrieval [J]. Journal of Documentation, 1972.

[53] Kahneman D. Thinking, Fast and Slow [R]. FSG, 2011.

[54] Keynes J. M. The General Theory of Employment, Interest, and Money [M]. Macmillan, 1935.

[55] Kolanovic M., Krishnamachari R. T. Big Data and AI Strategies [R]. J. P. Morgan, 2017.

[56] Kydland F. E., Prescott E. C. Time to Build and Aggregate Fluctuations [J]. Econometrica, 1982 (50).

[57] Li K., Liu X., et al. The Role of Corporate Culture in Bad Times: Evidence from the COVID-19 Pandemic [J]. Social Science Electronic Publishing, 2020.

[58] Luhn H. P. A Statistical Approach to Mechanized Encoding and Searching of Literary Information [J]. IBM Journal of Research and Development, 1957, 1 (4): 309-317.

[59] Mitchell W. C., Burns A. F. Statistical Indicators of Cyclical Revivals [J]. Nber Chapters, 1938.

[60] Morgan Stanley. Crafting a Dynamic Sustainable Investing Strategy [R]. Morgan Stanley, 2020.

[61] Samuelson P. A. Foundations of Economic Analysis [M]. Havard Press, 1947.

[62] Sanchez D., Martín-Bautista M. J., et al. Text Knowledge Mining: An Alternative to Text Data Mining [J]. IEEE, 2008.

[63] OECD. Artificial Intelligence, Machine Learning and Big Data in Finance: Opportunities, Challenges, and Implications for Policy Makers [R]. OECD, 2021.

[64] OECD. OECD Business and Finance Outlook 2020: Sustainable and Resilient Finance [R]. OECD, 2020.

[65] Sarfati A., Vergnaud D. Big Data and Artificial Intelligence for Attractive ESG Investment Solutions [R]. LFIS, 2021.

[66] Sebastiani F. Machine Learning in Automated Text Categorization [J]. ACM Computing

Surveys, 2001 (34).

［67］Sivic, J., Zisserman A. Efficient Visual Search of Videos Cast as Text Retrieval［J］. IEEE, 2009.

［68］Stock J. H., Watson M. W. Forecasting Inflation［J］. Journal of Monetary Economics, 1999.

［69］Stock J. H., Watson M. W. Forecasting Using Principal Components From a Large Number of Predictors［J］. Journal of the American Statistical Association, 2002.

［70］Tetlock P. C. Giving Content to Investor Sentiment: The Role of Media in the Stock Market［J］. The Journal of Finance, 2007, 62 (3).

［71］Wolski M., Wruuck P. Internet Use and Job Market: an Early Assessment of Covid – 19 Pandemic Shock Across the EU Regions［R］. BIS, 2020.

专题五

人工智能在养老金管理中的应用研究

课题承担单位：长江养老保险股份有限公司
课题负责人：苏　罡
课题组成员：朱　炜　　余尚兵　　陆　悦　　吴宇笛
　　　　　　卞松寒　　李　凡

　　近几年，人口老龄化趋势和养老金市场改革推动了市场规模的快速增长；同时，养老金客户及其需求正在逐步呈现智能化、个性化、专业化、多元化的迭代趋势，这对养老金管理机构的受托管理、投资研究、运营服务等提出了更高要求。与此同时，人工智能等新技术与金融行业深度融合，不断推动着金融行业的数字化转型。因此，探索人工智能等新技术在养老金管理中的应用，对于提升养老金的智能化管理水平意义重大。本文先考察了人工智能在金融领域的相关应用，为探索人工智能在养老金管理中的应用提供借鉴。然后以案例的形式探讨了人工智能等技术在养老金的受托管理、投资研究、风险管理、运营服务等环节的应用。最后分析了实现智能化养老金管理面临的主要限制因素，并给出了养老金管理机构应用人工智能等新技术的相关建议。

第一章
养老金管理引入人工智能的必要性

第一节 养老金市场的数字化转型要求

一、养老金稳步有序积累，资金规模效应不断激发降本增效需求

"积极应对人口老龄化"已经上升为国家战略，并正式写入"十四五"规划。截至2020年底，制度性的养老金积累规模超过12.3万亿元（见图5-1-1）。人口老龄化趋势和养老金市场改革推动了市场规模的快速增长，同时对养老金管理机构的核心能力提出了更高要求。

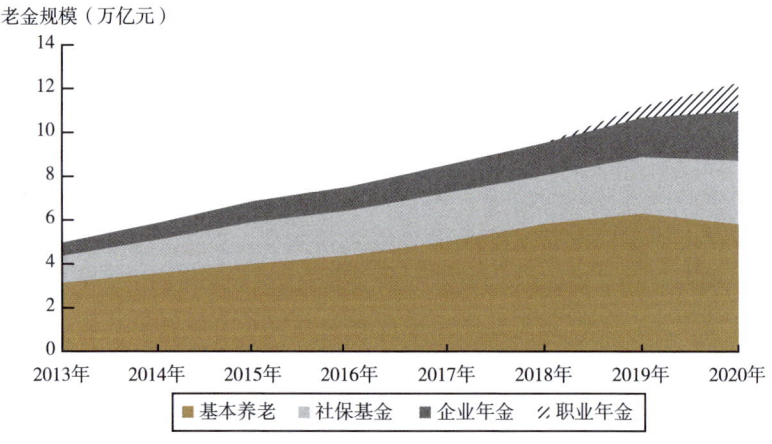

图5-1-1 老金规模增长趋势

从整个行业来看，养老金市场的规模增长，意味着客户数量的增加、交易频率的提升、投资领域的拓宽等。养老金管理机构已经积累了受托、投资、运营、风控、产品等多方面的业务数据，逐步搭建起大数据的规模基础。以商业银行为例，2018年我国单家股份制银行内部积累的数据体量就

达到了100TB以上①。对于所有机构而言，需要依托更加高效的方式支撑海量数据的收集、分析，并得出准确度更高的结果，以保证养老金的安全稳健运行。

从单个机构来看，养老金市场正在呈现多元化混业竞争的格局，国内银行、保险、基金、信托等行业都已经有不同程度的参与，未来在双向开放的趋势下，外资机构也将有机会参与其中。在此背景下，原先在养老金管理领域的牌照红利可能会进一步弱化。对于机构本身而言，市场份额的竞争将更加激烈，服务价格也可能随着投资工具的进一步丰富而降低，从规模和价格等方面压缩机构的盈利空间。因此，新技术的应用将有望进一步成为机构控制运营成本和吸引新增资金的关键突破口。

二、养老金管理需求持续升级，更关注优质信息交互和服务体验

当前养老金客户及其需求正在逐步呈现智能化、个性化、专业化、多元化的迭代趋势。

一是养老金管理机构所面向的客户群体更加适应互联网时代。截至2021年9月，中国引动互联网月活跃用户规模达到11.67亿，月人均单日使用次数和时长分别达到115.1次及6.6小时，从行业用户规模看，金融理财月活跃用户量达到11.53亿②。由此可以看出，人们已经普遍接受了通过线上渠道管理自身的财富，对于服务的及时性和体验性的要求也会进一步提高。

二是养老金管理机构所服务的对象从以 to B 为主转向 to B to C 相结合。养老金管理机构以往主要在第二支柱面向政府和机构客户提供年金或团体养老保障业务，而随着第三支柱的逐步完善，将会面向更多的个人客户提供服务，并且太保寿险等机构正在探索通过 BBE（Business to Business Employee）模式从团体业务向个人业务下沉。在此背景下，养老金管理机构将直面每一位客户的需求，个性化、多元化的需求数量将呈现指数级增长。

三是客户对于养老金业务认知的专业程度不断提升。2021年全国消费者金融素养指数为66.81，比2019年显著提高2.04，居民在金融态度上表现良好，金融技能明显改善。③ 随着人们日益重视养老财富的积累，人们会主动学习相关的金融知识，主动融入新的金融服务形态。因此，其对于养老金受托、投资、产品等具体内容理解将会越来越深刻，其需求必然也会更加精细化，未

---

① 资料来源：陈文辉，金融产业数字化转型的几点思考。
② 资料来源：QuestMobile《2021中国移动互联网秋季大报告》。
③ 资料来源：中国人民银行，《消费者金融素养调查分析报告（2021）》。

来在投资绝对回报与相对回报的平衡，服务质量和管理成本的平衡等方面需要做更多考虑。

四是客户在养老金管理方面呈现出更多新的衍生需求。对于个人而言，在逐步形成养老金积累的同时，将会在养老服务、健康管理等消费场景中形成更多一揽子的服务需求。对于机构而言，需要思考在资金、产品和服务的一站式对接上，提供更多便利、高效的服务体验。

第二节　管理难点催生新型技术需求

一、受托管理方面：多重角色下管理内容较为复杂

年金业务中，受托人处于核心位置，既承担着选择、监督、更换投资管理人、账户管理人、托管人的职能，还需要制定年金基金战略资产配置策略；还可以进行受托直投，选择相应的养老金产品进行投资；同时，需要接受委托人、受益人查询，定期向委托人、受益人和有关监管部门提供管理报告等。

因此，国内养老金受托管理的过程中普遍存在一些痛点，比如委托人对自身的管理目标存在认知偏差，委托人的风险收益特征难以量化；不同委托人资产配置需求多样化，传统方式无法精准匹配；投管人的风格较难量化和精准识别等一系列问题。因此，养老金资产配置工作复杂度和难度不言而喻，在实际工作中养老金受托管理的难度日益增加。

二、投资研究方面：信息加工和价值提取存在难点

资讯信息对于投资研究以及风控工作有着重要的价值，能够辅助投资管理人快速捕捉热点事件和甄别投资机会、准确、洞察企业关联关系、及时获取风险预警等。对于养老金管理业务而言，在信息加工和价值提取等方面面临着低产出、易出错、枯燥性等痛点。

一是信息获取存在碎片化、非结构化等特征，包括信息的来源分散，需要大量时间和资源去收集、浏览和查询；信息反映的事件缺乏等级分类，容易忽略重要事件信息。

二是信息处理工具较为原始，难以较好应对信息爆炸现象，全网数据量级巨大，缺乏对信息的整体概览，从而无法有效识别资产风险分布，并且需要耗

费大量人力开展烦琐的数据清理工作。

三是模型构建不够精准，多个信息背后往往存在事件关联，在信息智能化整合水平还不够高的情况下，往往凭投资者的经验去识别不同事件背后的关联性，难以发现潜在的企业关联风险，同时也无法通过处理多维度的信息构建起不同维度的策略。

四是知识留存方面，仍然依赖于投资经理的知识和经验，未形成固化在系统中的标准化的投资决策机制，对于长周期的养老金管理来说可能因为个人情况的变动而导致业绩波动。

三、运营服务方面：服务效率和精细程度面临挑战

随着养老金管理业务的逐步深入，前端需要通过智能投顾、智能化产品推荐等持续提升客户服务温度，后端需要处理海量的数据持续提升业务流程精度。

从前端客户服务层面，需要分析客户的产品购买历史、风险偏好、交易行为、渠道线上行为等数据，更好地挖掘客户的需求，精准匹配产品、服务和投资方案。

从后端运营管理层面，需要持续整合公司内部的产品信息、交易信息和估值信息，也包括外部的结算信息、行情信息和资金信息。面对千亿级、万亿级规模的资产，需要处理数百个产品的交易结算、估值核算、分红派息和注册登记等工作。

当前运营服务方面还存在着数据化、流程化和智能化不足的难点，仍然存在着大量费时费力人工处理的环节，导致机械式作用的人力损耗，降低了运营经办与账户处理的工作效率。

第三节　人工智能技术不断成熟为实现养老金智能化管理提供可能

近年来，以大数据、云计算、人工智能为代表的新技术快速发展并得以应用，尤其是疫情以来进一步推升金融机构对于数字营销、智能投顾、智能风控、智能客服等线上化、智能化的服务需求，深刻改变了经济社会的运行模式。金融科技的蓬勃发展，为养老金管理机构的长期发展带来了新的思路，而

在解决管理角色多元且流程复杂的问题上,能否用更加自动化、智能化的手段缩短每一个业务环节的决策链条,提升业务流程的运行效率,成为机构所面临的新课题。

一、人工智能算法逐步在金融领域得到应用

由于经济系统展现的复杂性,为传统方法处理金融问题带来了很多挑战。因此,机器学习在金融领域扮演着越来越重要的角色。仅在几年前,很少在短期价格预测、交易执行和信用评估之外找到机器学习的应用。如今,越来越多的项目在以某种形式部署机器学习算法。

人工智能在金融领域最广泛的应用是初级的信息处理,解决了以往收集、筛选、清洗海量数据的密集劳动问题,能够在最短的时间内提取出更有价值的信息,为后续一系列投资决策提供基础支撑。近年来,人工智能在中文自然语言处理这一技术分支取得了重大进展。现有技术已经可以支持其在有限规模的语料库下,使用知识提取和数据组合等方法,并在文本分类与信息过滤、信息检索、信息抽取与文本挖掘等场景进行应用。

与此同时,人工智能已从简单的算法+数据库发展演化到了机器学习+深度理解的状态,提供了过往无法实现的逻辑挖掘方式。通过人工智能的图谱计算技术,可以将各种账户、各类账户进行聚类和关联分析,形成更多有价值的结论。当前人工智能主要通过研究历史交易信息做出判断,但随着机器学习的日益加深,将会慢慢变得有预见性,提供更多预测性的趋势建议。长期看,这些能力为投研效率提升和未来内部投研体系的重塑提供了技术支撑。

二、数据的不断积累为应用人工智能技术提供了基础

数据资源是机器学习训练的基本素材,机器通过学习数据,能不断积累经验和优化决策参数,从而更贴近人类智能。随着移动互联网的爆发,受益于计算机技术在数据采集、存储、计算等环节的突破,数据量呈现出指数级的增长。近年来,全球数据总量爆发式增长,中国数据增量年均增速超过30%,数据中心规模从2015年的124万家增长到2020年的500万家。①

由于可用数据维度和量的极速增加,人工智能技术的快速发展,及其在金融领域的深化应用,为实现智能化的资产管理提供了可能。这种趋势不太可能

---

① 资料来源:《2021—2025年中国大数据行业竞争分析及发展前景预测报告》。

改变，因为更多的数据维度、更大的数据集、更强的计算能力和更高效的算法已经共同开启了金融科技的黄金时代。

第二章
国内外人工智能在金融领域的相关应用现状

金融行业基于各类人工智能技术的进步对传统金融行业的产品和服务进行了升级改造，拓宽了传统金融机构的获客渠道，提高了金融服务运作效率，加强了投资管理能力，完善了风险管理体系，改善了客户体验，降低了交易成本，更好地满足了人们的金融需求。人工智能作为一种工具，其核心价值是改善金融服务体验，优化金融行业的运行模式，创建新颖的、更贴近用户的业务模式。

养老金作为一种长期资金，一直是金融市场的重要参与者，考察人工智能在金融领域的相关应用，有助于了解行业的前沿动态，为探索人工智能在养老金管理中的应用提供支持。为此，我们将从如下几方面考察当前国内外人工智能在金融领域的应用。

第一节　在投资方面

人工智能等新技术在投资中主要有两个方面的应用：一是利用人工智能方法高效地获取和处理另类数据，提高信息处理能力；二是依靠人工智能的知识学习能力，挖掘金融数据中的行为和模式，进而实现资产交易和资产收益预测的智能化。当前，一些领先的国外资产管理机构已基于人工智能技术开发了先进的资产管理系统。

一、集五大功能于一体的智能资管平台阿拉丁

贝莱德(BlackRock)的阿拉丁(Aladdin)是一个集组合与风险分析、交易执行、风险管理与控制、数据管理与监控,组合管理与运营五大功能为一体的资产管理平台系统,贝莱德通过阿拉丁平台向资产管理公司输出行业领先的风险管理能力。阿拉丁的优势在于丰富的数据积累,并且仍在不断从第三方获取数据和信息,基于庞大的数据库对风险因子进行实时监测,基于蒙特卡洛测试,模拟各种市场极端情况,对资产组合进行压力测试。通过大量的情景分析来协助资产管理公司预测、分析并应对风险。该平台还可通过自然语言处理技术阅读新闻、公司研究报告等不同的文件,并将文件中的信息与可能涉及的公司和行业联系起来,给研究人员提供投资建议。

表 5 - 2 - 1　　　　　　　　阿拉丁系统五大模块功能

模块	功能
组合与风险分析	为客户提供每日风险评估报告、盘前分析以及交易和资金分配模型
交易执行功能	为客户进行订单管理、交易指令执行,并提供实时风险和现金报告
风险管理与控制	对资产实行实时全面监控、每日风险敞口限值监控、VaR 分析、跟踪误差、压力测试等
数据管理与监控	对数据进行保密管理、交易确认和日志的管理
组合管理与运营	对现金和仓位进行对账、对组合表现进行业绩归因、对资产进行净值估算

二、专注于智能投资分析的 KenSho

成立于 2013 年的 Kensho,专注于通过机器学习、知识图谱等技术分析海量数据对资本市场各类资产的影响,把长达几天时间的传统投资分析周期缩短到几分钟。其系统主要分为三层:底层是一个庞大的数据库,事件库覆盖全球的政治、经济、行业、技术、自然等 9 万种事件,资产包括股票、基金、大宗商品、外汇等;中间层是金融数据的知识图谱,从事件到资产价格,Kensho 运用了机器学习技术,涉及各种指标之间的相关性、各种因素的不同组合,最后经过复杂的计算给出最有可能的结果;前台是基于自然语言处理技术的智能搜索引擎,使人与系统可进行自然的对话。用户只需按照人际交流的方式进行提问,系统就能理解用户的意思,并快速计算,输出结果是预测某一事件发生之后某一种资产的价格变化趋势。Kensho 曾正确预测英国脱欧对英镑汇率的

影响、美元反弹对科技股股价的影响。

第二节 在研究方面

人工智能技术在另类数据处理、信息整合和信息检索上具有远高于人类的效率，可以解决信息不对称问题，为研究带来效率。金融机构需要将消耗大量时间精力做的数据采集加工和分析工作转移给机器以提升效率，通过机器学习算法和人工智能技术，让系统本身不断进行"学习"，主动尝试发现不同数据之间的关联关系，减少金融机构在数据分析上投入的时间，释放人力，创造更高的投资价值。近年来，资产管理机构积极推动金融科技的发展，用人工智能技术来提升资产管理中的研究效率。

一、整合投资信息的智能引擎 AlphaSense

2010 年 AlphaSense 推出了利用自然语言处理技术，从公司报告、新闻和研究报告中整合投资信息的投资搜索引擎，通过该搜索引擎，研究人员可以更加方便地寻找与投资有关的信息。

二、用卫星追踪全球经济发展趋势的 SpaceKnow

创立于 2014 年的 SpaceKnow 构建了一个人工智能系统，对绕地飞行的数百颗商业卫星的 PB 级数据进行处理与分析，从而追踪全球经济发展趋势，提高全球经济数据和信息的透明度。SpaceKnow 采用卫星对中国超过 6 000 处工业设施进行长期的监测，构建了卫星制造业指数（SMI），用来推测中国的经济表现，从目前的评估结果来看，与国家统计局发布的官方制造业 PMI 指数变化趋势基本保持一致。

三、提供高频智能资讯的平台 iNews

在国内，成立于 2009 年的数库科技（ChinaScope）是一家基于机器学习算法的大数据量化分析公司，其专注于对金融数据进行量化分析。数库凭借其独特的挖掘和分析工具，将非结构化数据转换为结构数据，并使无序的数据相互关联，为金融机构投资提供了准确、全面的技术服务。在过去相当长的时间里，国内金融数据服务都处在简单的数据收集整理和客户终端提供上，而数库通过建立数据标准，梳理数据之间的串联关系，进行非结构化数据智能分析，实现了金融数据的智能化。数库开发了一套基于网页端的 iNews 智讯系统，其结合了基于 NLP 技术研发的"SmarTag"智能标签提取系统与"Clue"图谱系统，旨在帮助投资者与分析师系统化解析高频资讯，即时追踪股票组合、债券及私营企业，快速聚焦分析要点，构筑分析思路，锁定分析范围，挖掘资产潜在价值与风险。iNews 智讯系统可让研究员、基金经理、投行分析师、泛金融从业人员对公司舆情、股票舆情、债券舆情及负面事件追踪等多种场景进行快速专业的投资分析。同时，2020 年数库科技构建了由不同产品节点通过上下游关系连接起来的网状数据体系——产业链数据库"SAM"，并基于该数据库开发了产业节点联动的量化交易策略。

第三节　在风险管理方面

一、对市场交易行为进行分析的市场风险预警系统 AlgoDynamix

人工智能可以对市场可能发生的风险进行预警，同时，针对不同投资者的资产组合进行特定的情景分析，以增强风险管理能力。成立于 2013 年的 AlgoDynamix，自行开发了提供金融风险预警解决方案的引擎，为投资银行和资产管理公司提供数小时或数天的市场重大变动方向预警。其风险分析引擎基于深度代理的无监督学习算法，实时扫描多个数据源，该算法分析市场参与者（买卖双方）的动态行为，然后将有共同特征的参与者分组在一起，从而形成不同的"集群"。当主要市场参与者群都开始以相同的方式行事时，金融市场就会发生重大变动。噪音分类、集群识别和行为金融学理论是 AlgoDynamix 独特核心能力的一部分，其对市场风险方向和程度的见解来自于对金融市场上参与者实际行为的分析，这种方法不依赖于任何历史数据或过去重大事件的知识。

二、融入机器学习算法的穆迪记分卡信用评估模型

由于计算能力在过去十年中急速增强，梯度提升（Gradient Boosting）、神经网络（Neural Networks）和随机森林（Random Forest）等先进的机器学习模型已被应用在了信用评估中。2017 年，穆迪开始在其记分卡模型开发的各阶段采用不断扩展和改进的机器学习模型，从数据准备、变量选择到模型构建、优化和监控，来提升信用风险评估的准确性（见图 5-2-1）。与传统的逻辑

回归方法相比,这些方法已证明了其在记分卡构建过程中的速度和预测能力优势,特别是对具有许多变量的大型非结构化数据。

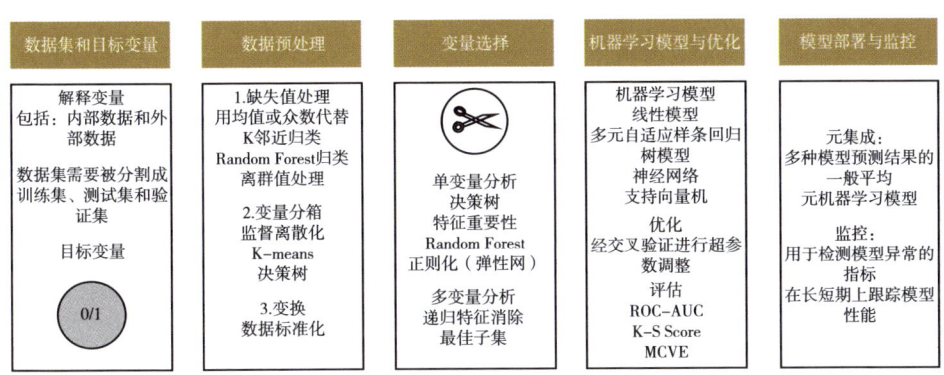

图5-2-1 机器学习在穆迪记分卡信用评估模型中的应用

资料来源:穆迪,Automating-interpretable-scorecards

第四节 在交易方面

人工智能技术可优化交易执行,提高投资策略的执行效率,降低冲击成本,并在一定程度上提高投资组合的收益。一般地,对于低流动性市场或投资组合的大规模换仓需要将交易拆分至数日执行,会产生较大的交易执行成本。经训练的智能化交易工具可以根据市场数据的动态变化优化交易决策的执行,提供最佳组合进/出和每日交易量的优化建议,并结合客户自己的预测提供有针对性的解决方案。整套系统可以大幅度降低大规模交易以及低流动性组合的交易成本。

J. P. Morgan 的电子交易部门开发了基于强化学习算法的交易系统(LOXM),从过去数十亿笔真实交易和模拟交易中学习经验教训,该系统学会了如何有效协调一系列问题,包括放弃大量交易来避免市场价格波动,从而使计算机能够根据实际情况做出最优的交易决策。相比于人类交易员,该系统能够在更大规模上更高效地交易。该系统已证明比现有的交易方式有更高的效率。该系统2017年一季度试运行以来产生了正回报,性能分析非常成功。

第五节 在智能化报告方面

在智能写作方面,目前人工智能技术已经可用于撰写新闻和公司的营收报告。Automated Insights 是首先开发人工智能自动写作程序的公司之一，其开发的 Worksmith 平台，可以根据收集的关于某话题的各种数据，通过人工智能技术来整合分析生成报道。美国联合通讯社于 2014 年开始使用 Worksmith 平台为所有美国和加拿大上市公司撰写营收业绩报告。每个季度，美国联合通讯社使用人工智能技术自动撰写的营收报告接近 3 700 篇，这个数量是同时段美国联合通讯社记者和编辑手工撰写相关报告数量的 12 倍。相信随着技术的迭代与发展，通过自然语言处理技术撰写研究报告在不久的将来是可以实现的。

第三章
人工智能赋能养老金管理

人工智能需要以养老金行业的需求为导向开展创新，辅助并促进养老金行业的进步。养老金管理机构的目标是在合理的风险下为受益人获取良好的收益。其核心在于科学、有效的投资决策体系，为此养老金管理机构需要理解国家政策制定逻辑和宏观经济运行规律，需要对不同层次资本市场和不同类别资产的走势进行分析，需要制定关于可投资产的战略及战术资产配置计划，持续跟踪投资决策中的重要环节，坚持稳健审慎的投资理念，通过精细化投资管理和严密的风险防控措施，获得相对稳定的投资收益。在此过程中，人工智能可为养老金管理的投资决策流程中的诸多方面提供解决方案，包括智能投研、智能交易、舆情分析以及信用评级与风险控制等。

第一节　投资经理画像方面

在养老金行业迅速发展、管理规模逐年上升的背景下，传统的组合分析和管理方式已愈发捉襟见肘。选择、监督、更换投资管理人是年金受托管理中的重要职责和核心能力。在投资经理选择上，如何有效地对投资经理既往投资业绩数据进行挖掘和分析，刻画出投资经理的投资能力范围和投资风格偏好，实现投资经理和管理资产的精准匹配，优化资金分配，实现风险分散化是年金受托管理中的重要工作。而随着人工智能等量化技术的进步，科技赋能也将在养老金管理过程中发挥更大价值。在受托管理和养老金直投过程中，我们需要形成专业、清晰、全面、准确的投资经理画像。近年来，随着养老金行业和人工智能相关技术的发展，量化研究逐渐成为组合分析和投资家经理研究画像的要手段。

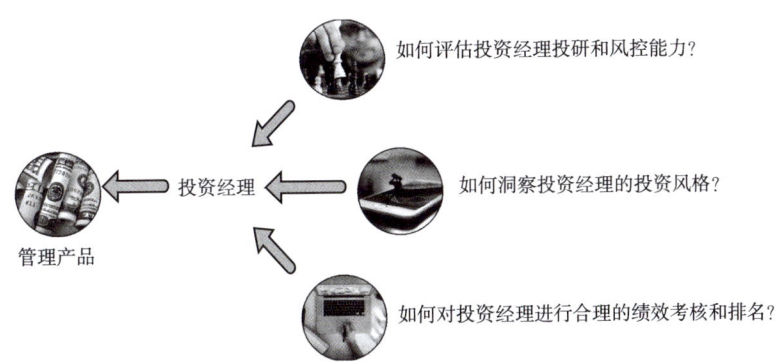

图 5 - 3 - 1　投资经理能力评价

具体来看，投资经理在投资交易过程中，会形成大量的持仓和交易数据。而对于受托人，如果能够充分利用人工智能等大数据处理方式，结合投资逻辑和投资框架，将能有效刻画投资经理的多维度特点。结合体系化、智能化、工具化的理念，养老金管理受托人需建立投资管理人画像的指标库、因子库等多维度算法体系，为养老金受托人的投管人评价和选择提供从定量到定性的全方位精细化分析支持。

一、投资经理画像框架

投资经理画像，通常覆盖投资经理的绩效、风格、能力三个维度，具体方向包括投资经理基本信息、风格偏好、交易偏好、收益能力、风险控制能力等。

绩效画像主要从截面和时序两个角度出发，对投资经理绩效表现进行分析。绩效部分是基于产品绩效的汇总结果，数据结果往往较为标准化，包括投资收益率、风险收益、最大回撤、波动率、超额收益、业绩排名、票息收益、价格收敛收益、国债曲线收益、骑乘收益、利差收益和凸性收益等具体指标。本部分使用的量化工具侧重于统计方法，在深度分析过程中会使用聚类、分类等算法，对投资经理业绩表现精准分组，实现对其绩效表现的判断和画像。

风格画像，即对投资经理投资风格进行分析，也需要从截面和时序两个角度出发。风格画像分析维度包含集中度、规模、换手、股息、ROE、PB 和 PE 等。基于风格定义以及因子库算法，受托人首先形成自主的风格定义以及多维度因子库，之后对投资经理投资交易数据映射到相应风格和因子库中，辨析投资经理的风格特点等。其中，包括持仓风格、交易风格，并需要根据投资经理个人基础信息，例如投资经理学历、从业年限、产品数量、管理规模、获奖纪录、投资业绩、合规风控等。在本部分，必要时还需要利用自然语言处理算法，对投资经理个人特征、性格特点等给出具象化判断（见图 5 - 3 - 2）。

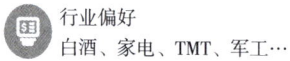

图 5 - 3 - 2　投资经理个人能力画像

能力画像同样是从截面和时序两个角度出发对投资经理投资能力进行分析。能力画像分析维度包含行业配置能力、个股选择能力、牛市收益能力、熊市收益能力、风格轮动能力和市场择时能力。能力画像部分模型的自由度非常高，不同能力点往往需要不同的模型判断实现，需要采用更为个性化的人工智能算法。该部分涉及数据的规范性相对最为复杂。

此外，为准确借助上述三种画像维度对投资经理实际情况进行量化描述，除使用传统的量化分析之外，还需要借助尽调数据，即尽调画像。尽调画像主要将定性的尽调结果转化为定量的投资经理画像得分，并用打分模型，将尽调结果录入后对尽调结果进行打分，最终得到投资经理的尽调画像结果。尽调画像分析维度包含从业背景、投资能力、风控能力、操作风格、投资偏好和考核激励等情况。

二、投资经理画像建模

在投资经理的投资交易过程中，形成的数据主要有两大类：一是组合或产品的单位净值,即单一的收益率数据;二是每日持仓明细和交易明细数据。因不同投资组合和产品受到的监管和信息披露要求不同,因此在形成投资经理画像过程中,需要对两类数据均形成覆盖,采用不同的算法处理相应类型的数据信息,一方面可以对仅能得到投资净值的投资经理画像实现覆盖,另一方面还可以互相验证、优化相关画像算法。

具体算法方面,在基于净值数据的方法中,首先要对因子间相关性进行因子筛选,然后通过等权、PCA 等因子合成方法对筛选后的因子进行降维,并运用 OLS \ Lasso \ Ridge 等线性回归算法将产品净值与因子走势进行回归拟合,分析各因子的暴露情况以及因子收益。基于持仓的方法中,基于持仓的因子算法主要分为配置层面、行业层面及明细层面,其中配置层面主要通过大类绩效归因模型对组合的大类资产配置进行多维分析;行业层面主要通过行业绩效归因模型和行业轮动模型的结合,从而对行业的配置情况进行分析;明细层面主要通过基准成分分析和底层指标的穿透分析相结合,从而分析明细持仓的选择优劣情况。

三、投资经理画像模型

本文以基于净值测算权益仓位的模型为例,介绍投资经理画像建模过程。目前市场主流的权益仓位测算方法,是利用基金净值数据和指数数据进行回归,通过回归得到的系数来估计投资组合仓位,进而实现对投资经理在仓位管理和风格等方面的画像描述(见图 5-3-3)。

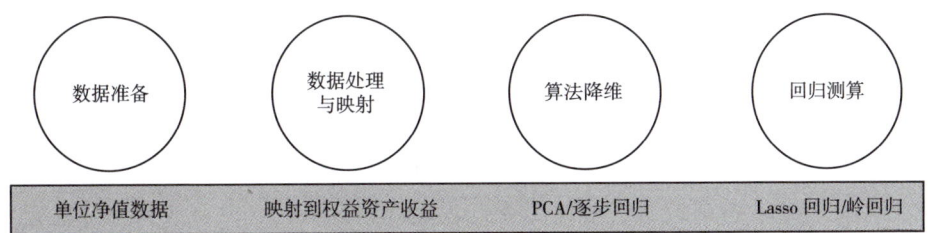

图 5-3-3 基于净值的风格刻画建模过程

具体来看,在实际建模过程中,主要利用行业指数来测算基金仓位。对行业指数做回归是市场上最常用的方法,我们使用所有的中信(或申万)一级行业指数日收益率作为回归模型的自变量,基金的日频收益率作为因变量,通过几种不同的多元线性回归方式,进行投资组合仓位测算。

由于不同类型的投资组合实际可投资权益资产的比例不同,因此,在获取

保险问道之行业战略布局

组合或产品层的收益率日频数据后，首先要根据产品或组合投资特征，进行分类，例如将权益型和混合型分开，根据权益资产可投资仓位限制，将原始的日频收益率数据，转换为权益资产的收益率数据，这样才能更准确反映投资组合或产品的仓位情况。

在测算过程中，每个行业往往受限于法规或其他要求限制，无法超过一定比例，因此需要对行业权重进行限制，对行业权重的限制有两种方法：

方法1：如果行业权重测算结果超出投资组合或产品可投资的限制，则用相应的上下限代替仓位结果；

方法2：在最优化过程中直接加入仓位限制，即建模过程中，对参数加入可取值限制范围。

在我们的研究工作中，主要采用方法2，直接在最优化过程中加入仓位限制，使得最后测算得到的仓位符合直观。

由于在现有的行业分类中，行业数量较多，但行业之间往往存在一定的相关性，甚至同质性，因此为提升测算结果的准确性，需要对行业数量进行一定的降维处理。

PCA是一种常用的数据降维方法，主成分分析法能够对所有一级行业日收益率数据进行主成分提取。建模过程中，用一定时期内所有的行业收益率数据进行主成分拟合，选取所有行业日收益率变量达累计方差贡献率95%以上的主成分变量。再把这些主成分变量作为自变量加入基金对于主成分变量的回归模型，回归得到相应系数，再还原成行业日收益率数据的系数，即为基金的股票仓位。

数据降维还可以使用逐步回归的方法，剔除一些影响力较低的行业。逐步回归分为两种，分别是向前逐步回归和向后逐步回归。向前逐步回归是将自变量一个一个放进模型中，每当放入一个变量时，都利用AIC检验准则检验，看看模型是否会有所改进，如此不断迭代，直到没有适合的新变量加入为止。向后逐步回归则是将所有的自变量都加入到模型中，再逐步剔除影响最小的变量。使用逐步回归法的好处是将统计上不显著的解释变量剔除，最后保留在模型中的解释变量之间多重共线性不明显，而且对被解释变量有较好的解释贡献。在实际研究工作中，我们主要使用向前逐步回归的方法。

最后，对于回归方法，现有的机器学习算法中，仓位回归主要采用岭回归和Lasso回归等算法。岭回归在OLS模型原有的惩罚函数项中加入了一个L2正则项，这种平方偏差因子向模型中引入少量偏差，但大大减少了方差。与岭回归类似，Lasso 回归可以使得一些特征的系数变小，与岭回归不同的是，Lasso 回归甚至还使一些绝对值较小的系数直接变为 0，从而起到数据降维的目的。在实际研究工作中，我们使用的所有行业变量具有高维特征，采用 Lasso 回归可以比较有效地解决维度过高的问题，Lasso 回归是业界常用的模型。

在形成投资经理画像后，我们可以根据投资经理各维度的特征用机器学习算法对投资经理进行聚类（见图 5-3-4）。用这种方法我们可以找出同样优秀的投资经理，为受托管理中选择、更换投资经理，平衡计划层策略提供支持。

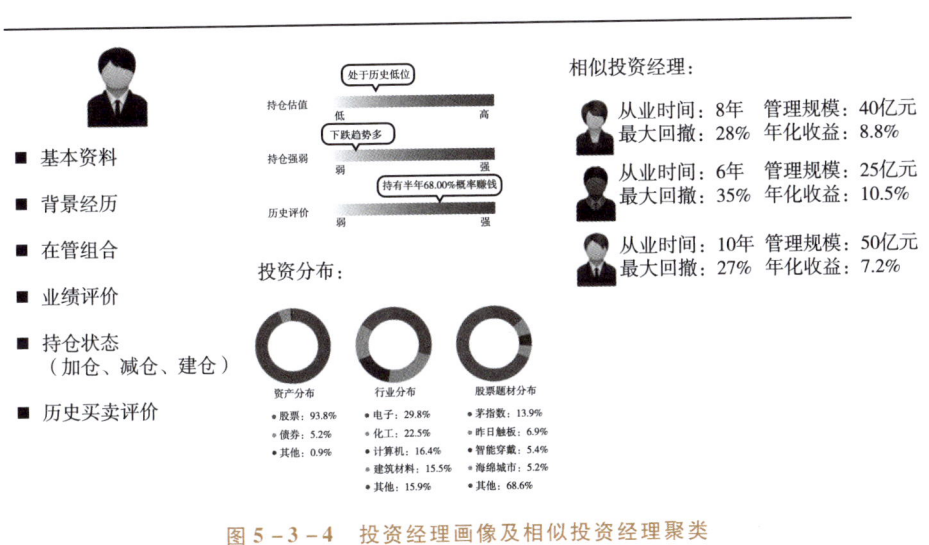

图 5-3-4　投资经理画像及相似投资经理聚类

人工智能在投资经理画像工作中的应用前景非常广阔，随着养老金市场容量的不断扩大，投资经理数量和风格特点也将更加纷繁复杂，在这样的背景下，传统的人工判断和数据处理已经无法适应。随着人工智能技术的发展以及在金融领域的迅速渗透，人工智能等大数据处理技术也将和养老金管理过程中的各个环节发挥更大作用和价值。

第二节　受托直投方面

受托直投是企业年金和职业年金投资运作的一种方式。它是指受托人根据受托管理合同约定，直接将基金财产投资于一个或多个养老金产品。受托直投赋予了受托人在计划层主动投资和配置养老金产品的权利，使受托人更好地发挥在年金治理结构中的核心作用。在养老金直投上，利用人工智能挖掘优秀投管人的观点，结合养老金产品的分析，优化配置，在计划层面实现配置均衡，可更稳健地达到业绩目标。受托直投工作可分为投前、投中、投后三个环节，在每个环节中，人工智能都有其用武之地。

一、投前：资产配置目标确定

在投前确定资产配置目标的过程中，传统量化方法通过对各类资产风险和预期收益的评估，按照马科维茨最优投资组合理论，使用均值方差、线性回归等方法计算出不同资产配置的最佳组合和有效前沿，再结合具体风险偏好确定资产配置比例，在输入数据有限、存在异常值的情况下，难免会导致误差，影响投资效果。

相对而言，机器学习算法可以发挥受托人开展年金计划受托管理所积累的大数据优势，根据不同计划的投资目标、投资政策、风险偏好、不同时期资本市场和计划大类资产配置比例的历史情况等数据训练模型。通过拓展输入数据的维度和范围，容纳更多的信息量。机器学习算法模型所形成的自上而下的资产配置目标可以达到比一般的数学方式更好的效果。

人工智能的更多具体技术可以用于确定资产配置目标过程中遇到的各类细分问题的研究，如应用支持向量机回归模型进行资产收益率的预测，应用统计学习模型对资本市场进行风格和周期的划分，应用递归神经元学习的方式基于搜索趋势的数据预测权益资产波动率，应用蒙特卡洛模拟预测不同资产配置比例未来的收益风险分布等。在实践中这些方法往往会比传统的基于统计分析方法能产生更好的效果。

经过训练，当人工智能算法模型的各项参数趋于稳定后，对于特定计划，模型可以根据当前市场环境和计划独特的投资政策与风险偏好，独立地提供资产配置目标建议，为投资经理的投资决策提供参考。在受托直投的管理过程中，也可以应用强化学习的思想，根据实际的市场情况与大类资产配置表现不断对模型进行更新迭代，使模型始终处于最佳状态。

通过人工智能赋能，可以更加量化和动态地确定计划层的资产配置目标，并持续跟踪计划层实际运作情况与资产配置目标的偏离程度。应用人工智能对养老金产品投资价值进行分析，可以帮助投资经理更有效地选择直投养老金产品投资组合，及时对养老金产品组合进行再平衡，使计划层资产配置水平与最新的资产配置目标相一致。

二、投中：养老金产品筛选与配置

在养老金产品投资价值的分析方面，一方面目前已发行的养老金产品超过 1 000 个，其数量之多已经超出一般受托机构投研人员覆盖能力。另一方面，养老金产品公开信息披露有限，无法有效对养老金产品的持仓进行穿透，且传统的基于持仓的业绩归因等方法难以进行应用。

人工智能可以发挥处理海量数据的优势，在投资经理画像的基础上，结合时间序列分析和关联规则挖掘等方法，从收益、风险、流动性等客观维度刻画全市场所有养老金产品投资风格等特征。同时，对于不断积累的养老金产品发行人沟通记录等非结构化数据，通过自然语言处理算法可以抽取养老金产品的投资理念等主观维度的特征。在此基础上，采用标识训练和聚类算法相结合的方法，对主观和客观维度特征进行双向对比、验证和降维后，可以形成养老金产品的标签体系，通过技术和投研团队的经验进行双向赋能。通过对全市场养老金产品相关数据的持续跟踪，人工智能模型会对标签体系和养老金产品的具体标签进行持续修正，在这一过程中应用强化学习可以进一步深化标签体系的及时性和有效性，形成反馈闭环，提高养老金产品业绩表现持续性和一致性判别的准确性。如此对养老金产品的相关信息进行整理、聚合和升华，将会极大地有助于增强投资经理对养老金产品的认知，提高养老金产品的筛选效率。

在直投养老金产品投资组合选择方面。首先，人工智能可以辅助投资经理进行市场预测，如对市场情绪和风险驱动因子的研究等。以市场情绪研究为例，舆情机器人能用人工智能算法分析超过数百个数据源，对舆情进行分类、去重、公司关联和情感计算等处理，最后利用热度和情感构建舆情情绪评分，来监控风险和发现机会。分析师对市场情绪的测量从定性研究的瓶颈转向了基于大数据的量化研究，目前市场情绪因子已在量化投资领域获得了广泛应用，投资者对市场情绪的把控能力显著提升。其次，对于具体计划而言，应用人工智能搜索算法或推荐系统匹配当前的资产配置目标、计划各组合的持仓特点和养老金产品的标签体系，解决因养老金产品数量过多产生的信息过载和长尾问题，帮助受托直投投资经理快速筛选出最适合该计划的养老金产品用于构建投资组合。常见的人工智能推荐算法包括协同过滤、隐语义模型、词频—逆文本频率等，基于受托直投和养老金产品研究的特征工程可以进一步提高推荐系统的准确率。此外，各类深度学习模型也可以与推荐系统结合起来，使用多层感知机网络来构建深度学习推荐算法是学术界和产业界最常见的一种范式。

保险问道之行业战略布局

在现代资产组合理论指导下，在受托直投投资经理或人工智能算法挑选出的养老金产品基础上，人工智能算法可以在满足计划的资产配置目标和投资政策约束条件下进行投资组合的优化，精确地计算出组合中各养老金产品的比例。在这一场景下，既可以应用机器学习宏观因子模拟投资组合方法，基于偏最小二乘、主成分分析、自动编码器等方法在线性或非线性的数据降维后提取的驱动投资组合业绩波动的宏观因子，也可以应用使用图论、贝叶斯学习和层次聚类等算法捕捉金融市场不同层次结构元素之间的交互作用，构建分层风险平价的投资组合。

三、投后：持续跟踪再平衡

在投后管理中，如果将投资组合的持续再平衡过程看作养老金产品组合的优化问题的拓展，那么人工智能算法也需要进一步整合养老金产品选择和投资组合优化中的各个环节，优化的目标也不再单纯局限于某个时间点的最优，需要根据投资组合表现、市场变化甚或舆情分析的结果，综合考虑调仓成本和交易执行等更多方面。通过引入时间的维度，整个人工智能算法模型需要在多个时间点优化结果的一致性和稳定性上更加侧重，也将问题领域延伸到人工智能领域和最优化控制领域的交叉领域，即智能控制。

对于运作中的受托直投养老金产品投资组合，人工智能模型在受托直投投前、投中、投后各个环节的应用和积累，如智能资产配置建议、养老金产品风格标签体系、机器学习宏观因子构建等，可以在传统量化绩效分析的基础上，提供更多的收益风险拆分维度，帮助投资经理对投资策略和投资组合进行反思，改善不足，保持优势，不断提升受托直投的投资能力，更好地发挥受托直投在年金计划管理中的作用。

第三节　养老金投研方面

人工智能可以帮助不同类别的资管机构提高竞争力，在未来的市场竞争中占得先机，养老金资产管理公司也开始逐步应用各类人工智能技术加强资产管理能力，包括研究、舆情、投资等。

在养老金投资研究方面，由于人工智能技术在另类数据处理、信息整合和检索上具有远高于人类的效率，人工智能相关的新技术可以有效和养老金特有的投研业务模式进行融合,拓展投资研究的深度及广度,增加投资研究效率。在市场情绪监控方面,利用人工智能技术建立的舆情监控系统势能有效地对此类信息进行识别、归纳、整理成定制的信息流,帮助投资研究人员把握市场情绪、理解短期市场波动脉络。在投资决策纠偏方面,通过将机器学习的算法应用于历史投资数据,可加强对过往投资决策偏见及其动因的鉴别,通过主动干预手段,发现决策过程中一贯存在的偏见以及决策制定者的伴随情绪,从而有效减少决策偏见,更大程度改善投资决策。

一、主动投研平台

当前国内各养老金、年金管理机构规模较大,养老金管理机构中权益研究员需要覆盖的领域较广,主动投资研究管理平台运用自然语言处理(NLP)技术、机器学习策略等方法,能充分针对研究员、投资经理进行专属的投研数据处理及服务。为研究员展示自己分管、自选、模拟组合等范围股票的关联资讯、资讯异动、数据变化等信息;为投资经理展示整个研究部、股票池等关联资讯情况、内部研究工作情况,方便管理者洞悉市场、从全局角度了解研究部的整体研究情况,把握整体研究方向(见图5-3-5)。

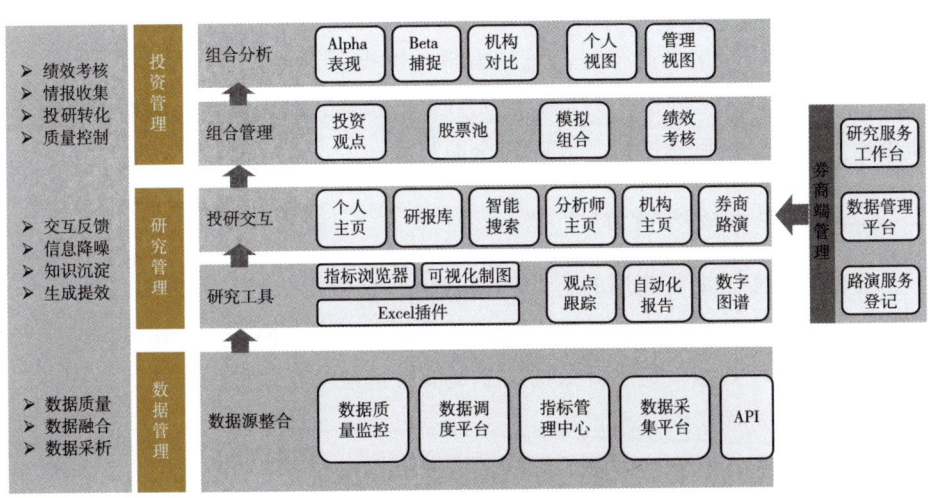

图5-3-5 主动投研平台全景图

投资研究管理平台将投研数据中媒体、卖方机构和个人投资者的数据进行整理、分析,并进行大数据汇总,提炼重点关注的热点数据,包括板块主题、股票等信息,在首页中按照研究员的分管将热点数据分类进行展示,帮助研究员一目了然地迅速捕捉到与自己相关的市场热点信息及板块，及时更新研究成果。

通过投研数据的整合，投资研究管理平台将新闻、公告、负面、调研记录、会议纪要等资讯信息全部整合在今日股历的模块中，研究员可以按照股票浏览、检索相关信息，方便研究员第一时间、一站式了解每只股票的相关资讯，并且没有无用信息的干扰，帮助研究员将有限的时间和精力用在股票研究上，大大提升研究效率。

在债券投资监控方面，智能投资平台还能确保研究员能抢先市场对发债主体信息全面及时掌握，及时进行决策。系统对来自指定数据源的涉及发行人及其关联主体的相关新闻、舆情和公告，进行自动抓取、筛选和推送提醒，以做到对发债主体全部信息的第一时间反馈。为研究员及时展示所有债券违约数据，有助于研究员准确衡量债券风险，及评估内部评级。

为了使研究员第一时间掌握主体、债券的评级变动信息，系统提供主体、债券首次评级、评级上调、评级维持、评级下调、展望调高、展望调低等信息；为研究员提供主体、债券做内部评级数据依据。系统展示隐含评级解决传统级别区分度不足的问题，对于投资人债券投资决策是有效补充。评级展示当天有隐含评级变化的数据，并展示债券变动方向（调高、调低）。研究员对每日市场、持仓重要信息进行的汇总和编辑，供投资人员查看，协助投资决策；研究员和信息技术人员会通过固收研究日报的积累，对关键词、数据源进行不断更新、调整，已到达准确、及时和全面覆盖。

二、智能市场舆情分析

金融业基于预期与信用的行业特征，短期投资情绪容易受到舆情的影响。便捷的网络环境促使越来越多的人通过各类社交平台、网站、论坛等网络平台获取信息并交流观点。这种开放的信息交流渠道能够对网民的情绪、态度及行为产生影响，进而影响金融市场。

如何量化舆情对资产管理的影响，把握市场走向，对投资研究、风险控制和信用评价有着至关重要的作用。当前利用人工智能技术建立的舆情监控系统势能有效对此类信息进行识别、归纳、整理成定制的信息流，有效帮助投资研究人员把握市场情绪、理解短期市场波动脉络。

网络环境下的舆情信息主要来源于新闻网站、论坛、微博、微信等，金融舆情主要是指公众对金融行业及其相关议题所表达的意见。传统金融舆情监测方式主要靠人工收集互联网舆情信息，并整合资讯数据供应商提供的资讯数据。这种方式存在如下方面问题：第一，互联网舆情资讯信息源数量庞大，采用人工方式提取特定标的或金融主体风险事件的成本较高；第二，采购外部资讯数据供应商数据，数据广度不足，且个性化信息源难以纳入采集监控。传统金融舆情在舆情数据处理的全面性、快捷性、精准性及可量化等方面，均无法满足业务日益发展的要求。

IDC 发布的《数据时代 2025》白皮书预测，在 2025 年，全球数据量将达到史无前例的 163ZB。金融行业作为知识密集型行业，必须充分有效地使用大数据、人工智能技术，才能在海量数据中挖掘出重要且有价值的数据。将科技与业务深度融合，实时监控外部舆情动态，及时发现外部风险事件，才能保障资金管理的投资收益。

智能舆情监控源于我们在养老金管理过程中的实际业务需求，其主要结合投研、风控、投后等部门的具体业务场景进行规划，从实际痛点出发明确系统定位和对应的解决方案，并从舆情数据覆盖、系统架构、应用逻辑、算法模型优化等方面对智能舆情系统进行了全面规划，成功搭建了金融大数据平台，实现了市场、新闻、舆情、工商等多渠道的全面数据源覆盖。

智能舆情监控系统采用大数据、机器学习、自然语言处理、知识图谱等技术，实现了人工智能舆情监控系统。系统整体结构分为集团共享平台和子公司独立部署系统，集团共享平台涵盖底层爬虫数据、公共算法，子公司个性化算法、搜索、应用及机器学习标注反馈等部分则独立部署。

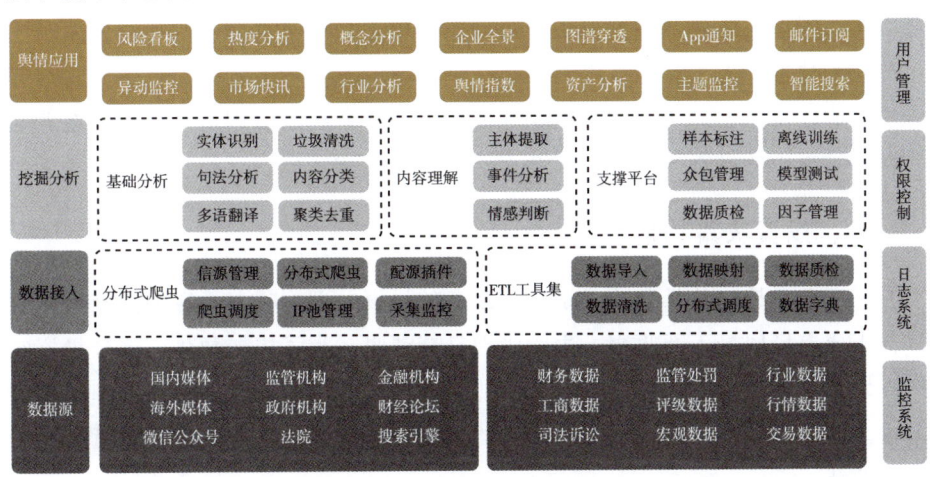

图 5-3-6　舆情监控系统架

该系统包含数据源管理、数据接入管理、数据挖掘分析及舆情应用等四大核心模块。数据源管理模块支持自定义资讯数据源，可配置主流财经网站、金融监管机构、搜索引擎、财经论坛及微信公众号等各类数据源。数据接入模块的爬虫集群根据数据源配置周期性地采集海量新闻资讯信息，并存储至大数据平台中。挖掘分析模块通过 NLP 算法（包含文本清洗、聚类去重、文章分词、主体提取、事件分析、情感判断）提取舆情新闻数据，并可将用户对于舆情进行的正反标注作为算法训练平台的样本，训练出更优的机器学习算法模型。舆情应用模块实现了可定制的看板管理，方便投研、风控及投后等业务部门方便快捷地使用各自关注的系统功能。

养老金管理中的投研、风控、投后等业务工作涉及产品标的选择、融资主体评级、投资标的风险监控等领域，均提出了大量风险管控及投资价值提取需求。智能舆情监控系统整合大数据、自然语言处理与人工智能技术，构建了企业主体知识图谱、舆情预警因子、舆情信息指数，并结合业务场景实现了资讯精准分类、情绪智能打分、个性化舆情预警等各种功能，可有效提升我们在智能投资、风险监控、投后管理等领域的应用能力。

在证券投资方面，研究人员、投资经理可通过本系统及时了解投资标的、金融主体的正负面舆情信息，并能穿透洞察相关方及上下游产业链相关影响，为投资决策提供支持。在信用评级、合规风控方面，业务人员可通过本系统持续跟踪金融主体的正负面舆情，及时调整内部评级防范信用风险。在非标产品发行尽调、信评以及投后的跟踪管理方面，业务人员可通过本系统及时了解融资主体、担保主体以及相关方的正负面舆情信息，及时掌握信用违约风险。

在大数据、人工智能技术发展越来越成熟的背景下，智能化技术必将对养老金行业产生巨大而深远的影响。智能舆情监控系统的应用提升了我们在养老金管理过程中的投资风控能力，壮大了数字化人才队伍。

三、投资决策纠偏

在短期考核收益排名的背景下，年金的投资经理面临着一定的投资收益挑战，当前市场回报不断收窄，主动管理日渐消弭。为了扭转颓势，部分投资经理开始将偏见议题引入投资决策，打造一种特殊的优势，改善主动管理的价值主张。国外一些顶尖的资产管理公司的实践经验表明，运用除偏技巧可进一步提升业绩。

养老金投资管理中可借鉴国外的除偏经验，对投资决策进行分析，有效对偏见及其动因进行诊断。这需要数据科学家基于行为学理论，利用人工智能算法分析历史投资数据，从中找出可能存在偏见的次优投资决策，并进一步研究这些次优决策，从而揭示投资经理决策过程中一贯存在的偏见以及伴随情绪。这可帮助投资经理意识到存在的偏见模式，并选择采取除偏措施，更大程度改善投资决策。

这种方法需要创建一个覆盖投资组合的综合数据集，包括组合运作以来的所有股票投资决策，捕捉的数据涵盖证券选择、权重分配、出售时点以及建立和维护投资组合的活动及主体。数据集覆盖了投资经理个人及其团队决策及决策过程数据，以用于分析团队沟通以及个体决策相关的行为、推理和情绪。

投资经理和分析人员共同提出可能对投资决策产生负面影响偏见的假设，然后以此为指导来部署人工智能算法。给投资业绩带来困扰的典型偏见包括过度自信、损失厌恶或错误类比，即通过无效比较进行归纳推理的逻辑谬误。我们利用数据，建立探索性模型，如 K-Means 聚类分析等试图了解伴随交易决策的情绪和过程，验证假设偏见。

该方法从业绩分解分析入手，业绩分解是业内长期使用的一种相对简单的判断工具（见图 5-3-7）。第一步完成后会开展进一步分析，目标是发现投资经理制定具体投资决策及未做出此类决策时的过程和情绪。分解分析可显示三类决策对整体组合以及组合中每一种证券的业绩贡献：证券选择（包括买入时机）、证券权重分配和证券卖出时点。这种方法可以识别次优决策的简单模式。随后对模式优先排序，以此为基础开展更复杂的决策偏见分析，比如可以对组合总收益明显受到三类决策技巧影响的组合进行细分。举例来说，若业

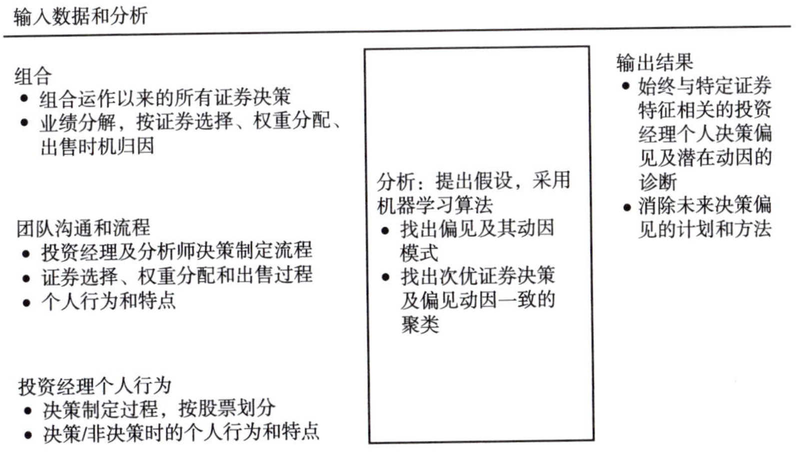

图 5-3-7 初步业绩分解分析

绩分解分析显示，某组合在过去三年时间内表现优异，而正是出色的股票选择创造了大部分收益。虽然股票权重分配和股票卖出时点都对业绩起到了拖累作用，卖出时点才是负业绩的主要因素。因此，该因素就是后续分析的重点。

通过对过往卖出时机的分析，我们发现有些股票不是卖出太早就是太晚。为了识别可能影响这些决策的偏见，需要制定一份详细问卷，研究每笔交易的结构和情绪环境。结构环境包括股票收益、估值、交易条件、组合构建、替代投资机会等因素。结构性价值能激发与单笔交易和批量交易相关的情绪。这些情绪可能是正面、负面或中立的，从乐观、自信到恐惧或不耐烦不一而同。

在分析了重复发生特定类型次优决策的情绪后发现了锚定、损失厌恶或禀赋效应这样一些偏见。在许多情况下，投资经理会一直不出售过去表现强劲的股票。这种情绪通常来源于投资经理对原始投资案例和估值建立的看法。这种看法又与所谓的"锚定"偏见有关，即不管条件如何变化，某人的行动都会受到固定逻辑支配。不过，有时投资经理不愿换仓其他高业绩股票也有其他原因：不愿失去到目前为止的已获利润。这种偏见称为"损失厌恶"，指尽管存在盈利可能性，但投资经理却会产生避免损失的强烈偏好。

造成过迟卖出股票的偏见可以总结为锚定偏见、禀赋效应和后悔厌恶（害怕事后发现任何选择是次优选择）。过早卖出股票则与过度自信和损失厌恶偏见有关。图 5-3-8 描述了包括 K 均值聚类分析等所有分析方法。

分析次优交易背后的偏见

K-Mean聚类分析	结构分析	情绪分析	比较
一种机器学习算法，可用于识别具有相似情绪特征的交易决策簇	对每一个簇的结构性因素进行分析，包括决策制定过程、行业和地区主导条件、股票池和股票权重	特定情绪可与次优决策簇和一致的交易模式相挂钩	将与每个簇相关联的情绪与所预期的某种偏见可能产生的情绪作比较

已识别的簇	聚类分析	发现的偏见
识别到大约30%的次优交易，发现其中80%是偏颇决策的结果，造成过迟或过早卖出	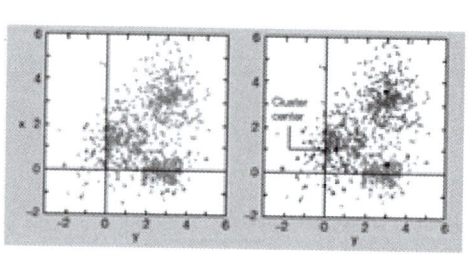	在簇中识别到6个存在的偏见 ● 锚定：过早/过迟卖出 ● 损失厌恶：收益流失/害怕未来损失 ● 后悔厌恶 ● 禀赋效应

图 5-3-8 分析次优交易背后的偏见

发现了过往导致次优交易的偏见后，就可以采取行动，确保某些条件成立时去除偏见对未来决策的干扰。为此需制定预示条件成立的指标，称其为"触发因素"，其中包括股价在 3 个月内浮动 30%、投资达到合理价值、投资经理考虑卖出仓位、股票下跌 60 天内未能减仓、或者一年内对组合业绩影响达到 100 个基点以上的负面归因。然后，投资经理可选择最有效决策改变流程、减少偏见和除偏技巧。

第四节　风险管理方面

近几年，债券市场信用风险事件频发，传统基于财务的信用风险评估模型数据更新频率低，难以及时反映发债主体信用变化。对养老保险公司等养老金管理机构而言，其所管理的养老金投资组合中债券等固定收益类资产占比普遍大于 60%，加之养老金资金天然的低风险偏好属性，促使各家机构对债券信用风险的预警、管控工作高度重视，如何在传统的信用评级体系之外建立更为及时、有效的量化风险预警信号也逐渐成为行业内普遍关注的问题。

一、养老金风险管理工作特点

在养老金行业，年金委托客户以央企、地方国企等大型集团客户和社保机构为主，客户的重要性不言而喻，且客户资金风险偏好低，不能接受负收益、收益大幅回撤、偏好绝对收益考核。同时，年金投资组合按照净值法估值，并且会定期进行投资收益考核排名。因此，大部分年金投资组合，客户、受托人均对各投管组合有绝对收益考虑的要求，对投资组合的波动率、回撤、止损、个股浮盈亏均有明确的限制性要求。

年金受托人根据年金资产管理在风险、收益、流动性等方面的特性，首先选择适合的投资管理人进行组合构建。投资过程中，受托人制定战略资产配置方案，并根据政策环境和资本市场变化，定期进行战术资产配置动态调整。另外，受托人根据投资业绩、回撤及波动率、风险后调整收益、投资政策遵循情况等，建立投管人考核和淘汰机制。

在整个年金运作过程中，投管人直接开展投资业务，直接影响投资组合的收益情况，而受托人对整个年金计划层的收益负责，并向委托人/代理人进行业绩汇报。由于受托人并不直接开展投资业务，而是通过投资指引、持续监督、及时风险提示、定期评价、考核激励等方式，来督促投管人在风险可控的情况下追求最大收益。因此，相比投管组合而言，受托人既要给予投管人投资的灵活性，投资政策不能过于严苛、一刀切，又要从年金计划层控制风险，风险管理难度和挑战性进一步增强。

同时，对受托人而言，由于面对多个个人投资管理人和托管人，管理人之间、多个托管行之间数据存储和交换格式无统一标准、字段不一致、口径不一致等问题，均影响了数据交互的时效，增加了数据处理的难度，进一步提升了受托投资风险管理的难度。反过来，也会一定程度上倒逼投管人，为满足受托人的要求和适应托管行的管理，而增加系统开发需求，完成多种数据转换，增设风控规则，强化指标跟踪监测。

二、人工智能在养老金风险管理工作中的应用方向

近年来，随着年金受托与投资管理业务的逐步成熟与完善，从业机构逐步增强内部针对年金业务的风险管理水平，部分机构也尝试使用人工智能技术在多个方向提升自身风控能力。

在投资政策管理、非标投资风险政策审核方面，年金受托人、投管人可以采用文本识别、自然语言处理技术，对非结构化文档、邮件、报告内容进行智能解析，提取核心业务要素，自动发起工作任务，从而帮助相应的业务人员快速形成初步审核意见，提高审核效率；筛选风控规则，并通过自动比对投资政策，形成风控手册，提高风控阈值设置的准确性。

在托管行预警邮件跟踪方面，同样可以应用自然语言处理技术智能化识别投资组合信息、日期、预警事项等要素，实现数据的机构化存储，与公司内部系统风险监控规则的差异比对，提升年金投资监督工作的效率。

在产品流动性风险监控方面，可借助大数据分析技术，支持客户画像，支持产品风险等级和客户风险偏好匹配的分析；对产品或组合内的个人客户集中度、投资行为分析，预判客户一致性的赎回行为，评估、预警、提前应对流动性风险。

在信用主体违约风险甄别、跟踪的过程中，可借助人工智能技术，识别违约企业呈现出财务造假和流动性风险等新特征，构建财务报表粉饰识别和流动性风险预警模型；还可以通过舆情大数据分析、自然语言处理对公开市场新闻舆情数据进行高频处理，提取其中的信用风险负面舆情信息，并结合机器学习算法将其应用在固定收益类资产的信用风险评估模型中，提升年金管理机构的信用风险预警能力。

随着国内养老金管理资产规模快速增长，投资业务日新月异，组合的多样化、政策的差异性，为实现委托人、代理人的目标，年金管理机构将持续加强数据治理、流程优化，紧跟技术发展前沿，人工智能在养老金风险管理领域仍有巨大的发展空间。

三、人工智能赋能风险管理案例

（一）信用风险预警模型案例概要

随着人工智能技术的发展，金融中可利用的另类数据越来越多，如用自然语言处理技术对新闻进行处理形成的标签数据。我们可以利用新闻的标签数据对新闻负面程度进行打分，然后通过对某主体过去几年负面新闻得分进行分析得出新的统计特征，再借助人工智能技术对违约主体和非违约主体过去几年负面新闻统计特征的训练，得到基于新闻舆情的信用风险预警模型，最后利用训练的模型来对样本外的发债主体进行违约概率预测，达到信用风险预警的目的。研究发现，该模型能够较为及时地对信用违约风险进行预警，能有效提升信用风险管理水平。

（二）创新性使用舆情大数据作为建模输入项

新闻作为高频信息源，在舆情监控中能够给使用者提供及时的预警信息。为了满足投资者在投资过程中对新闻舆情的信息需求，市场上出现了很多处理新闻舆情的供应商。目前主要分为两种：一种是用人工智能技术对新闻舆情进行筛选、标签识别和情绪分析；另一种是用大量人工的方式对新闻进行筛选、主体识别和标签分类。利用人工智能技术来处理新闻舆情的典型流程如图 5-3-9 所示。

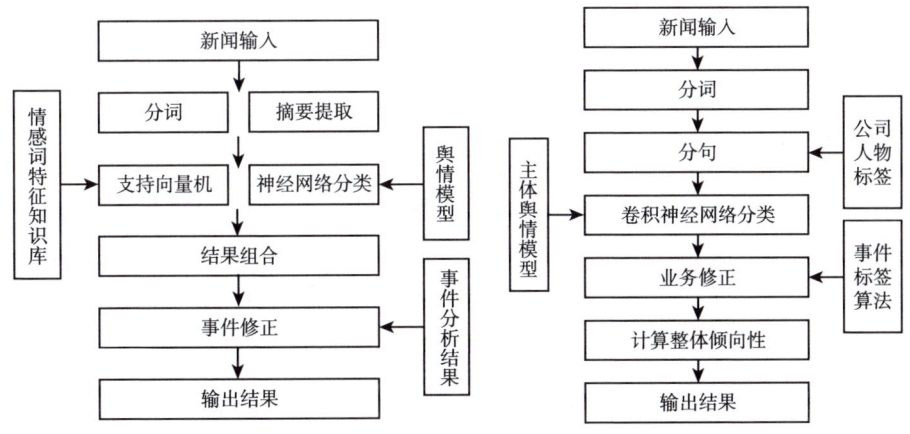

图 5-3-9　人工智能技术处理新闻舆情流程

首先，利用传统机器学习模型和深度学习模型组合，结合情感词特征知识库，对整篇新闻情绪事件和情绪进行分析，形成整篇新闻的情绪得分。然后复合 CNN/Bert/XLNet 等自然语言处理模型，对新闻分句进行分析，识别新闻中包含的主体，再结合主体舆情模型和事件标签算法，从主体的角度得到该篇新闻事件在所包含的主体上的情绪得分。如图 5-3-10，标题的结尾就是该篇新闻的负面舆情得分，底部就是该篇新闻包含的主体的负面舆情得分，以及相应的事件标签。

图 5-3-10　人工智能技术处理新闻舆情案例

资料来源：数据供应商官网

目前，舆情数据供应商利用其处理后负面舆情开发的风险预警平台，每日给使用者推送重要主体的负面舆情变化，但这种模式存在一个缺点，每日推送的舆情数量太多，缺乏专业的判断很难做出正确决策，且不能持续跟踪相关主体的舆情变化。鉴于此，我们这里利用人工智能技术去分析相关主体过去一段时间的舆情变化特征，然后用人工智能的方式去对主体是否违约进行预测。

为了方便刻画主体过去一段时间的负面舆情变化特征，我们将新闻舆情负面程度数量化，在每条舆情层面形成负面程度得分，进而在此基础上构建针对单条舆情、单日舆情、不同时间区间的负面舆情占比、不同程度的负面舆情得分、极端舆情之间日期距离等维度统计其和、平均值、中位数、最小值、最大值、标准差、偏度、峰度等形成模型所需统计特征输入项。

（三）基于机器学习算法的风险预警模型构建

我们这里判别主体违约与否本质上是一个二分类问题，且特征维度较多，为了更好地处理该问题，我们以梯度提升树模型为基础，经过对不同复杂程度机器学习模型的性能比较，选择出了基于直方图的梯度提升模型，其具有支持缺失值、高效并行训练、更低的内存消耗、可快速处理海量数据等优点。

在建模过程中，由于样本极端不平衡，正常主体占比和违约主体占比差距悬殊，还需要使用平衡训练数据中的类样本的方式改变训练样本的分布，从而让模型优化的目标和我们的目标能够保持一致，每次训练更大程度地学习特征中的信息，以更有效区分正常主体和违约主体。

（四）模型结论与应用

基于上述数据处理、模型训练过程，我们构建的基于舆情的 HGB 信用风险预警模型表现出了较强的违约主体识别能力（查全率 97%），并一定程度上较好地控制了误警比例（查准率 49%），达到了我们对识别出违约主体，同时对存在风险的未违约主体进行预警的目的（见表 5-3-1）。

表 5-3-1　　　　　　　　　　不同模型训练效果

	训练集查全率（均值）	验证集查全率（均值）	测试集查全率	测试集查准率
GB	97%	97%	87%	41%
RF	87%	87%	95%	52%
XGB	99%	81%	82%	46%
LGB	99%	82%	85%	48%
HGB	93%	93%	97%	49%

图 5-3-11 通过绘制模型在测试集上 P-R 曲线和 ROC 曲线，可以看出我们的模型对于正常与违约主体的判别效果依然是较为理想的。

为进一步分析预警信号的及时性，对于 HGB 模型正确识别的实际违约主体，我们从该主体首次违约日期的前一天开始，逐日向前推移舆情数据的截止日期，来观察模型在首次违约日期前 100 天内违约概率的变化，进而得出 HGB 模型的提前预警效果（如表 5-3-2）。可以看出对于绝大部分被正确识别的实际违约主体，HGB 模型在其首次违约前至少 100 天就发出过违约信号，但最短的提前预警天数只有 1 天。

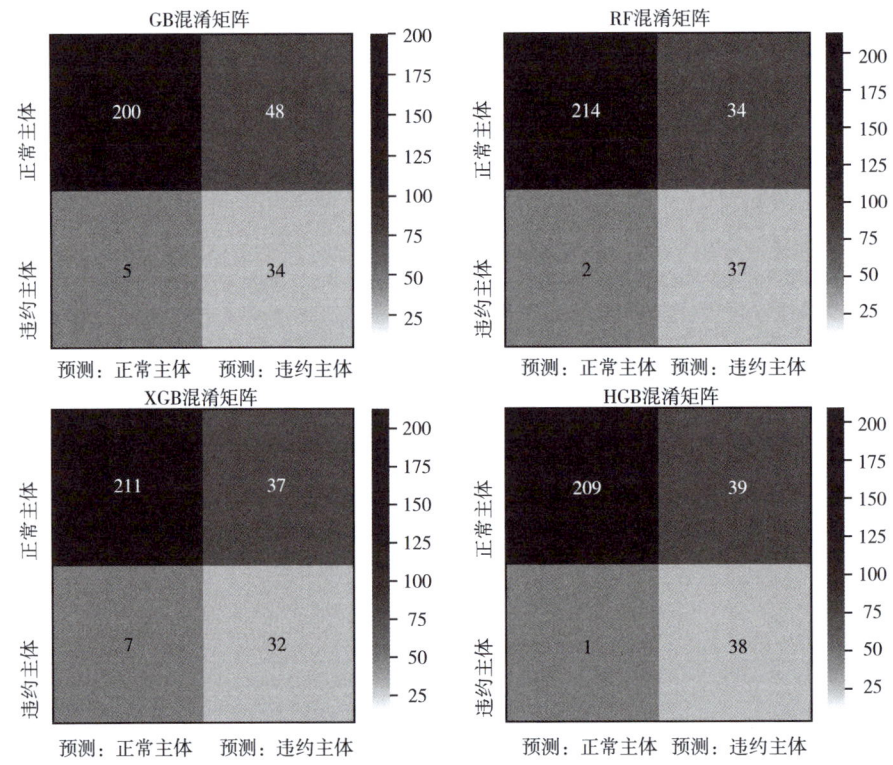

图 5-3-11 不同模型在测试集上正常主体和违约主体预测的混淆矩阵

表 5-3-2 HGB 模型在所有正确识别的违约主体上的提前预警天数分布

样本	均值（天）	标准差（天）	中位数（天）	众数（天）	最小值（天）	最大值（天）
181	83.41	31.90	100	100	1	100

综上分析，我们得出以下初步结论：第一，通过模型我们达到了尽可能找出已违约主体，并对暂未违约的风险主体给出风险提示的目的。第二，模型有一定的提前预警功能，能在早期给投资者提供排查风险的时间。第三，模型复杂度对预警效果有一定的影响。对比多种模型，可以发现随着模型复杂度的提升，模型的效果也逐渐提升。

本案例中，我们仅用高度量化的舆情数据对有负面舆情的发债主体做违约风险判别，提供的仅是一种信用风险预警的视角。但目前舆情对发债主体的覆盖还不够广，该方法当前还存在一定的局限性。相信随着自媒体等新传媒的发展，发债主体的覆盖度会进一步提升；同时，随着人工智能技术的进步，未来基于人工智能技术处理舆情的数据质量也会进一步提高。未来我们将在当前模型的基础上加入债券利差、价格、主体财务数据、风险传导等因素来进一步增强信用风险管理能力。

第五节 客户服务与运营方面

在养老金管理领域，需要同时面对企业客户与个人客户。养老保险机构在日常工作中已经积累了海量的基础数据和信息，如何运用数字化转型的契机，借助各类金融科技工具，以点带面、逐步激活这些沉睡资源，是助力养老保险机构在竞争中脱颖而出，全方位满足各类客户个性化需求的重要抓手。目前，人工智能已经在客户营销管理、智能投资顾问、运营绩效管理等多个领域发挥重要作用。

一、养老金营销百宝箱，助力市场营销智能化转型

养老金营销百宝箱作为市场营销智能化转型的载体，在充分分析营销活动业务流程痛点的基础上，将养老金机构客户营销支持作为切入点，通过以下五个方面的创新，以科技创新赋能业务营销：

第一，统一系统。在营销百宝箱系统中建立一体化服务门户，将客户经理所需使用的各类专业系统全部整合至门户中，为客户经理提供一站式系统服务，便于客户经理快速获取所需内容以更有效地服务客户。

第二，管服兼顾。在实现对客户经理所需服务的基础上，将对客户经理的管理功能也全面集成至系统中，支持公司管理部门对客户经理营销服务情况的实时了解，可及时对客户经理进行辅导和支持，同时管理模块嵌入服务系统，可有效减少因不同系统间数据传递的延迟，确保管理部门对营销情况数据的实时掌握。

第三，全面支持。营销百宝箱系统对客户经理所需服务实现了整合，为客户经理提供包括营销工具库、投资监督数据查询、运营数据查询、CRM客户管理模块、行业数据分析和数据测算等全面的功能服务，解决客户经理需要向公司中后台多部门、多系统分别获取数据并且整合难度大的问题。

第四，客户互动。营销百宝箱借助企业微信和小程序，实现具有公司特色的服务功能，为客户经理提供与客户拉近距离的信息化工具，通过企业微信，

客户经理可对客户进行分群管理、朋友圈权限控制、互动直播等，加强与客户的联系，通过小程序，可以为客户提供 BBS、活动发布、政策分享、账户查询等增值服务，提升客户满意度。

第五，双向评价，营销百宝箱支持客户经理对中后台支持部门服务水平的评价，也支持中后台支持部门对于客户经理对所提供营销材料使用情况的评价，通过双向评价体系建立双向监督机制，促进前中后台更加高效地协作。

在技术架构方面，营销百宝箱满足不同需求：可自定义路由策略进行路由分发及流量控制；自定义限流熔断策略进行流量控制；支持图形化展示拓扑图、链路调用信息监控等（见图 5-3-12）。基于百宝箱中复杂的人员角色、权限、视图联动关系，CAF 框架提供了较好的支持，基于 CAF 系统管理模块，可以便捷实现用户管理、组织管理和角色管理等。百宝箱微服务基于 Spring Cloud Netflix 体系，满足百宝箱系统内服务调用、系统内前后端调用、系统间服务调用的场景，本着功能内聚的拆分原则，百宝箱系统拆分成了网关模块、业务模块和公共模块等，其中网关模块负责提供网关供外部系统接口注册，公共模块负责提供文件传输、消息处理、外部第三方接口调用等公共类服务。每个微服务组件简单灵活、独立部署，每个应用都部署在 Docker 上，微服务内高内聚、微服务间松耦合。基于 Redis 会话共享机制，实现服务间实时通讯。百宝箱作为 PC 端应用，完全实现了前后端分离，前端静态页面采用 Nginx 做主备高可用，后端部署在 Tomcat 集群中，可以根据需要，横向扩容服务实例、服务器节点，节点出现故障时服务可自动检测重启。

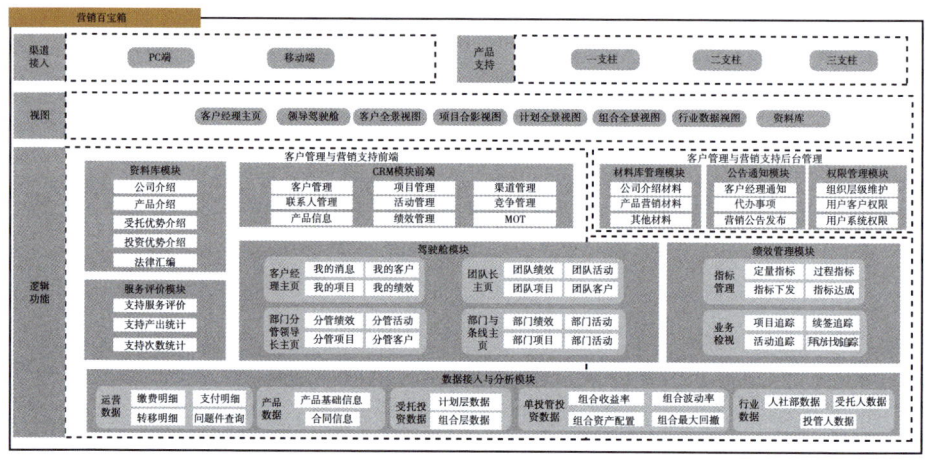

图 5-3-12 营销百宝箱

二、投资组合套餐方案,满足各类型客户风险偏好

在智能投顾领域,以提供投资组合套餐方案为核心,基于量化分析算法及投资组合理论模型,对客户的年龄、职业、地域、财务状况与投资目标等进行综合分析,根据委托人的个性化要求提供定制化的投资方案,可以有效应用于第二支柱的年金基金投资服务,以及第三支柱的养老保障投资服务。

(一) 通过线上信息采集方式明确客户风险偏好

面对养老金行业的大发展,借助网页客户端、手机 APP 等多种渠道,向目标客户发放调研问卷,已经是各类金融机构的通行做法。通过各类有针对性的问题,可以形成定量打分,综合评估个人客户的养老金投资目标和风险收益需求,为机构客户提供所属员工对于年金基金投资的共性和个性诉求,有助于个人客户、企业客户和养老金管理机构共同形成个性化的养老金投资风险偏好预期。

(二) 基于量化模型精准推荐投资组合套餐方案

养老金管理机构基于长期的宏观和市场分析、资产配置研究,可以通过金融分析工具定量刻画股票、债券等各类资产的预期收益、波动性和资产相关性,并根据经典的投资组合理论,基于上述客户风险偏好评估结果,同样借助网页客户端、手机 APP 等渠道,提供专属的投资组合套餐推荐方案。

目前,常用的套餐方案包括养老目标风险策略方案(TRF)与养老目标日期策略方案(TDF),客户可以通过选择推荐方案或自定义方式,完成养老金账户的投资组合构建,满足自身的投资目标和需求。

常用的 TRF 方案设置有进取型、成长型、平衡型、稳健型、保守型五类套餐(见表 5-3-3)。

表 5-3-3 养老目标风险策略套餐方案

套餐方案	套餐权益上限	目标比例		
		进取型含权益组合	稳健型含权益组合	固定收益组合
进取型	40%	100%	0%	0%
成长型	33%	50%	50%	0%
平衡型	22%	30%	40%	30%
稳健型	13%	0%	50%	50%
保守型	0%	0%	0%	100%

常用的 TDF 方案设置有六种套餐,适用于 35 岁以下职工、35(含)~40

岁职工、40（含）~45 岁职工、45（含）~50 岁职工、50（含）~55 岁职工、55 岁（含）以上职工（见表 5-3-4）。

表 5-3-4　　　　　　　　　养老目标日期策略套餐方案

套餐方案	套餐权益上限	目标比例		
		进取型含权益组合	稳健型含权益组合	固定收益组合
35 岁以下	40%	100%	0%	0%
35（含）~40 岁	34%	60%	40%	0%
40（含）~45 岁	26%	40%	40%	20%
45（含）~50 岁	18%	20%	40%	40%
50（含）~55 岁	10%	0%	40%	60%
55 岁（含）以上	0%	0%	0%	100%

（三）根据绩效评估结果提出资金分配建议

养老金管理机构基于绩效评估系统，定期对各类组合进行业绩归因与绩效评估分析，借助线上渠道为客户提供各组合的资金分配建议，适时提醒客户调整个别绩差组合的存量资金，必要时更换投资管理人，确保各组合长期均具有超额收益贡献能力。结合对客户年龄、经济状况、投资理念变化的长期跟踪，养老金管理机构还应定期评估，适时建议客户调整套餐方案，使得投资组合的风险收益特征与客户最新的投资目标相匹配。

以专业的资产管理能力和海量金融市场数据为基础，借助系统化信息交互平台，通过智能投顾方式全方位评估客户真实诉求，精准提供服务方案并定期更新维护，才能长期高效提升对养老金客户的服务质量。

三、运营数字绩效系统，调动运营部门服务积极性

为夯实运营基础，形成客观完整的考核机制，充分调动运营职能部门的岗位积极性，形成良性竞争机制提升运营服务质量，运营数字绩效管理系统结合运营工作特点，初步构建集工作效能展示、岗位产能分析、质量风险管控为一体的管理平台。

该数字化绩效系由数字化绩效管理系统与业务管理简报两部分组成。其中，数字化绩效管理系统主要由恒盈平台与数据采集平台组成。恒盈平台作为展示系统，已实现从不同层级、不同角度展示指标，从条线层面、部门层面、团队层面、个人层面，对不同岗位的工作量、完成率、增长率进行记录分析。同时，恒盈平台也实现了不同端口的展示，除了 PC 端的展示面板，也可通过

手机 APP 进行展示。数据采集平台实现了绩效管理中的填报功能，包括计算系数维护（如指标系数、岗位信息）、目标信息维护（如团队年度目标、人员积分目标）、项目工作记录等。

（一）数字化绩效系统有效解决运营考核中的工作难点

一是解决工作内容难以量化的难点。运营工作更多是以过程为导向的服务，工作内容较为繁琐，服务过程难以留痕。通过数字化绩效系统将难以量化的工作进行过程化。二是解决工作成果难以显化的难点。运营工作大多是支持型服务，以通过优化流程和制度间接作用于公司各项业务活动，难以像业务部门那样直接用业务数字体现。通过数字化绩效系统的数据采集平台，员工记录支持性的作业活动，以期解决难显化的难点。三是解决考核指标难以选择的难点。由于缺乏量化的条件，所以制定考核标准变得较为困难，不利于人才考核与部门管理工作。数字化绩效系统建立了数字化的绩效评价模型，使考核标准变得透明。

（二）通过绩效评价模型定量评估运营部门员工绩效

一是基于个人积分模型，实现不同层级积分的量化展示。不同部门、不同团队之间基于相同的积分模型计算个人积分值，实现不同岗位的工作绩效都能以积分的形式直观展现，且各层级的累计数据是可以直观反映各团队、各部门的绩效水平，有助于管理层对各部门工作量实时直观的了解。二是通过积分模型计算得出个人积分，整体模型统一但具体指标可以根据不同岗位业务内容灵活确定。三是年初设定量化目标，年末考核完成情况。年初公司制定了对每个员工按职级设定的标准化作业绩效分值，这代表了部门对其工作绩效的标准要求。若年底员工量化积分未达标，即表明该员工未达到标准工作要求。同样将所有员工的积分汇总 8 能体现团队或部门整体标准化绩效的完成情况（见图 5 – 3 – 13）。

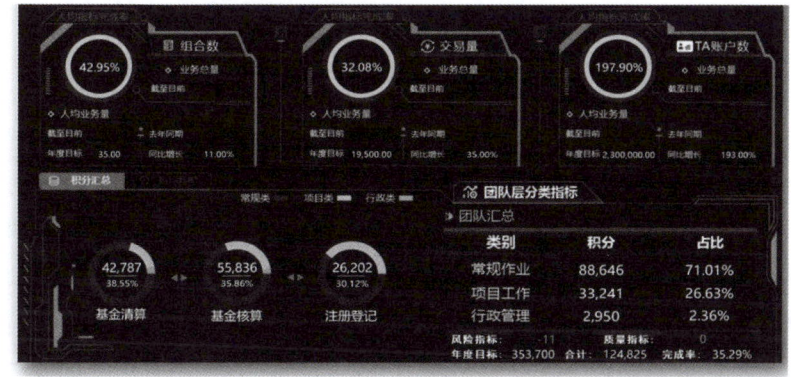

图 5 – 3 – 13 数字运营系统

保险问道之行业战略布局

第四章
实现智能化养老金管理面临的主要限制因素与相关建议

第一节 实现智能化养老金管理面临的主要限制因素

养老金管理中各业务环节的标准化水平决定了智能化运营所能发挥作用的大小。

一、公司管理的重视程度

在养老金管理机构内部,管理层对技术应用的重视程度影响着智能科技应用发展的速度。公司的重视程度包括公司管理层的关注度、管理层的决策、资源投入等。技术储备是一个渐进摸索的过程,而非一蹴而就。根据中国银保监会数据,2020年中国的保险公司在科技创新方面的投入是351亿元,同比增长27%。显然,养老管理机构要实现智能技术的创新应用也需要巨额的资金投入,这将占据养老金管理机构内部资源相当大的一部分。

二、科技人才储备不足

在养老金管理智能化建设过程中,人才缺乏是另一大挑战,尤其缺乏既懂养老金管理又懂技术的复合型人才。全球领先资管公司的科技人才占比普遍超过20%,领先者甚至接近30%。[1] 近年来,养老金管理机构日渐重视科技人才的储备,从占比来看部分公司超过了20%,但从人才的结构来看,从事基础性开发的人员居多,而能够深刻理解业务本质并具备数字化能力的核心人才少之又少。

---

[1] 资料来源:麦肯锡,《全球资管行业数字化转型战略蓝图与实践》。

三、数据和技术限制

数据和技术限制的主要关注点在于技术风险和技术障碍，虽然当前人工智能技术具有巨大潜力从根本上提升养老金管理各环节的业务价值，但相关的网络风险不容小觑。在技术应用过程中，数据规范和障碍是另一个需要解决的难题。养老金管理机构对数据保护极为重视，尤其是对于客户数据。同时，养老金管理机构本身也可能因为数据治理的不完善而受到缺乏高质量数据的困扰。例如，不同业务流程在不同系统之上运转、互相割裂、系统间的数据尚未完全打通，数据标准、数据来源和更新时效不统一等，这在一定程度上影响了内部智能技术的应用。同时，养老金管理机构获得与使用高质量数据，也必须符合数据安全与隐私保护的监管规定，可能造成部分高质量数据可使用性显著下降。

四、其他限制

人工智能技术在养老金管理中的应用还受到其他几个潜在限制因素的影响。首先，目前人工智能技术在养老金管理的应用还处于探索阶段，相关研究较少。其次，在我国养老金管理有其独有的特性，其与一般金融领域在管理需求、运行特征等方面存在差异。最后，我国金融科技行业还存在信息摩擦成本，金融科技服务的提供商的信息不能快速全面地流动，从而导致供需不匹配以及资源配置效率低下。

第二节 相关建议

一、打造数字化战略，自上而下实现赋能

对于任何一家金融机构而言，只有真正将金融科技应用到业务价值链条中，公司的数字化转型才是具有生命力的。围绕这一导向，只有紧紧围绕业务战略打造与其一体的数字化战略，才能将人工智能等技术更好地嵌入其中。

一是要做好业务流程化改造。真正从业务层面厘清养老金管理所涉及的受托资产配置、投资管理、运营管理、市场营销及客户服务等核心环节，将客户需求和系统功能充分整合，实现跨部门的流程互通、功能互通和数据互通，为人工智能技术的应用奠定良好的管理架构基础。

二是打造更加敏捷型的组织。传统的仅靠纵向专业分工的做法已经无法满足技术快速实施应用的需求，只有从顶层设计的角度更好地统筹相同的技术环节，集中做好协同开发，打造更加创新、开放、敏捷的组织，减少因分工带来的跨部门沟通与写作的高额成本，构建良好的组织架构基础。

二、提升复合型人才储备，强化创新能力

人工智能技术的应用效果很大一部分取决于其使用者会不会用和怎么用。养老金管理机构可以从 IT 部门和业务部门两个角度思考技术融合与应用。

一是会开发，加快纯 IT 人员向业务合作伙伴的模式转变。养老金管理机构可以与数据竞赛平台合作，开展相关比赛，通过产业与专业的碰撞结合，获得相关解决方案的同时吸引选拔相关专业人才。与此同时，根据业务需求与落地场景有层次地推进相关前沿技术的人才投入，将 IT 人才配置到业务部门，主动通过实践了解真实的业务数字化需求，提出更多针对性的数字化建议和解决方案。

二是会使用，通过培训加强组织内业务人员的数字化能力。比如在营销、受托、投管等领域不再局限于定性的内容分析，而是用数字说话，通过学习和使用各类智能化工具，更好地向客户展示历史业绩、预期收益等内容，更好地对委托人风险收益特征、投管人的投资风格特征等做出量化评价等；也可提升业务人员的编程能力，能够在机构已经搭建好的基础数字平台上，根据客户个性化的需求，运用各类模块化的工具快速提供和演示量身定制的方案。

三、加强数据平台建设和数据质量管理

由于人工智能技术主要是基于大量高维度的数据利用高效的算法实现的信息整合与分析，因此要实现相关应用，不仅要构建统一的数据平台收集整理大量数据，还要对数据口径标准进行统一，以实现数据应用赋能。

一是强化数据治理，明确数据标准以保证数据质量。目前，银行保险行业已经通过中银保信、中保登等行业信息共享平台在数据的标准化建设方面形成一定经验和成果。养老金管理机构可以充分依托这类平台，集中引入符合行业标准的外部数据，并在此基础上遵循行业内已形成的数据规范和技术标准对内部数据进行清洗、整合、计算和储存，从而打造企业自身的完整数据平台。

二是提供数据服务，将人工智能延伸运用至数据分析领域。养老金数据中心需要具备支持业务部门开展数据分析的能力，可通过计算引擎、指标中心、数据集市等模块，为养老金管理机构的计划管理、投研绩效、公司绩效等系统提供数据服务，支持不同维度的数据钻取、切片等分析方式，最终通过个性化指标报告、资产分析报表等方式实现最终的数据消费。

四、提升自主研发能力，推动开放合作

养老金管理行业轻资产运作的商业模式，决定了其难以长时间大规模投入技术资金。人工智能领域当前已经具备一定的成熟案例和实践经验，可以考虑进一步借助外力，在实现效用最大化的基础上加速数字化转型。

一是引入外部成熟的技术功能模块。养老金管理机构可以与外部具有财富管理和资产管理经验的金融机构开展战略合作，学习成熟的人工智能应用案例，并结合自身业务特征加以二次开发和改造，从而快速提升差异化服务的竞争力。同时，可以与天然具备数字化基因的科技公司合作，在相对标准化的企业人力资源、财务管理、综合管理等模块链接外采系统。

二是整合内部技术资源做好合理分工。当前养老金管理机构大多依托大型金融集团设立，可以借助已有大量技术投入和技术应用基础的集团优势实现弯道超车。比如可以借助集团内部的科技子公司力量，由科技子公司从技术通用开发的角度集中开展人工智能等技术的基础研究，由养老金管理机构从技术特色应用的角度自行做好搭载公司核心业务和管理逻辑模块的核心系统开放，最终实现自主可控。

参考文献

[1] 陈文辉. 金融产业数字化转型的几点思考 [J]. 中国金融, 2020（22）: 9-10.

[2] 广发证券. 人工智能在资产管理行业的应用, 发展初期、效应待验 [R]. 2017.

[3] 广发证券. 人工智能在资产管理行业的应用和展望 [R]. 2018.

[4] 麦肯锡. 点数成金、规模化大数据应用 [R]. 2019.

[5] 麦肯锡. 全球资管行业数字化转型战略蓝图与实践 [R]. 2020.

[6] 王小青. 人工智能在保险资产管理行业中的应用 [J]. 保险理论与实践, 2019（03）: 25-37.

[7] 中国保险资产管理业协会金融科技专业委员会. 中国保险资产管理业金融科技发

展报告（2018~2020）［R］. 2019.

［8］中国人民银行. 消费者金融素养调查分析报告［R］. 2021.

［9］中泰证券. 人工智能在投研的实际应用——智能投研产业链调研报告［R］. 2020.

［10］Moody's. Automating – Interpretable – Scorecards，2020. https：//www. moodysanalytics. com/ – /media/article/2020/automating – interpretable – scorecards. pdf.

［11］QuestMobile. 2021 中国移动互联网秋季大报告［R］. 2021.

| 专题六 |

金融生态视角下的保险资产管理业声誉网络系统建构研究

课题承担单位：中国保险资产管理业协会
课题负责人：郭　涛
课题组成员：李子祎　　国宇翔

金融业被称为"信用经济"，声誉与信誉是金融业安身立命的基础。经历过金融危机的洗礼与淬炼，国际金融监管部门对声誉管理的认知经历着一个逐步深化、愈加重视的过程。声誉作为商业信用、信誉的表现形式，其对金融行业具有非同一般的影响，决定了金融行业对声誉风险管理依赖与要求，远超过其他经济部门或者行业。基于声誉的重要作用与意义，2008年以来，我国金融监管部门普遍从风险的视角来强化行业声誉的管理，并将声誉风险纳入整体的风险管理框架中，与流动性风险、市场风险、经营风险、利率风险、信用风险、公司治理及合规风险等一同作为全面风险管理的内容，来实施动态管理、全程管理、计量管理与立体管理。

保险资产管理业作为保险业的二级子行业，通常被认为是保险行业的"资产端"。保险业是我国金融领域重要的组成部分，作为经营社会信用、开展风险管控的特殊行业，最大诚信是其业务开展及高效经营的基本原则，声誉更是保险业安身立命的根本（王国军、周延礼，2004、2008），因此声誉是保险业名副其实的生命线。[①] 但目前我国保险业整体声誉并不乐观，有学者提出，虽不能武断地把中国的保险市场界定为"低声誉"市场，但毋庸讳言，中国的保险市场具有低声誉市场的一些特征，声誉成为制约我国保险业发展的瓶颈。[②]

---

① 王国军．"哈定悲剧"：保险声誉之症结 [J]．金融时报，2011.09.28，009版．
② 赵军．声誉机制：保险市场行为监管的优化路径 [J]．渭南师范学院学报，2013 (7)．

本专题聚焦于保险资产管理行业的声誉管理，认为其是保险行业声誉的重要组成部分，但同时因其业务本身的特殊性，具有覆盖多个业务领域、产业链条不断延伸、多元利益相关者的参与、风险形态愈加复杂等特征，其声誉具有一定的独立性及特殊性。但正如研究学者指出，保险行业整体对于声誉风险，这一系统固有的风险类型重视程度严重不足。声誉作为保险资产管理行业内外部环境共同作用的结果，各类风险交互影响，难以对其进行独立的观测、量化与评价，与承保风险、管理风险、投资风险和信用风险等相比，风险的来源主体、结构及波及范围存在较多的不确定性，对其进行科学规范的管理尚处于探索的初级阶段，形成了诸如"野蛮人""土豪"等污名化、标签化的错误认知与解读。

而与之相对比的是，保险资产管理行业声誉管理的重要性却愈发显现，作为保险资产管理机构作为保险资金运用和投融资业务实施主体，不仅要通过资产配置及投融资管理来实现资产负债的匹配，保障保险业"两驾马车"均衡、良性的运作，更要深度融入国家战略及服务实体经济发展，发挥自身的担当及应有作用。目前，保险资产管理行业声誉整体呈现认知上的局限性、管理方式的单一性、价值实现的片面性、管理对象的狭隘性及管理手段的匮乏性等弊端。因此，通过科学规范有效的管理，来树立行业健康优质良性的形象、品牌及声誉，对于行业的发展具有深远而又积极的影响。

因此，本专题以保险资产行业声誉作为研究对象，在系统论、生态观及公共关系生态论的指导下，秉持联系性、全面性、结构性、环境性及动态性的思路，通过关系资源网、关系传播流和关系生态位的建构，构筑保险资产管理行业的声誉关系网络生态系统，其实质是保险资管行业的各参与主体在社会交往过程中所形成的信任关系网络，通过公关生态论进行解构与分析，其内涵包括关系资源网、关系传播流和关系生态位。

关系资源网为保险资产管理行业提供了一张"关系地图"，明确了保险资产管理行业的利益相关者的范围及层次。通过构建组织——公众——环境的关系网络，明确声誉在社会交往中产生并作用，表现出主体间的关系结构、交往状态及信任程度等。本研究在利益相关者需求理论的指导下，通过问卷调查和人物访谈等方式，将保险资产管理行业的 12 类利益相关者，分为确定型利益相关者、潜在型利益相关者和预期型利益相关者三种网络层次。

关系传播流借用"流"的概念，来概括组织——公众——环境的关系传播、沟通与互动，以共享信息、意义与情感，来协调保险资管行业与其他关系主体的理解、冲突、承诺与期望，从而进行对话、沟通与共情，关系传播的过程是主体间信任关系建构、持续与强化的过程，因此关系传播的维度构成组织声誉建构的维度。本专题通过内容分析、利益相关者需求分析及人物访谈三种方式，确定了保险资管行业主体间交互产生的 9 个公因子及 36 个底层指标。

关系生态位借用自然生态系统生态位的概念，作为网络主体间关系要素及其性质的集合，是对组织——公众——环境关系的某种定性或定量的表述，反映了关系生态管理的结果与价值。从价值功能上，声誉是一种社会资本，它不仅是作为一种潜在的风险，更通过战略性的管理与维护带来正向的收益，通过在声誉网络关系生态中对保险资产管理行业进行"定位"，不断延伸关系生态链，拓展组织关系网，建立健康和谐可持续的声誉，促进其良性运行和协调发展，提升其运用与获取声誉关系网络资源的能力与水平。

在公共关系生态位的指导下，本专题通过关系资源网、关系传播流和关系生态位的构建，运用因子分析等定量的研究方法，最终明确保险资产管理行业的声誉构成，包括 8 个公因子及 34 个底层指标。这 8 个公因子包括投资管理和服务因子、公司治理因子、风险防范及应对因子、政策因素因子、社会责任因子、工作环境因子、社会影响力因子和财务绩效因子。本研究构建的保险资产管理行业声誉构成为：

$$RI = 0.1875Y_1 + 0.1669Y_2 + 0.1100Y_3 + 0.0493Y_4 + 0.1300Y_5 + 0.1243Y_6 + 0.1232Y_7 + 0.1101Y_8。$$

第一节 现代声誉的理论发展及解析

一、相关学科的理论研究

"声誉"作为一个跨学科综合性的研究方向，处于经济学、社会学、管理学、公共关系学及传播学多学科的交叉地带。追根溯源，其理论研究的萌芽最早可溯源至经济学对其效应的关注。在资本主义勃兴的17、18世纪，经济学鼻祖亚当·斯密在其巨著《国富论》中指出，声誉是保障契约实施的重要机制。但在古典经济学派"完全市场竞争"相对理想化的学术假设与研究氛围中，并未得到全面而又深入的发展。直到20世纪70年代末，随着博弈论、新制度经济学、社会资本理论、利益相关者理论等广泛应用，有关声誉的理论研究才日渐丰富。

经济学最先拉开了现代声誉理论研究的大幕。尽管亚当·斯密（1763）在200多年前认识到声誉机制作为一种隐形激励约束个体的"道德风险"，但真正将其体系化及模型化的应归功于法码（1980）与霍尔斯托姆（1982）。而Kreps、Milgrom、Roberts & Wilson（1982）将博弈论的引入，率先创建了声誉研究的标准化模型与规范化分析，即KMRW模型，通过长期重复性博弈论证声誉是一种自强化机制[1]，能够"增加承诺的力度"[2]，随后在此基础上形成了声誉激励理论、信息显示理论、声誉交易理论等。在其理论框架下，声誉作为一种"标识与信息"会影响交易主体的决策及行为，"声誉效益"成为规范市场秩序和交易行为的隐形机制。社会学偏重对声誉的产生及作用机制研究，通过社会网络等理论的应用透视声誉的体系化及结构化特征。最初社会学仅聚焦于声誉信息传输的网络结构，但随着嵌入理论、结构洞理论、关系力理论等发展，从而把声誉复杂多样的结构形态表征为关系网络构型。管理学对组织声誉的研究更加强调实用性和可操作性，以利益相关者理论为基础，广泛吸取经济学、社会学、心理学、传播学等学科的研究成果，提出了多个声誉管理模型。同时，在研究方法上注重实证的结果，各种声誉指数的创新通过定量研究改变了以往定性为主的研究路径，推进声誉管理成为有效协调、整合、重构市场关

---

[1] Bull C. The Existence of Self-enforcing Implicit Contracts [J]. Quarterly Journal of Economics 1987, 102 (1): 902–932.

[2] 余津津. 现代西方声誉理论述评 [J]. 当代财经, 2003 (11): 18.

系与资源的综合性技艺。

传播学的声誉研究从形象识别和整合信息传播的角度展开，提出声誉一定程度上来自该群体成员进行的信息加工过程（意义建构），也部分源于企业本性进行的整合传播和形象塑造（Alvesson，1990）。为了塑造良好的声誉，所有的传播形式都必须被协调成一个连贯的整体（van Riel，1992；Bronn and Simcic，2002），侧重于通过传递语言、视觉和情感线索等激励目标观察者去获得身份识别与认同，通过组合元素来创造或者强化印象。公共关系学早期聚焦于企业形象的打造与改善，发挥其在修辞管理、危机应对、形象修复等方面的特长，主张使用修辞方式、危机回应策略及形象管理等"使组织好事变得更好"或"化危机为转机"，以改善形象和提高声誉。近年来，公共关系学者逐渐将声誉定位于其所在的社会关系管理，戴维斯·扬（1996）提出，声誉的核心是信任，其管理目标是在公众和企业之间建立相互信任的关系，从而达到保护组织声誉、重建组织合法化的目的。

二、声誉与行业声誉的定义

（一）声誉的定义

从现有声誉研究来看，按照声誉主体分类可以分为个体声誉、企业声誉及集体声誉等。目前对声誉定义不一而足，并未形成统一的认知。正如 Barnett（2006）将其分为意识类定义、评价类定义和资产类定义。[①] 而 Fombrum（1996）提出了五种分类，包括企业品牌效应、未来行为的象征、会计方面的好名声、企业身份表现、潜在市场壁垒。

1. 认知与评价

相关研究认为，声誉是他者对客体的意识（印象）或评价。Hall（1992）认为，声誉包括认识和情感两部分，企业声誉是众多个体对企业的理性认识和情感倾向相加得到的结果。Fombrun（1996）提出，声誉是对一个企业过去行为和将来前景的一种感觉描述，这种感觉形容了企业对它所有利益相关者的综合吸引力。与此类似，Saxton（1998）认为，声誉是通过企业利益相关者的眼睛看见或通过他们的想法和语言表达的对组织的印象。Gotsi 和 Wilson（2001）

[①] 按照 Barnett 的定义，意识类定义是指观察者或利益相关者对企业有一个总体的认知，但是并没有对企业声誉进行评价，把企业声誉定义为知识和情感的表现；评价类定义是指观察者或利益相关者对企业的评价，包括评价、估计、测量、度量或者观点、信念等；而资产类定义把企业声誉看作是企业重要的、有价值的资源。

对声誉的范围则进一步扩大，提出了利益相关者根据自己的直接经验、有关企业行为及其主要竞争对手的相关信息对企业做出的全面评价。

2. 信息与特征

持本观点的理论认为，声誉由企业自身特质所决定，是其行为能力及历史特征的映射。《牛津词典》将其解释为关于某人和某事的特征和性质的一般概念。Penrose（1974）认为，声誉是企业把关键特征传递给其成员使其社会地位最大化过程的结果。Weigelt & Camer（1988）认为，声誉是属于一个企业的与其过去行为有关的一系列特征的集合。Dozier（1993）认为，声誉不但依赖于直接的经验，同时也依赖于加工过的沟通信息。Fombrun（1996）认为，声誉是对一个企业过去行为和将来前景的一种感觉描述，随后他又提出"良好的声誉就是一张名片"。Spreemann（1988）认为，企业声誉是企业未来行为的一种信号。

3. 可交易资产或资源

持本观点的学者认为，声誉实质是一种无形资产或战略资源。Kreps & Tadelis（1990）开宗明义，认为声誉是一种无形的资本。Gray & Balmer（1998）指出，一个企业如何拥有良好的企业声誉，就相当于赢得了一种有价值的关键资源，使得企业更具有竞争力。Kevin（2004）则提出声誉资本（Reputational Capital）的概念，指出充裕的声誉资本储备能够使组织拥有独特优势并创造竞争优势。白水秀（2006）认为声誉是行为主体的各方面行为能力的综合反映，它依附于主体又相对于独立于主体，是行为主体的一项总体性的无形资产。

4. 社会交往的综合结果

持本观点的学者认为，声誉是一个混杂了认知、情感、经验、信仰及关系等多因素的综合概念。如 Barnett（2000）的定义中考虑了认知和情感两个方面，他认为企业声誉各种经验、印象、信仰、情感和知识相互作用的综合结果，是一个社会的、集合的、关系的概念，它的影响范围是广泛的、功能效应是综合的、作用方式是关系的。博德纳（2004）将声誉定于为一种社会结构的公共形象，是价值体系、公众印象和信念互相交互作用的结果。郑文哲和王水嫩（2004）主张将声誉看作是企业在与其公众的社会交往中自然形成的，是企业行为能力与公众认知两方面相互作用的结果。

（二）行业声誉的特征

根据研究对象的差异，声誉研究大致可分为个体声誉及集体声誉。集体（行业）是由相互联系相互作用着个体的一些事物组成的整体。通过梳理相关文献，相比个体声誉，行业声誉作为一种集体声誉，具有鲜明的"非加和性"，其并非个体声誉的简单累加，而是个体有机结合而形成结构化的统一体。因此，如果个体/组织声誉是一个"小系统"，那么行业声誉就是一个"大生态"，经过文献梳理及分析，行业声誉具有以下特征：

1. 联系性（整体性）

行业声誉是个体声誉按一定秩序和内部联系组成的整体，因此其最基本的特性是整体性，其功能是各组成要素在孤立状态时所没有的。所谓行业声誉的"非加和性"，即整体不等于部分的简单相加，而是部分有机结合形成的统一体。行业声誉作为个体声誉联系构成的大系统，个体声誉在相互联系中发挥其不可或缺的作用，因此强调应运用整体性、联系性的观点去认识及评价行业声誉。

2. 结构性（层次性）

行业声誉具有鲜明的结构性特征，虽然其由个体声誉排列组合共同构成，但内部的构成和结构深刻决定及影响行业整体声誉的特征及功能。正是由于结构性分布及差异性组合造成行业声誉具有个体声誉所不具备的功能及影响，因此，行业声誉要注重分析构成其内部各因素之间的关系，即寻找和描述其结构性和层次性特征，研究系统各个层次上的特有属性和一般的运行规律，进而达到系统各个层次协调有序。

3. 激励性（约束性）

行业声誉能够鼓励集体内个体的行为，能够产生集体声誉租金，集体声誉租金越高，行业内的个体获得的产品市场溢价越高，并且还会有更强的激励来惩治其他违规的成员（王永钦，2007）。同样，集体声誉的形成是交易主体在长期重复博弈中，为了追求长期利益最大化而做出的选择，正是基于激励及约束性实现行业整体声誉有序发展和功能优化的必要条件，促进行业系统在动态反馈中达到内平衡，以及与环境互动中的协调和适应。

4. 牵连性（"连坐"性）

行业声誉是个体声誉结合后的整体，其对外代表行业及集体。在对个体本身缺乏认知及了解的同时，交往主体往往会通过对整体的认知来辨识和理解其中的个体，因此行业声誉深刻影响个体声誉的形成。同时，个体声誉对集体声誉的过度使用或破坏会导致集体声誉评价的降低甚至消失。张维迎曾提出，当集体声誉较差且他人无法区分集体内不同个体交易行为的优劣时，原本高质量的交易者便会受到较差集体声誉的影响而遭受损失（2013）。

三、声誉的产生机制及内部结构

通过对相关文献的梳理及分析,本专题认为声誉是在社会交互中产生并作用,并非个体信息、特质或单一性的认知的体现,而是通过交往、交易及交换等社会化活动,所形成的社会结构性关系的结果。

(一)形成:声誉形成并作用于社会交往

一是声誉在社会交往中创建并作用。声誉的社会学理论认为,声誉是在社会交往中创建并作用的。与个体一样,现代社会的企业组织、社团组织等具备人格化特征,同样离不开社会交往。组织社会学家 Ashforth 和 Gibbs(1990)提出组织声誉是通过关系而形成的社会建构,这种关系是企业与其利益相关方在共享的制度环境中所缔结而成。在现代社会复制信誉机制的主要手段是现代组织,包括企业组织、社团组织,以及大量的中介组织(Shearmur and Klein,1997)。

二是声誉是维持社会交往的隐形机制。经济学的声誉理论借用博弈论的视角,Kreps(1982)等所创立的标准声誉模型认为,与其说声誉是博弈的结果,更是交往的结果。在长期的社会交往过程中,声誉类似于隐性激励制度。在重复的博弈中,如若有主体存在损害交易的行为,便会被贴上不良声誉的标签,并导致长期合作及交易的中断。张维迎(2003)认为,在声誉机制里,对欺骗的惩罚不是来自法律,而是来自未来合作关系的中断。

(二)内核:声誉的本质是一种信任关系

一是声誉是信任的重要来源。美国学者戴维斯·扬(1996)在《创建和维护企业的良好声誉》一书中提出,声誉的核心是信任,声誉管理的目标是在公众和企业之间建立起相互信任的关系,只有信任关系的建立才能保证市场交易行为长期实施下去。因此,声誉既是信任的重要来源,也是信任重要的作用机制。同样,Williamson 等学者认为,被信任者的声誉可以被视为掌握在信任者手中的一种"抵押品"。

二是信任依靠声誉机制维持秩序。相关学者研究认为,仅仅基于制度的信任是不够的,大量交易活动中,信任是靠声誉机制维持的(Macauley,1963)。张维迎(2001)提出,法律与声誉是维持市场有序运行的两个基本机制,事实上,与法律机制相比,声誉机制的成本更低,特别是,在许多情况下,法律是无能为力的,只有信誉能起作用。在声誉机制里,对欺骗的惩罚不是来自法律,而是来自未来合作关系的中断。

三是声誉促进信任关系的长期发展。"声誉效应"对于双方信任关系的建立起到了促进作用。在信任机制及"声誉效应"的作用下，合作行为即使在有限次博弈当中也会出现，"违约者"在相当长的时期内也会像"守信者"一样。根据"声誉的维持效应"（Tadelis, 1999）。Rowe（1989）在其著作中也指出：精于算计的行动者为了树立他人信任自己的声誉，将认真履行其承诺。依靠交易主体对自身信誉或名声的重视，可以促使双方之间信任关系的建立。

（三）结构：声誉具有鲜明的网络结构特征

一是声誉是嵌入在社会网络中的信任机制。Polanyi 于 1957 最早运用"嵌入"来阐述现代市场的社会结构，用来表达出人类的互惠、再分配和交换这三种经济活动以不同的嵌入形式根植于不同的制度环境之中。[1] 此后，Granovetter（1985）进一步发展了其理论，将"嵌入"划分为制度性嵌入和关系性嵌入两种，指出由行为主体之间构成的社会网络能够构建一种信任机制，这种机制能够限制嵌入网络中的个体的机会主义行为[2]，而这种嵌入式的信任正是声誉重要作用的体现。

二是社会网络结构影响声誉机制作用的发挥。格兰诺维特（Granovetter, 1992）提出不同网络位置的个体对网络关系的依赖程度和信任关系也会有所不同，而工作产生的经济活动有形无形地塑造了信任关系的建立，影响嵌入在网络中的主体声誉的形成及作用。边燕杰（1996）则通过实证研究将社会网络带入中国国情及语境之中，在对中国资料进行研究后明确指出，有关强连带的研究亦应扮演不可忽略的重要角色，因为中国社会的求职，人情（声誉）比信息更重要。

（四）功能：声誉具有鲜明的社会资本属性

一是声誉反映了社会网络地位及资源机会。基于社会网络的组织声誉研究认为，组织声誉是在社会网络中建立起来。Fombrun & Rindova（1996）指出，企业声誉可用来衡量一个企业在与其所有的利益相关者的关系中所处的相对地位，以及企业的竞争环境与制度环境。王晨（2003）认为，声誉的形成是通过企业自身的价值网络对社会网络的嵌入所形成，反映了企业在社会网络中的地位，及所获取的资源和机会。而在中国传统文化的语境内，个人声誉被称为

---

[1] POLANYI K. The Great Transformation [M]. Boston: Beacon Press, 1957.
[2] GRANOVETTER M S. Economic Action and Social Structure: The Problem of Embeddedness [J]. American Journal of Sociology, 1985, 91 (3): 481-510.

面子。有面子意味着关系资源，或者又从关系网络动员社会资源的能力。

二是不同的网络结构带来不同的声誉资本。林南对关系研究文献进行批判性回顾后，提出把关系看作一种社会交换的类型，关系资本正好为一个慷慨的人情给予者带来了声誉，并使其处在连接丰富资源的桥梁位置。社会资本是行动者在以获利为目的的行动中，动员和使用的嵌入在社会关系网络中的资源，是一种期望在市场中得到回馈的对关系的投资。不同的网络定位深刻影响了网络中主体的资源。这里所说的资源是广义的，包含了有形的技术、人才、财富，也包括了无形的信息、权力和影响力、作为市场信号的企业地位和声望。

通过上述的文献分析与综述，本研究认为行业声誉嵌入在一定动态的社会环境及关系结构中，通过与网络节点（利益相关者）持续的社会交往与信息传递，受到社会、文化和情感因素的综合影响，表现为外部的总体认知和评价，其本质是一种信任关系，声誉建构了一种特殊的关系结构与秩序——声誉关系网络。

第二节　保险资产管理行业低声誉现状与问题分析

经过多学科声誉理论及定义的梳理与分析，本研究提出保险资产管理业的声誉指在长期的经济社会交往过程中，利益相关者根据自己的直观经验或间接信息所形成的，对保险资产管理机构总体的认知或评价，其实质是利益相关者对保险资产管理业的信任关系及其程度，反映了保险资产管理业在政治经济社会生态等多维环境中的形象、地位及获取资源的能力，它是一种有价值、可持续、难以模仿的无形资产。

一、声誉的正向及负向价值

目前，专门对于保险资产管理行业声誉的评价及分析研究成果并不多见，其作为保险行业声誉的重要组成部分，我们仅能从相关研究对于保险行业整体的声誉来窥见保险资产管理行业的声誉。而保险行业作为经营风险和信用的特殊行业，具有专业性、负债性和长期性的特征，因此，相比其他行业更强调契约精神、信任关系，更注重自身的声誉。① 研究者认为，声誉是一个国家保险

---

① 吕卓. 保险行业声誉风险监管与企业社会责任关系研究［J］. 求是学刊，2016（5）：67－72.

业发展现状及未来前景的最重要影响因素之一,它能够综合反映一个国家保险业功能的实现效果(王国军,2004)。因此,声誉对于包括保险资产管理的保险业来说具有极端重要的作用与意义。

(一)声誉对保险行业的正向意义

一是从信用的角度,声誉是保险业的"生命线"。作为我国最早开始关注保险业声誉的学者,王国军(2004、2011)指出,声誉源于信任,信任源于声誉,两者相辅相成,保险市场最重要的资源不是物质资本,也不是人力资本和技术资源,而是声誉,声誉是保险业的生命线。[①] 汪媛(2009)同样以保险契约作为基本论据,认为保险产品作为一种服务商品,是"以信用为基础,以法律为保障"的承诺,保险业作为经营风险和信用的特殊行业,具有专业性、负债性和长期性的特征,因而比其他行业更强调契约精神,更看重自身的声誉。

二是从博弈的角度,声誉是保险行业可持续发展的保障。王国军(2011)运用博弈论论证提出,为克服囚徒困境,达到合作博弈状态,保险行业首要将与单个投保人的有限次交易转变为与众多投保人的无限次交易,坚守信用树立良好的声誉,坚定公众对行业的信心。[②] 吕卓(2016)从保险业的本质出发,同样提出保险业作为经营风险及信用的特殊管理行业,更应该强调契约精神,注重公众的认知与评价,通过加强自身的声誉建设,不仅可以规避经营与履约中可能出现的各种风险,并能有效地促进保险业的可持续经营与发展。

三是从约束的角度,声誉能够有效抑制机会主义。赵军(2009)认为声誉机制能够有效抑制保险市场行为主体的机会主义行为,能够通过信号传递降低监管成本,提升监管成果与效率。因此,声誉机制是构建保险市场声誉的信息基础,可以弥补目前我国在市场信用评级、信息有效披露和降低产品信息不完全等方面的缺陷。王翠菲(2014)采用问卷调查方式研究了诚信文化建设对企业发展的综合影响,认为诚信文化建设能够改善销售人员从业心态和诚信态度,规范其销售行为,维护企业声誉,能够显著提升企业的销售业绩。[③]

四是从发展的角度,有利于保险功能的发挥。JanBebbing-ton,etal.(2008)讨论了企业社会责任报告在企业声誉管理方面的作用,指出企业社会责任报告

---

① 王国军."哈定悲剧":保险声誉之症结[J].金融时报,2011.09.28,009版.
② 王国军.保险业:声誉、功能与监管[J].保险世界,2004(1):57-59.
③ 王翠菲.诚信建设对保险企业发展的综合影响力研究——基于中国人寿销售队伍调查数据的分析[J].保险研究,2014(6).

不仅仅是企业声誉管理的结果也是管理的重要过程①，其声誉有利于企业发挥自身的社会功能与价值，较好履行社会责任。王国军（2004、2011）同样认为，无论是保险应有的经济补偿、分散风险的作用，或是其派生职能中的积蓄基金、监督风险，还是保险对宏观、微观经济发展的促进和保障作用，都有赖于保险业良好形象与声誉的建立。

（二）声誉对保险行业的负向意义

一是丧失行业生存和可持续发展基础。吕卓（2016）认为，作为经营和管理风险的特殊金融行业，行业整体低声誉正成为制约保险业健康发展的突出问题。没有良好的声誉，保险业就会丧失生存和发展的基础。王国军（2011）提出，在低声誉的保险市场上，面对保险，低风险的人会采取"用脚投票"的方式，拒绝加入或退出保险市场，保险发展的可持续性因此变得非常脆弱。②

二是丧失信用保障，或诱发道德风险。汪媛（2011）通过实证研究显示，保险欺诈的程度与保险市场的声誉有很大的负向相关关系。两者相互影响、相互作用，良好的保险市场声誉抑制了保险欺诈等道德风险的发生。③ 研究显示，保险欺诈的程度与保险市场的声誉有很大的负向相关关系。两者相互影响、相互作用，良好的保险市场声誉抑制了保险欺诈等道德风险的发生，而保险欺诈案件则极大地损害着一个国家保险市场的形象和声誉。④

三是影响社会征信体系和信用体系建设。原中国保监会发布的《中国保险业信用体系建设规划（2015—2020年）》指出，与经济社会发展特别是广大消费者的期待相比，保险业信用体系建设仍存在较大差距。主要表现在守信激励和失信惩戒机制尚不健全，信用体系的市场治理功效有待发挥、保险诚信意识和信用水平偏低，销售误导、惜赔拖赔、弄虚作假、不正当竞争、骗保骗赔等不诚信现象依然存在。这些都困扰着保险业信用体系的建设，对行业整体的声誉存在不利影响。

四是可能诱发系统性全局性金融风险。崔亚、谢志刚（2014）提出，如果保险业在社会公众中缺乏良好的声誉，其对社会和经济发展所应有的效应将

---

① Janbebbington, Carloslarrinaga, Jose m Moneva. Corporate Social Reporting and Reputation Risk Management [J]. Accounting, Auditing & Accountability Journal, 2008 (21): 337-361.
② 王国军. "哈定悲剧": 保险声誉之症结 [J]. 金融时报, 2011.09.28, 009 版.
③ 吕卓. 保险行业声誉风险监管与企业社会责任关系研究 [J]. 求是学刊, 2016 (5): 67-72.
④ 王国军. "哈定悲剧": 保险声誉之症结 [J]. 金融时报, 2011.09.28, 009 版.

得不到充分发挥；相反，其存在的销售误导、理赔纠纷等具体问题就会放大负面效应，甚至可能引发整个行业的系统性风险，威胁金融和经济安全。[①] 1999年，张维迎提出中国保险业的道德风险主要发生在保险公司，这是保险业的真正危险所在。低声誉的保险市场负面效应甚多，保险固有的负效应——逆向选择和道德风险则尤为突出，导致社会资源的浪费远多于高声誉的保险市场。保险本身的问题就可能引发金融危机甚至经济危机。[②]

二、保险资管行业声誉的特殊性及主要表现

（一）保险资管行业自身的特殊性

实践中，保险资产管理行业声誉的特殊性是由行业本身经营管理运作的特殊性所决定。目前，资产管理行业从割据竞争进入了融合协作的发展阶段，在大资管竞合的趋势下，保险资产管理行业逐渐形成了较为明确的市场定位和鲜明的产品特色，与负债端及其他金融行业相比，其既有一定的共性，又具备自身的特性。

一是覆盖多个业务领域。自 1984 年以来，我国保险资金运用的业务范围不断拓宽，保险资金配置空间和弹性不断扩大，涵盖从公募到私募、从传统产品到另类工具、从境内市场到境外市场、从实体经济到虚拟经济的广阔领域，实现对主要金融资产类型的全覆盖。保险资金运用有着规模大、期限长、利率敏感性高、资产负债匹配、覆盖完整产业链及跨市场配置等特点。目前，保险资金的运用已同时覆盖二级市场与产业投资，成为大资管市场为数不多可覆盖全资产类别、全市场领域的行业。

二是产业链条不断延伸。随着我国金融综合经营的推进，金融行业边界不断延伸，保险资产管理业面临的市场形态发生了很大变化，各类金融市场和产品间的边界逐渐模糊，交叉性金融产品日益增多。保险资产管理业已将个体生态圈扩展到了上市公司、私募股权机构、实体产业等领域，其资源链条的长度及深度已延伸到了保险资产管理行业以外。同时，保险业与健康、养老、安保等产业链整合程度进一步加深，为保险资产管理业拓展了新的业务领域。

三是涉及多元利益相关者。目前，保险资产管理行业的利益相关者，已基本涵盖保险资金运用大生态圈所有类型机构，包括保险资金运用委、受托方，

---

① 崔亚，谢志刚. 保险行业声誉风险的成因与管控研究 [J]. 保险研究，2014 (7)：109-118.
② 王国军. "哈定悲剧"：保险声誉之症结 [J]. 金融时报，2011.09.28，009 版.

资金托管方，投资合作方，中介服务机构、内控审计及法律合规类机构，后台技术支持机构，交易及结算渠道类机构，以及销售类机构等。由于各利益相关者往往受视角、自身利益局限性、信息的影响，不同的负面评价始终存在，行业声誉风险也是一种常态化的风险，常态风险的总爆发最终造成声誉风险事件甚至形成声誉危机。

四是风险形态愈加复杂。过去，因保险资产管理业规模较小，在经济社会中渗透度和影响力不大，风险来源较为单一，且传染性较弱。近年，随着保险资产管理的发展壮大，其风险因素从相对简单逐步复杂，风险来源不再单一，而是呈现出多样化和复杂化的特征。行业的风险规模、诱发因素、传导路径等大大拓展与繁复。随着保险资产管理与实体经济、其他金融业的接触面和渗透度大幅提高，金融市场风险传递可能通过多种形式和多种渠道对保险资产管理业造成影响。

（二）保险资管行业声誉的主要特征

一是保险资管行业的声誉具有公共性。保险资管机构声誉的主体并不是独立的个体，而是由行业内所有利益相关者组成的具有共同利益的集体，个别保险资管机构对行业声誉的破坏将损害整个行业的声誉。从风险角度来看，行业内部所产生的声誉风险很容易影响社会公众对于行业整体的认知与评价，正如"公地悲剧"所揭示的情况，单一主体对于行业声誉不合理的利用会对行业整体声誉造成不可磨灭的负面影响，因此保险资管行业的声誉是一种公共产品。

二是保险资管行业的声誉具有定势性。社会心理学将声誉分为"认知声誉"和"情感声誉"。其中，"认知声誉"来自社会评价或社会认知，即保险资管的行业声誉风险受到社会认知心理过程的"定势效应"影响。对于保险资管机构行业而言，一旦行业的低声誉形成并稳定下来，利益相关者的预期评价将受到原有认知的影响而产生思维惯性，很容易形成对行业整体的刻板印象和思维定式。

三是保险资产管理行业声誉具有衍生性。从实践来看，影响保险资产管理行业的主要风险因素，最终会一并形成对行业整体声誉的磨损，必然会形成负面的声誉影响。即保险资管行业面临的风险事件都可能影响其声誉，声誉风险是其他风险发展的一种必然结果，具有内在的关联性特征。保险资管机构经营管理中的任何一个错误乃至微小失误，以及外部的一些突发性事件，都有可能对其声誉产生影响。

四是声誉风险具有较强的溢出性。声誉风险是保险资管机构各种风险进一步延伸的结果。保险资管机构在日常经营管理中,会涉及多个相关利益主体。保险资管机构声誉危机是对其声誉造成的一种恶性影响,不仅会危害该机构的声誉质量乃至生存发展,造成多方面的直接损失和间接损失,还可能给客户、员工、股东以及其他社会大众带来恐慌和惊慌,甚至会通过连锁反应威胁行业经营与管理。建立声誉可能远非一日之功,而损害声誉则可能即在旦夕之间,并可能引发系统性的风险与不利影响。

三、保险资管行业声誉问题原因分析及表现

从全球范围来看,保险业的行业声誉面临声誉评价不高、声誉认知单一、声誉管理存在盲区,行业整体声誉并未全面反馈其发挥的重要功能与作用。其作为经营和管理风险的特殊金融行业,行业整体声誉面临的认知误区正成为制约保险业发展的突出问题[①]。

(一) 保险资管行业声誉问题产生的背景

王国军(2011)等研究者认为,保险作为人与人之间互助的制度安排,从诞生之日起理应具有良好的声誉。然而眼下声誉成为制约我国保险业发展的瓶颈[②]。

一是社会公众对其缺乏认知与了解。锁凌燕(2008)认为,就目前来看消费者对保险运作的基本原理还存在理解偏差。保险资产管理作为保险板块下的资金运用和投融资业务开展主体,需要依托保险主业的核心竞争力,同时在资产管理领域需全力做好投融资业务、来服务好保险保障的主业。但基于保险资产管理对于保险业务的协同性与延展性,与社会公众直接联系较为有限。同时,吕卓(2016)认为,保险产品并无实物形态而是带有服务性质,其"质量"识别的难度远远高于一般产品,消费者在购买保险之后也无法对产品的作用作出准确的结论。只有在约定的保险事故发生或约定的保险期满时,其使用价值才会凸显。

二是声誉建设面临复杂的市场环境。保险资产管理机构是保险业发挥资金融通、经济补偿和社会管理功能的支撑,遵从保险产品内在的规则属性,也是金融市场和实体经济领域的重要投资者,作为保险与资产管理两个行业的交集,其在货币市场、资本市场和保险市场中的地位和作用日益突出。在大资管

---

① 祝伟,黄薇. 保险业低声誉的经济学解释:基于时间不一致偏好的视角 [J]. 经济研究,2013 (8).
② 赵军. 声誉机制:保险市场行为监管的优化路径 [J]. 渭南师范学院学报,2013 (7).

混业经营的背景下，银行、证券、保险行业之间竞争和融合加剧，保险资产管理业务涉及的业务领域较为广泛，相关的利益主体较为多元，面临的市场环境较为复杂，对保险资产管理机构的声誉建构及管理能力提出了较大的挑战。

三是行业对声誉建设缺乏有效认知管理。近年来，监管部门愈发重视声誉对于保险资产管理业生存和发展的重要作用，但多是以声誉风险防范的角度来进行管理。作为保险资金运用的监管机构，监管部门没有对保险资金运用的声誉管理专门做出制度规定，而是从风险防范的角度间接认为保险行业的整体声誉是利益相关方的评价。在实际的管理中，保险资管行业的声誉管理始终处于缺位状态，并且不少机构将其等同于对于大众传播媒体上负面报道的公关行为。在行业声誉的建构与管理方面，无论是监管部门还是保险机构都处于探索阶段，对其的战略建构、运营监控、预警与处置等能力能力还十分薄弱。

四是个别公司激进投资引发污名化的解读。Tirole[1]、Winfree 和 McCluskey[2]等学者通过对个体行为与集体声誉关系的研究认为，集体声誉具有公共物品属性，个体通过影响消费者对其自身行为的评价来促进集体声誉的建立或破坏。而在公共传播的领域，保险资产管理机构及其管理的保险资金则遭到误解，甚至被冠以"妖精""土豪"等标签化、简单化的符号及称谓。原中国保监会曾指出，少数公司进入保险业后，将保险作为低成本的融资工具，以高风险方式做大业务规模，实现资产迅速膨胀，完全偏离保险保障的主业，蜕变成人皆侧目的"暴发户""野蛮人"。这些保险公司激进的经营策略和投资行为，引起了社会的广泛关注，经过媒体、网络的放大效应后有些问题甚至成为社会的焦点问题。

（二）保险资产管理行业声誉管理存在的问题

目前专门针对保险资产管理行业声誉开展的研究较为有限，与经济社会发展特别是广大社会公众的期待相比，其声誉体系建设仍存在较大差距。主要体现在：

一是声誉认知的局限性，声誉影响侧重财务及经营指标。目前，我国保险行业的风险管理意识正逐步增强，但仍局限于传统的几类风险，与承保风险、管理风险、投资风险和信用风险等相比，行业尚未认识到声誉管理对公司经营

---

[1] J. Tirole. A Theory of Collective Reputations (with applications to the persistence of corruption and to firm quality), Review of Economic Studies, 1996, 63.

[2] J. A. Winfree, J. J. McCluskey. Collective Reputation and Quality, American Journal of Agricultural Eco-nomics, 2005, 87 (1).

的重大影响,并未充分认识到行业声誉以及声誉风险管理工作的重要性和紧迫性,以及声誉风险与保险资管机构面临的其他风险间内在的关联性,并未自上而下地树立全面的声誉风险意识,声誉风险还未引起保险资管机构足够的认识和重视。

二是管理方式的单一性,主要侧重声誉风险防范。目前,国内保险资管行业对于声誉的认知与理解更侧重于"后端"的风险防范,多进行亡羊补牢式的"事后"进行补救,忽略了对于声誉管理进行体系化的战略规划、设计及过程中有计划、有步骤地建设与维护。仅从事后着手进行防控与修补,丧失了声誉管理的前瞻性与主动性。而全面性的声誉管理,应将声誉管理的规划与布局前置,从体系化的角度来有计划有步骤地开展声誉的建设、维护、防控、修复等全链条化的管理,从而营造更为和谐及有利发展环境。

三是价值实现的片面性,忽略声誉获取社会资本的价值。现有的声誉管理仅聚焦风险视角,以预警、防范及补救为主要手段,未充分发挥声誉本身作为社会资本的价值。声誉关系网络不仅能够在风险管理中体现成本降低的功能,且能提供一个通过主动管理获取社会资本的正向价值。也就是说,声誉不仅是一种风险,或者一项投资,而是一种获取社会资本的方式。良好的声誉是原始信任的来源,既可以为组织带来品牌效应和品牌忠诚,又可以使组织在发生突发事件期间更容易获得社会公众的信任,使危机对行业的不利影响最小化。

四是管理对象的狭隘性,主要侧重舆情及媒介关系管理。目前,保险资产管理机构的利益相关者,已基本涵盖了保险资金运用大生态圈所有类型机构,涵盖保险资金运用前、中、后台业务各类机构。现有的声誉管理,仅注重新闻媒体的负面舆论影响,而忽视了对诸如监管部门、交易对手、合作伙伴、社会公众等主体的关系维护。对于声誉的管理易演变为对于"负面报道""负面新闻"救火式的撤稿及刚性的驳斥、申辩,并未遵循传播及关系管理的基本规律,在管理手段上显现出单一、粗放等特征。

五是管理手段的匮乏性,缺乏声誉管理的有效手段。长效声誉危机管理应立足于声誉危机的全过程,声誉在企业财务报表中属于商誉系列,属于无形资产,在计量及会计处理方式上较为复杂。声誉管理的存在形态具有不确定性,直接的量化在实践中难以操作,即使在银保监会等金融监管机构发布的有关声誉风险管理的规范性文件中,对其定义的阐释也不是十分精确,管理体系的不完善造成了行业声誉事前难以预测与识别、事中过程难以量化、事后结果难以控制的局面。

第三节　公关生态学视角下的行业声誉建构

作为一个跨学科的研究领域，相关学科纷纷提出了结构声誉管理的方式方法。其中，公共关系学一直将声誉作为学科的基础研究方向，甚至称公共关系学就是专门研究声誉的基础学科。建立在生态论和系统论基础上的"公关生态论"，以关系为核心要素，强调整体性分析、层次性分析、环境性分析和动态性分析，与行业声誉关系网络体系的构建具有较好的适配性和契合度。而声誉作为公共关系研究的重要命题，因此本研究通过公关生态论来构建保险资管行业的声誉关系网络体系。

一、公关生态学视角下的声誉理论

生态学不仅是一门学科，它同时还是一种研究取向。弗里特约夫·卡普拉在其著作《生命的多维系统观》中强调要系统地把握生命的本质："从系统观点来看，生存的单位根本不是实体，而是机体与环境的关系，这些关系都不是线性的，而是一个有次序的整体的一部分，要考虑人、社会、生态系统的一体化倾向。"我国著名的公共关系研究学者陈先红融汇了生物学、管理学、社会学、经济学、公共关系学等学科理论后，出版了《公共关系生态论》。

陈先红提出的"关系生态说"认为，目前公共关系学研究对象存在的误区包括：一是模糊性，笼而统之将公众作为自己的研究对象；二是片面性，将公关研究范围集中在某一方面或几个方面作为自己的研究对象；三是单一性，孤立地从主体层面、客观层面或者目的层面揭示公关学的研究对象。事实上，科学研究的发展与学科间的互相渗透形成了学科研究对象的交叉现象。因此，她提出："公共关系是指组织—公众—环境系统的关系生态管理。具体地说，就是社会组织通过调查研究和双向传播建立具有公众性、公开性、公共性和公益性的关系生态，以确保社会组织的良性运行和协调发展。"[1] 随后，她在《公共关系生态论》中系统地把关系管理的理论带入中国，并尝试建构新的理论体系[2]，提出公共关系是组织—公众—环境系统的关系生态管理的核心观点，试图建立一种宏观公共关系的关系管理理论体系——公共关系生态论。

---

[1] 陈先红. 关系生态说的提出及其对公关理论的创新 [J]. 国际关系学报，2004 (3)：34 – 38.
[2] 陈先红. 公共关系生态论 [M]. 武汉：华中科技大学出版社，2006.

"关系生态说"（陈先红，2006）认为，公共关系是指组织—公众—环境系统的关系生态管理，是组织建立具有公众性、公开性、公共性和公益性的关系生态，以确保社会组织的良性运行和协调发展。公共关系是一门关系生态学（Relationship Ecology），"关系生态说"提出的"组织—公众—环境系统"，从主客体两个层面上统一而全面地把握了公关学的研究对象。

公关生态论是以关系为研究对象，以系统论为研究方法，集成生态学世界观，关系作为一种具有生产力性质的资源要素，基于关系资源构成的网络是一种高度信任的、把不同所有者联结起来的合作机制。关系网络的节点是公共关系意义上的组织、公众、环境；组织是作为社会文化系统的组织，它可以是任何类型的营利性或非营利性组织；公众是那些决定组织成败的利害攸关者，他们可以是组织、团体或者个人；环境主要指影响组织公共关系政策的政治、经济、文化、科技等社会环境。

其研究对象包括两大子系统：生命系统的 OPRS 和非生命系统的 OERS，即组织 - 公众关系系统（Organization - Public Relations System，OPRS）和组织 - 环境关系系统（Organization - Envionment Relations System，OERS）。其中，OPRS 主要包括组织与员工、股东、消费者、社区、媒体、竞争者等关系。而 OERS 主要指组织与政治、经济、文化和科技之间的关系。通过对现行的关系资源、隐形的组织文化和潜性的生存环境三大层面进行系统管理，组织建立一个和谐、持续的关系生态，以保证组织的良性运行和协调发展。

二、公关生态论对行业声誉的建构原则

如前所述，声誉具有系统性特征，相比个体声誉，可以说行业声誉是一个大系统、大生态。建立在生态论和系统论基础上的"公关生态论"，秉持其整体性、关联性特征，强调整体分析、层次分析、环境分析和动态分析，与行业声誉关系网络体系的构建具有较好的适配性和契合度。作为公共关系研究的系统研究理论，本研究通过公关生态论来构建保险资管行业的声誉关系网络体系。

（一）进行整体性分析

马克思在研究社会现象时深刻揭示了系统的整体性，指出："整体并不是由它的各个部分组成。他是一个独立的有机体"。[①] 而行业声誉之所以能构成

---

① 马克思，恩格斯. 马克思恩格斯全集 [M]. 北京：人民出版社，1979：480.

系统，首先基于其具有整体性。如前所述，行业声誉整体的功能并不等于它的组成部分功能的简单相加，这就是所谓的系统的"非加和性"，即整体不等于部分的简单相加，而是部分有机结合而形成的统一体。即整体不等于部分的简单相加，而是部分有机结合而形成的统一体。

弗里特约夫·卡普拉就曾提出，生态学最重要的基础便是肯认"相互联系和相互依赖"，他认为"从系统观点来看，生存的单位根本不是实体，而是机体与环境的关系，这些关系都不是线性的，而是一个有次序的整体的一部分"。公关生态论秉持生态学系统思维，重在研究社会组织的各相关关系的建构，以运行于其中的信息流为主线，传承一条增值链，形成组织生态关系的集合，以系统、整体的视野，才能更深刻地理解行业声誉整体与局部、主体与利益相关者之间的关系，两者在思想基础及逻辑路径上有着本质的一致性。

（二）进行层次分析

生态学的世界观认为，世界是由相关联系的复杂网络组成的有机整体，呈现出规律的联系特征、一种宏观整体上有秩序的稳态。行业声誉具有鲜明的结构性特征，是一个由多层次构成的复杂系统。系统的层次性原则明确系统各个层次上的特有属性和特殊规律，说明各个层次上质的差异性，进而揭示出系统不同层次上的共有规律和各个层次上的特有规律。

公关生态论研究的并非独立的组织，也不是有孤立的公众，而是由组织、公众和环境共同构成的组织—公众—环境系统。因此，它将生态学的研究方向和关系管理的公共关系研究方向相互综合，运用关系资源网、关系传播流和关系生态位共同构成公关关系生态论的基本范畴。因此，借助公关生态论把行业声誉划分为若干不同的层次，然后进行逐层次的分析和论证，通过系统科学地考察不同层次的特点以及各层次之间的联系，进而揭示出行业声誉运行的本质和规律。

（三）进行环境性分析

作为社会大系统的组成部分，研究行业声誉不但要着眼于行业历史过程的整体以及整体与结构之间的分析，更注重行业声誉系统与环境之间关系的分析。考察主体与环境之间的关系是公关生态论的重要内容，是分析主体在环境中所维持的重要平衡作用。

公关生态论认为组织（主体）必须与外部的现实环境相匹配，文化和环境是一个连续的、功能性的、不可分割的单元，它们可以被分析，但是不能被分割。环境因素与社会和文化因素相互作用，彼此不能分割而独立运行。通过将行业声誉置入历史、文化及历史等环境，来重新思考行业声誉的整体现象和其中各个关系要素之间的双向甚至多向的依存关系与因果状态，从而进一步提升声誉关系网络系统的解释力和方向性。

（四）进行动态性分析

动态分析是对事物变动的实际过程所进行的客观分析，其中包括分析有关变量在一定时间过程中的变动，以及这些变量在变动发展过程中的相互影响和彼此制约的关系。动态分析法的一个重要的特点为考虑时间因素对事物。发展的影响，并将社会现象的变化当作一个连续的过程来看待。"资本复归到它的出发点的现象，一般说，乃是资本在其总循环内的特征运动。这不是生息资本所持有的。"

公关生态论视域下的声誉关系网络的建构，是一个不断变化和流动的过程，在组织—公众—环境所构成的关系资源网罗中，由社会层面关系、文化层面关系和人际层面关系这三种关系构成的一个传播的连续统一体。行业声誉就是在这样一个持续的互动中得以形成及作用，从社会关系走向文化关系的滑动，进而达到人际关系的传播与流通的过程。只有以动态的观念，才能真正准确全面理解行业声誉的规律和趋势。

三、公关生态论对行业声誉的建构方法

（一）关系资源网与声誉关系网络

在关系资源网这种由组织—公众—环境系统所构成的具有资源配置功能的关系网络之中，关系资源网为组织声誉提供了一个管理载体，其中：

关系作为一种具有生产力性质的资源要素，由关系资源构成的网络是一种高度信任的、把不同所有者联结起来的合作机制，是形成组织声誉的核心要素。正如 Bromley & Lin（1993）的观点，在社会网络内，人们以及人与人之间的关系处于声誉形成的核心位置，并在声誉信息传播过程中起重要作用。

关系网络阐释了组织声誉的网络分布和关系特征，其将"结构"和"关系"交糅于一起，用具象的结构形式抽象的社会关系形态。Bromley 和 Lin（1993）提出，社会网络内的成员间相互交流感想和观点，继而形成声誉。同时，声誉在这种结构化载体中形成与发展，通过"强弱关系""结构洞"体现网络中的关系定位与特征，揭示复杂社会关系中的权力、需求、格局、资源禀

赋、群落分布等。

网络主体即网络节点，包括组织、公众、环境等各类利益相关者。Fombrun 和 Rindova（1996）认为，企业声誉可用来衡量一个企业在与其所有的利益相关者的关系中所处的相对地位，以及企业的竞争环境与制度环境。受社会规范、群体动力及人际需求等多因素的影响，在组织内外结成关系网络，利益相关者理论则精确定位了网络内的参与主体及交往特征。

综合来看，关系资源网为组织声誉管理提供了一张"关系地图"，其中各个利益主体与组织的关系强弱各不相同，常常处于从强关系到弱关系的连续变化之中。组织声誉是在利益相关者间的关系层面形成与体现，因此可以被理解为一种社会构建的聚合产品，声誉不仅源于组织的行动，而且来自利益相关者群体之间的社会互动。因此，声誉的本质体现动态的社会关系，公关生态论通过构建组织—公众—环境的关系网络，声誉在社会交往中产生并作用，显示了主体间的关系格局、交往状态及紧密程度等。

（二）关系传播流与声誉关系网络

嵌入在关系资源网中的个体、组织与公众，在社会生态之中，同样进行着物质与能量的传递与交互。因此，公关生态论引入"流"的概念，用"关系传播流"的概念来概括组织—公众—环境的关系传播、沟通与互动，以共享信息、意义与情感，协调公众与组织间的理解、冲突、承诺与期望。

从方式来看，关系传播是以关系为核心，以关系的视角和框架来表述和理解人际交流本质与内涵。公共关系生态论将对话视为建立关系生态的途径与方式，关系间"流"的过程即多维"传播"与"对话"的过程，体现一个双向对等的关系传播特征。从目的来看，关系质量主要是由关系中的传播质量所决定的，关系传播的目的和意义即保持关系存续，建立一种持久的互惠互利的公共关系。从内容来看，关系传播不仅能实现组织与公众、环境的共主体关系，而且能使信息、文化和情感三个方面得到"共情"。

关系传播的过程体现组织—公众—环境的对话与沟通过程，在这个过程中，信息、文化和情感等通过传播被网络中的主体来进行认知与评价，从而形成对组织声誉的判断，因此，关系传播的过程是组织声誉建构的过程，关系传播的维度构成组织声誉建构的维度，关系传播的质量决定着声誉评价的结果。本研究认为，关系存续质量是对声誉认知与评价其决定性作用，也是对声誉管理的结果进行有效认知的途径与方法。

(三) 公关生态位与声誉关系网络

关系生态位在关系资源网的框架内，通过关系传播流的传递，是对组织—公众—环境关系的某种定性或定量的表述，反映了组织对关系管理的结果与价值。组织同样需要在组织—公众—环境所构成的社会生态中"定位"，来不断延伸关系生态链，拓展组织关系网。从功能性质角度，声誉反映了组织的社会生态位。

研究者认为网络纽带和网络结构带来的是潜在优势，这些优势只有通过实际的资源动员才可以实现。这里所说的资源是广义的，包含了有形的技术、人才、财富，也包括了无形的信息、权力和影响力、作为市场信号的企业地位和声望。声誉是一种存在于社会网络中的资源，它是社会资本的显化，当一个个体为一个社会网络中的成员贡献较大时，他能够获得更多社会网络中的群体成员的认可，这种认可成为社会网络中群体成员与之建立联系的前提条件。

公关生态论通过结成组织—公众—环境系统所构成的具有资源配置功能的关系网络，其中的主体通过对关系资源的配置、开发和利用，来建设组织声誉、打造行业地位、培养品牌忠诚、积累社会资本，从而帮助组织获取更高的生态位。

第四节 金融生态视角下保险资管行业声誉网络系统建构

本研究通过对保险资产管理行业关系资源网、关系传播流及关系生态位的构建，来说明保险资产管理行业的声誉关系网络系统的组织构成。系统具有高度关联性、整体性及复杂的结构与构成，因此，公关生态论视角下的声誉关系网络系统更强调各组成部分的整体性、关联性及协调性。

一、保险资管行业的关系资源网的建构

保险资产管理行业的关系资源网同样是由组织—公众—环境系统构成的具有资源配置功能的关系网络，利益相关者通过关系型的嵌入（Granovetter, 1985）构成了网络上的不同节点，各主体之间构成的声誉关系网络形成了一种隐形的信任机制，不同的主体之间通过动态的互动过程相互调适与磨合，在影响各自行动的同时，也会改变彼此的互动频率、感情强度、关系亲密和互惠交

换等，通过信任关系性的变化影响声誉网络的整体结构。

利益相关者作为关系资源网的构成主体，本研究通过问卷调查及访谈等研究方法，初步划定了保险资管机构的利益相关者的主要范围包括：保险资管机构的股东、管理人员、员工、保险资管同业、金融监管机构、其他政府部门、金融自律组织、金融同业（保险资管机构除外）、非金融企业、社会团体（金融自律组织除外）、社会公众、社区、媒体等十二类利益相关者。通过对保险资产管理机构利益相关者范畴的确定，通过构建保险资管机构的社会网络、确定保险资管机构的利益相关者，明确其关系资源网（具体问卷内容详见附表1"保险资产管理行业利益相关者调查问卷"）。

同时，公共关系生态论采取的理论视角是生态层次的组织理论。作为开放系统的组织，其系统要素不是机械系统、有机系统而是社会系统。系统要素之间的关系不是僵化的、紧密的，而是变化的、松散的。由于在社会中的势力范围、组织决策的主要标准、组织承担社会责任的程度、管理决策的道德尺度等方面的差异，组织所构成的社会关系也有所不同。因此，组织声誉来自于利益相关者的认知与评价，不同的利益相关者基于不同的情境与需求，对于声誉有着不同的考量与认知。Freeman（1984）认为，企业为各种利益相关者服务，每个利益相关者群体在评估企业声誉时会采用不同的指标。因此，在关系资源网中，我们同样需要针对不同的关系结构和关系主体进行差异化的定位分析和管理。

在界定出企业的利益相关者之后，需要对其进一步的细分，才能准确地刻画出利益相关者的范围、结构及组成。此后，"多维细分法"逐渐成为利益相关者分类中的最常用的分析工具。其中，确定型利益相关者包括股东、管理人员、员工、金融监管机构、其他政府部门、金融自律组织6类利益相关者。潜在型利益相关者包括保险资管同业（即其他保险资管机构的从业者），以及包括银行、证券公司、基金公司、信托公司、律师及会计事务所等与保险资金运用相关的金融同业。预期型利益相关者包括非金融企业、社会公众、社会团体、媒体。

保险资管机构股东等6种确定型利益相关者，按照米切尔和伍德（Mitehell & Wood，1997）提出的分类方法，他们对保险资管机构在权力性、正当性及紧急性等方面具有较为确定的影响，因此他们对于保险资管机构的声誉形成及作用具有更大的话语权，发挥着更为显著的作用；保险资管同业、银行、信托、基金等金融同业（除保险资管机构除外）等潜在型利益相关者在权力性、正当性及紧急性等方面较确定型利益相关者对保险资管机构的作用影响没有这么直接,其对保险资管机构声誉的形成及作用也相对弱化;非金融企业、社会团体、社会公众、大众媒体等预期型利益相关者,他们或不会跟保险资管机构发生直接的利益关系和业务往来,因此往往从道义上、舆论上对保险资管机构的声誉产生间接影响(具体内容详见附表2"保险资产管理行业利益相关者各项属性得分调查问卷")。

过往研究中,虽然社会学虽体现出声誉机制在社会网络内形成与作用的思想,管理学侧重声誉来自利益相关者的认知与评价,但两者并未进行进一步深入结合;同时,管理学对利益相关者的界定相对笼统,往往是依靠感性经验进行划分,并不能全面覆盖利益相关者的范畴,也并未对其进一步划分,从而对利益相关者在网络中的地位及作用进行区别。本研究所构建的关系资源网,遵从社会网分析强调了人际关系、关系内涵以及社会网结构对声誉现象的解释,认为关系资源网是由利益相关者在社会交往过程中所形成的关系网络,关系是进行彼此连接的核心要素,利益相关者是网络中的节点;同时,不同的利益相关者因不同的利益诉求及网络中的位置,在关系资源网中的作用及影响是不同的,深刻影响了关系资源网络的构成及结构。保险资管机构的利益相关者是具有极不相同的要求和目标的相互交接的群体混杂的集合,通过对利益相关者类别及层次的划分,进一步丰富和拓展关系资源网的内涵与结构。

对于公共关系的主体——保险资管机构而言,关系资源网的构成包括各类利益相关主题,他们广泛存在于组织的内部和外部。以投石入水为例,产生一层层的波纹,形成关系的网络,这些内部公众与外部公众共同构成一张关系资源网,有助于在某种特殊情境下确定关系类型,识别每一个关系互动的目标、角色、范围和分量,确定每一种关系类型的重要关系维度,从战略分析的角度制定公共关系战略和策略,确定每一种关系类型的互动方式,勾画出核心公众的关系网络,为保险资管机构的内外部分析提供系统的程序,使得组织和个体能够有效评估它们所遭遇的情境,用博特的话说,即构筑良好的战略网络是获取市场高回报的基础。在实践中,一个组织或行业的成败往往与经营者是否拥有广泛的社会交往和紧密的联系相关,通过建构关系资源网有利于打造产业价值链条,共建和谐生态圈,从而获取信息、获取稀缺资源,在激烈的竞争中避短扬长,拓展组织的发展空间(见图6-4-1)。

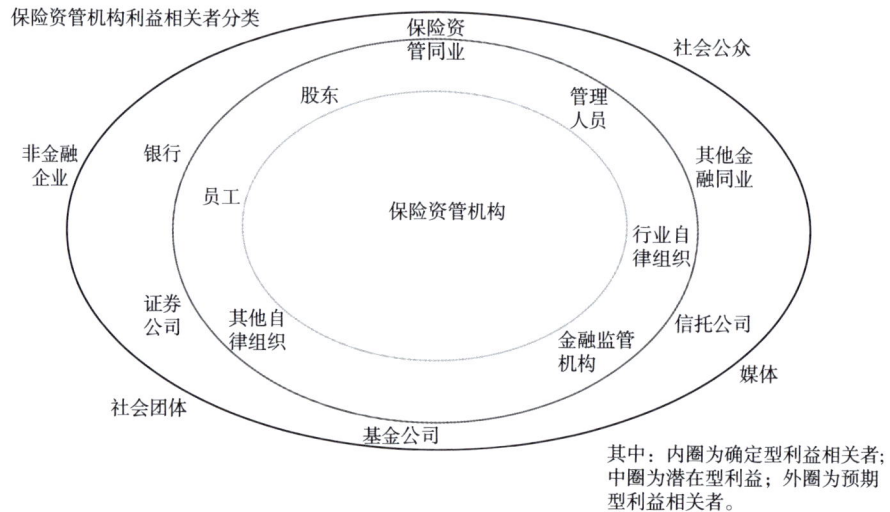

图 6-4-1 保险资管行业的关系资源网

二、保险资管行业的关系传播流的建构

声誉作为一种信任关系,需要在社会网络空间内进行交互与流动。公关生态论认为,关系传播不是单向一维的传输与流动,而是主体间交互与对话的过程,声誉信息传播在组织—公众—环境关系发展中是一个永续性、不间断的流动,信任关系在长期的交互中才得以建立、维持与发展。因此,关系传播流不仅蕴含着传播对关系的构建作用、关系传播的性质与特征,也体现出关系的长期性与客观存在性。

对保险资管机构来说,通过互动组织和公众进行关系维持在一个满意的状态,在这个过程中,传播是积极的、联系的和有计划的,建立一种持久的互惠互利的公共关系。同时,关系维持是把关系维持在修复状态,传播成为在关系的形成、发展、变化和修复几个发展阶段的工具,来调整组织的声誉关系强化和关系维持的意愿和活动。

如果说关系传播的基本方法是关系网络中主体的传播与对话,那么关系质量主要是由关系中的传播质量所决定的,所以为了维持关系质量人们必须维持传播质量,关系传播的目的和意义就是关系维持。从公共关系生态论的角度看,关系传播流就是一个从强关系到弱关系的传播变化连续体,从一个完全无意识、无计划的日常性维持到完全有意识、有计划地战略性维持的传播变化连续体。从内容纬度来看,关系传播流包括信息流、文化流和情感流,具体地说就是由社会层面的关系、文化层面的关系和人际层面的关系这三种关系所构成的一个传播的连续统一体。

关系传播及维持的过程,也是关系网络内主体声誉认知、评价及交互的过程。过往研究中,研究者们一致认为声誉不应只是一种"好"或"坏"的简单判断(Poiesz,1989;Van Riel,2004),声誉并非单向一维的概念(Berens & Van Riel,2004),对机构或组织声誉会有多层次、多维度、多角度的考量。过往无论专业声誉评价机构、大众传播媒体等对声誉的评价的维度通常寻找声誉的替代变量,如资产收益率等,且多聚焦在信息层面,忽略了文化及情感的影响;评价指标不够全面,多侧重于经营、财务等指标,且寻求普遍意义上的维度,没有顾及不同行业、区域或国家特有的情境与影响。

本研究根据利益相关者需求理论等,认为各利益相关者结成了同生并存的关系网络,相互作用、抗衡,彼此消化、转化,推动着网络结构和彼此关系程度的演化和发展,而传播正是这种相互作用、彼此转化的载体和工具。按照关系资源网各关系主体的诉求来确定关系传播的动力或需求,同时结合关系传播流的内容维度来明确影响组织声誉的形成与交互的内容维度。

本研究通过文献综述,梳理汇总了现有声誉测量模型的基础指标,并根据关系资源网利益相关者的分类,在基础指标的基础上对不同类型的利益相关者进行需求分析汇总,形成保险资产管理业利益相关者的适用指标;同时,根据人物访谈对基础指标和适用指标进行修改,形成修正指标。借鉴公关生态论将关系传播流的主要内容分为三个层面:信息层、文化层和情感层,将前期指标与公关生态论关系传播流的内容层面进行一一对应,形成一个声誉关系传播的多维扇面。确立的保险资管机构声誉的评价维度包括社会影响力、愿景和领导力、投资管理和服务、财务绩效、工作环境、公司治理、政策因素、风险防范及应对、社会责任等9个维度,对应了投资管理和服务效益、公众认知及了解程度、高知名度的公众人物等36个底层指标,并将其分别对应关系传播的内容及关系传播的层次两个分类范畴,为保险资管机构声誉的创建、维护、修复及管理提供了可资借鉴的角度及方向(见表6-4-1)。在增强保险资管行业关系传播维度的广泛性和全面性的同时,又突出了指标的针对性及适用性(具体详见附表3"保险资管行业声誉测评问卷")。

表6-4-1　　保险资管行业声誉关系传播流内容维度图表

评价维度	评价要素	关系传播层次
社会影响力	公众认知及了解程度	文化层
	大众媒介的曝光及倾向	文化层
	品牌的认知度及传播能力	信息层
	是否具有高知名度的公众人物	情感层
愿景和领导力	社会影响及行业地位	文化层
	发展愿景与战略规划	信息层
	组织领导和管理水平	信息层
投资管理和服务	投资管理和服务质量	信息层
	投资管理和服务效益	信息层
	投资管理服务履约能力	信息层
	满足客户需求能力	信息层
	产品和服务创新能力	信息层
财务绩效	历史业绩及盈利水平	信息层
	资产规模及行业排名	信息层
	财务增长前景及趋势	信息层
	资产流动性及与负债的匹配能力	信息层
工作环境	办公场所和工作环境	信息层
	员工的福利待遇	情感层
	员工的职业发展机会	情感层
	企业文化与氛围	文化层
公司治理	产权结构的质量	信息层
	治理结构的质量	信息层
	内部运作的质量	信息层
	内控审计的质量	信息层
	绩效评价的质量	信息层
政策因素	符合国家产业发展方向	文化层
	获得政府等部门的支持	文化层
	股东有政府及国企背景	文化层
	是否受到政府机构的警示及处罚	文化层

续表

评价维度	评价要素	关系传播层次
风险防范及应对	对经济社会等环境变化的适应能力	信息层
	抵御内外部风险的能力与水平	信息层
	突发事件的应急处置	信息层
社会责任	履行法律规范与社会伦理	文化层
	对社会发展的支持和贡献	文化层
	支持教育、环保等公共事业	文化层
	公开透明地经营与治理	信息层

三、保险资管行业关系生态位的建构

关系生态位借用自然生态系统生态位的概念，作为组织的关系要素及其性质的集合，是对组织—公众—环境关系的某种定性或定量的表述，反映了关系生态管理的结果与价值。从公共关系角度看，声誉等作为生态位的具体体现，反映了组织的社会生态位，而社会资本则是关系生态位的价值体现。通过对关系资源网、关系传播流、关系生态位的管理，体现组织所拥有的社会资本。隐藏在关系生态管理背后的这些个体资源可以为组织带来巨大的经济效益和社会效益。拥有良好社会声誉的组织，不仅可以获得情感支持，还可以获得更广泛的社会认可，从而增强组织内聚力和扩张力。

具体到保险资产管理机构声誉，通过对保险资管机构组织—公众—环境系统的关系生态管理，建立健康和谐可持续的声誉，促进组织的良性运行和协调发展。良好的声誉是原始信任的来源，既可以为组织带来品牌效应和品牌忠诚，又可以使组织在发生突发事件期间更容易获得社会公众的信任，从而有助于减少组织与危机有关的潜在关系损伤，使危机可能对组织-公众关系产生的不利影响最小化。同时，良好的声誉可以产生光环效应，体现关系资本价值，公众支持的增加、形象和声誉的改善和提高、政府干预的减少等。为组织带来回报，同时意味着组织责任感的增加、组织运行更加顺利、公众满意度日益增加。此外，良好的声誉可以产生缓冲效应，降低危机对声誉损害的程度。公众即使认为组织处于危机状态也会采取积极的行动，良好声誉使得他们放弃对组织的怀疑，减少组织应承担的危机责任。

目前来看，现有研究对于保险资管机构声誉结果及价值的考量和运用更侧重于"后端"的风险防范，多进行亡羊补牢式的"事后"进行补救，忽略了对于声誉管理进行体系化的战略规划、设计及过程中有计划、有步骤地建设与维护。仅从事后着手进行防控与修补，丧失了声誉管理的前瞻性与主动性。风险防范机制的发动，必定是在出现风险与危机的苗头，造成一定程度的损失已成必然，而只是限制了危机的恶化及蔓延，因此在声誉风险管理的效果上也有相当的不足及局限性。全面性的声誉管理，应将声誉管理的规划与布局前置，从体系化的角度来有计划有步骤地开展声誉的建设、维护、防控、修复等全链条化的管理，从而营造更为和谐及有利发展环境。

现有的声誉管理仅聚焦风险视角，以预警、防范及补救为主要手段，未充分发挥声誉本身作为社会资本的价值。声誉关系生态位不仅能够为组织提供一个成本降低的范式，而且能够提供一个收入增加的范式。也就是说，声誉不仅是一种风险或者一项投资，而是一种获取社会资本的方式。本研究通过对保险资产管理机构关系资源网的构建，明确其利益相关者的范围及圈层，对关系传播的质量及层次的定位，明确其传播的内涵及本质，通过问卷调查及因子分析等方法、工具及手段，明确保险资产管理机构声誉的构成，以期为保险资管机构声誉的创建、维护、修复及管理提供了可资借鉴的方向。

本研究构建的保险资产管理机构声誉模型为：

$$RI = 0.1875Y_1 + 0.1669Y_2 + 0.1100Y_3 + 0.0493Y_4 + 0.1300Y_5 + 0.1243Y_6 + 0.1232Y_7 + 0.1101Y_8$$

其中，Y_1为公司治理因子；Y_2为投资管理和服务因子；Y_3为政策因素因子；Y_4为风险防范及应对因子；Y_5为社会责任因子；Y_6为工作环境因子；Y_7为社会影响力因子；Y_8为财务绩效因子。

从模型来看，保险资管管理机构的声誉由上述8种因子构成，也就是说利益相关者对其重视程度更高，因此从保险资管机构声誉的创建角度来讲，应着重从这8个方面来创建及强化声誉。从风险管理的角度来讲，更应加强监测与防范这相关风险事件对保险资管机构声誉的不利影响。同时，本研究进一步细分了这8类因子对应的构成要素。如：公司治理因子的构成要素组成及权重为：

$$Y_1 = 0.197X_{21} + 0.192X_{22} + 0.189X_{23} + 0.207X_{24} + 0.210X_{25}$$

其中，X_{21}为产权结构的质量；X_{22}为治理结构的质量；X_{23}为内部运作的质量；X_{24}为内控审计的质量；X_{25}为绩效评价。

在加强保险资管机构声誉建设时，既要从产权结构质量、治理结构质量、内部运作质量等方面进行提升强化公司治理因子的建设，又要从以上方面防止声誉风险事件的发生。

本研究的宗旨并非头疼医头、脚疼医脚的"灭火式"的应对，而是基于量化、统计的管理，明确了声誉各构成要素之间的关系、结构，在实际的声誉管理工作中能够进一步分清主次、轻重与缓急，做到"红"与"专"、"全"与"偏"之间的平衡，也有利于在声誉风险的防控中，及时定位可能的风险点，明确风险传递及蔓延的链条，从而及时采取措施进行介入，将风险造成的影响控制在尽可能小的程度。同时，本研究追求从和谐生态建设的角度来构建保险资产管理机构长期、可持续性的声誉关系网络，构筑适宜其生存发展的和谐生态。

四、保险资管行业声誉管理系统构建

声誉关系网络体系遵循了关系论、系统整体论和有机论，声誉是一个由组织—公众—环境构成的"关系网络"，组织、公众以及环境都是网络中的特殊节点，共同构成一个系统整体，并不存在严格意义上的主体和客体之分，整个网络体系是一个由彼此的信任关系构成的体系网络：组织、公众以及环境作为网络中的"关系居间者"，遵循哈贝马斯所说的"主体间性"这种平等、自由的交互理念，追求组织—公众—环境的平衡统一，公关生态论视域下的声誉网络体系其最终目标是建立信任和谐的关系生态。因此，通过织网—造流—占位的关系网络建构，其目的是让保险资管行业不断扩大自我认同的范围，从行业"自我"，逐渐转化成为社会网络"自我"、社会"自我"，通过良好声誉的建构和信任关系的眼神，在组织—公众—环境构成的网络体系内最大化地实现共同的社会价值（见图6-4-2）。

因此，我们构筑的声誉关系网络体系实质是保险资管行业的各参与主体在社会交往过程中所形成的信任关系网络，在网络形成和交互的过程中通过关系传播和维持，各参与主体进行持续动态的认知、评价、交互，不断调整与适应社会网络中的位置与信任程度，声誉正是这种位置与信任程度的显示机制及表征，同时形成与积累的声誉又体现出信任关系的价值，即动员与运用网络资源的能力。通过前述章节的分析，网络体系实质是一种网络联系，而这种联系思维正是生态论思想的体现，可以纳入生态范式之下进行分析和整合。

关系资源网的建构其实质是利益相关者管理，通过社会交往活动都有很多的利益相关方。有效的关系管理首先必须明确利益相关方的范围，确定利益相关方的优先次序，目标对准对实现其目标最为关键的人群，即对利益相关者进

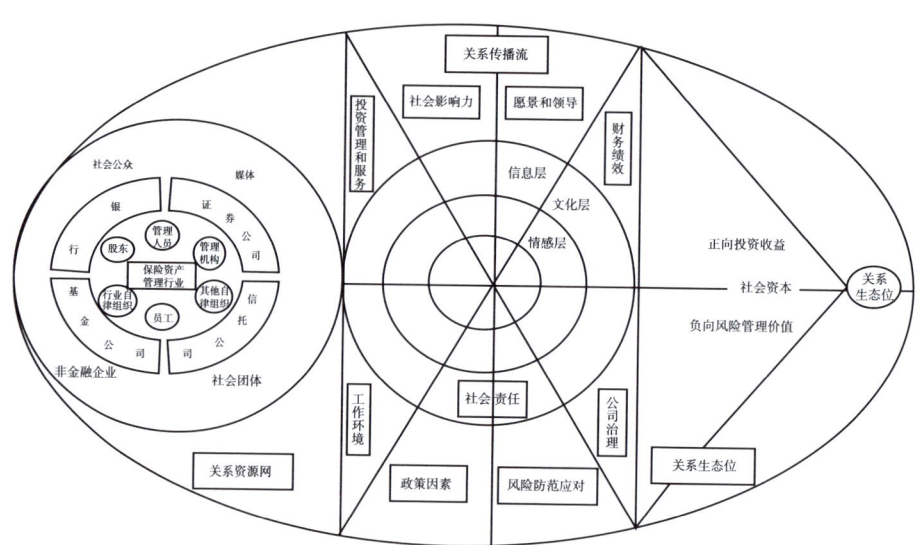

图 6-4-2 保险资管行业的声誉关系网络系统模型

行多维细分。想要对利益相关者有一个更深入的了解,需要研究该群组有关因素的一系列社会经济特征,诸如群体成员、群体动机、对组织的感知(无论合理与否)、对保险资产管理行业的实际认识、群组生活方式以及媒介消费模式。使用这些变量进行细分,可以得到目标群组标准定义之下的不同人群子集,引导管理者定制适合特定细分市场的传播活动。

关系传播流的建构其实质为议题管理。保险资产管理行业可以根据是否寻求改变某种特定的利益相关方的"知识""态度"或"行为"来确定其传播目标。成功的传播涉及创造信息,让目标利益相关方注意该消息的信息内容,使他们对内容作出积极反应("态度"),并令他们改变某一特定支持性行为。尽管多米诺模型为概括企业传播活动的目标提供了一个有用的参照,但是如何实现这些目标常常并不明确。实践中,改变发生的顺序往往前后颠倒,作为传播活动的目标,态度的改变发生在知识的改变之前在逻辑上也是说得通的(van Raajj,1984)。认知、情感及意动阶段之间的假设关系将极大地影响传播活动的构建方式。

关系生态位的建构其实质为战略管理。尽管声誉的重要职责在于更好地传播组织的特质和属性,让目标公众感受到公司的独特性和竞争力,然后这并不能概括声誉的全部职能。近年来,公关专家越来越多地参与到帮助组织管理战略问题中来。还包括问题管理,也就是负责"专门用于感知、分析和应对战略问题的一系列组织程序、常规、人事以及流程（Dutton and Ottensmeyer，1987）"。所谓战略问题，指的是由于"在两个或多个可识别群体之间，就关系到定位或资源分配的程序性或实质性问题存在冲突"，组织被迫必须应对的问题（Cobb and Elder，1972）。

第五节　金融生态视角下保险资管行业声誉关系网络价值分析

公关生态论把保险资产管理行业的声誉置入组织—公众—环境的关系结构之中。其中，关系资源网为该行业声誉形成与作用提供一个载体，体现出各个利益主体间的关系强弱与关系结构，"织网"明确了利益相关者的范围及层次；关系传播流是声誉形成与交互过程，保险资产管理业与利益相关者在网络中进行关系传播、沟通与互动，共享信息、意义与情感，协调理解、冲突、承诺与期望，"造流"明确了声誉交互的方式与内容；关系生态位反映了声誉建构的价值与结果，保险资产管理行业的声誉结果正是其社会生态位的体现，"占位"明确了其通过对关系资源协调、配置、开发和利用，所形成的行业声誉、打造出的行业地位、积累的社会资本。通过客观评估其声誉现状与结果，再以战略性视角来塑造声誉主体和谐生存和发展环境。

一、实践价值

公关生态论视角下的保险资产管理行业声誉关系网络构建主要体现为三点变化：从进程上，对组织声誉的建构及维护不仅追求"结果"，更注重"过程"，主张对声誉进行全程跟踪及维护，贯穿声誉的形成、发展、维持、修复等"生命整周期"；从范围上，对行业声誉的建构及维持不仅是对组织交往或传播、公众的认知与评价等单一管理，强调应着眼于现行的关系资源、隐形的组织文化和潜性的生存环境所构成的"组织—公众—环境"系统管理；从价值上，声誉不仅是纯粹的投入与付出，同时声誉又是一种社会资本，通过有效管理，来有效动员和使用社会关系网络中的资源，从而拓宽组织的生存和发展空间。

一是建构战略性声誉管理体系。本研究借鉴公共关系学者陈先红教授的公共关系生态论主要观点，以保险资管行业作为研究对象，在公关关系生态论的指导下，借鉴社会网、利益相关者理论等相关理论，梳理公关关系生态论视角下的声誉作用机制及管理模型，建构战略性声誉管理体系。目前，从世界范围看，金融业对于声誉的管理主要采用风险管理的视角，侧重于声誉风险的管控与防范，体现出一定的被动性与片面性。而声誉机构与管理是一个全面性、系统性工程。声誉不仅会带来负面的损失与潜在的风险，而是战略性的资本、正向的市场机制、良好的社会形象以及潜在的空间与机遇，进行战略性、整体性与综合性的管理，提升声誉建构与管理的前瞻性与主动性。

二是建构全面的声誉管理体系。从战略来讲，目前保险资产管理机构对于声誉的管理多体现于声誉风险防控、响应与事后的修复，体现出一定的被动性与局限性。通过构建保险资管机构声誉管理模型，声誉不仅是由资产规模及行业排名、历史业绩及盈利水平等财务绩效硬性指标来决定，而且包括对社会发展的支持和贡献、遵守法律规范的社会伦理等履行社会责任软性的因素；声誉管理不仅涵盖投资管理服务履诺、满足客户需求等投入性因素，而且包括符合国家产业发展方向、获得政府等部门支持等产出性的结果。因此，声誉管理不仅包括声誉风险的防范，而是包括声誉建构、维护、修复及防控等体系化、链条化的构成因素。

三是优化利益相关者间的关系生态。从影响主体来讲，声誉虽然没有客观的载体，但其来自利益相关者的认知与评价。既由客观事实为依据，又受到认知主体主观性的影响。因此，利益相关者对于保险资管机构声誉的管理发挥着重要作用。本研究以利益相关者、社会网络理论为理论基础，首先明确了利益相关者的定义和范围，在此基础上通过实证方法对建构出保险资管机构声誉的关系网络及声誉机制，并通过实证研究的方法，对相关主体在声誉评价中的权重及影响进行了区分，为后续声誉评价模型进行建构提供依据的同时，也为保险资管机构声誉管理提供了参照。基于利益相关者理论，不同主体具有不同利益诉求，因此在保险资管机构声誉管理的过程中，要在全面关照利益相关群体整体诉求的同时，又要提升主动性与针对性，对不同群体、不同节点、不同场景采取相应的措施，加强对于声誉"朋友圈"的管理与维护。

四是提升保险业声誉管理的质效。通过实证研究的方法，本研究认为，投资管理和服务因子、公司治理因子、风险防范及应对因子及财务绩效因子等对于保险资管机构的声誉具有较强的影响。同时，社会责任因子、社会影响力因子等也对其声誉有着非常重要的作用。在实际的声誉管理中有所侧重，注重对投资管理和服务、公司治理等方面的投入与建设，又要注重社会责任、社会影响力等因素对于其声誉的影响。而基于量化、统计的管理，明确了声誉各构成要素之间的关系、结构，在实际的声誉管理工作中能够进一步分清主次、轻重与缓急，做到"红"与"专"、"全"与"偏"之间的平衡。也有利于在声誉风险的防控中，及时定位可能的风险点，明确风险传递及蔓延的链条，从而及时采取措施进行介入，将风险造成的影响控制在尽可能小的程度。在声誉风险暴露之后，又能针对性地进行修复，从而形成体系化的修复链条。

五是推进声誉管理与核心业务的结合。声誉与形象、品牌等概念既有关联性，又有着显著的区分。而在实际工作中，大部分保险资管机构仅将声誉管理理解为形象的管理或是品牌的管理，甚至是根据媒体上负面新闻的数量与影响来衡量声誉管理的效果。因此，声誉管理便被矮化成对负面报道的"灭火"性的危机公关，相应的工作也由保险资管机构的综合性的行政、宣传及品牌等部门所承担，造成声誉管理与核心业务的脱节，以致声誉管理或流于形式或被边缘化得不到应有重视。通过对声誉评价模型的建构，其声誉既包括品牌的认知度及传播能力等影响因素，还有着更为广阔、丰富及多元的内涵。因此，对于保险资管机构声誉的管理既要加强媒体与舆论上的引导，又要深化对声誉管理的认知，将其嵌入到核心业务中，更全面地体现出声誉对于行业发展的促进与影响，发挥声誉管理应有的意义与作用。

二、风险管理价值

一是推行战略性的声誉风险管理策略。战略先行，从全局性、前瞻性角度建构明确的声誉风险管理战略。首先，声誉风险贯穿于保险资管业务始终，关系到各方利益主体的经济利益，各保险资管机构必须透彻了解所处的风险和经济资本状况，对声誉风险管理和经济资本收益进行科学定位。其次，无论是声誉风险还是经济收益，都关系到自上而下的各层组织结构层次，声誉管理需要包括董事会决策者、中层管理者、业务员在内的全员努力，所以要明晰上层高管、中层管理者、下层业务部门的风险收益关系，建立一个层次清晰的声誉风险管理战略网络。声誉风险管理战略必须明确目标、内容完备，声誉风险管理战略既要考虑到来自各方的风险都可能引发声誉风险，又要考虑到应对各种风险的管理环节与管理流程，任何一种风险的处理不当都可能对保险资产管理行业的声誉造成不可预计的损失。

二是实施全程化的声誉风险管理流程。声誉风险管理是一个持续的过程，贯穿于保险资管机构风险管理始终，科学的声誉风险管理流程保障了声誉风险达到有效监控。声誉风险事件的事后补偿与处置可能要比事前预警更困难，所以对于不可预期的声誉风险损失通过资本补偿机制实现的效果不会很突出。要加强声誉风险识别，通过一系列方法工具，分析判断声誉风险产生的原因，尤其是声誉风险与其他各种风险相互交织，某一因素引起的风险可能引发放大声誉风险的程度与范围；加强与实际业务的结合，实施全面的预警机制，将声誉管理渗透进业务的流程中去；强化声誉风险计量，运营计量的方法分析声誉风险事件发生的可能性以及发生后的损失程度，通过对声誉风险的量化，准确掌握自身声誉风险状况，确定声誉风险事件对保险资产管理行业的影响，通过关键指标和环节监测并适当调整战略。根据声誉风险类别、程度与特点以及业务性质、规模、复杂度和可承担的管理成本，采取有效的方法，通过风险规避、风险对冲、风险分散、风险转移等达到风险管理成本与收益的平衡。

三是实行综合化的声誉风险管理策略。由于声誉风险与其他各类风险之间存在关联性及因果联系性，任何层面的风险都可能引发声誉风险，所以声誉风险管理部门按照《巴萨尔新资本协议》下的风险管理指导原则，将可能引发声誉事件的各类风险分门别类，进行监控，根据不同的类别，施以不同的监控力度，合理分配人力物力资源，提高风险监管力度。全面风险管理要求保险资产管理机构具有专门的组织管理部门和专业的风险管理团队进行分类管理。对于声誉风险的监控与防范还要多部门信息沟通，协调一致，所涉及的信用风险、操作风险、流动性风险等都要及时与负责部门联系，将声誉风险事件带来的损失控制到最小化。在综合各类风险特点、保证各类风险管理行动的连续性与有效性的前提下，要为声誉风险管理打通道路，提供支持，提高管理效率，促进义务发展。

四是营造声誉管理文化生态。保险资产管理行业必须加强对于行业声誉的重视程度，从生态的角度提升声誉建设及维护意识，将声誉管理文化建设作为保险资产管理行业稳健经营与持续发展的重要环境，对行业的持续健康发展具有长效作用。树立业务经营中时时可能会影响声誉的建设，各种产品、各项业务的潜在风险都可能引发声誉事件，带来声誉风险，将声誉风险管理要与业务发展相统一；做好长期的声誉管理文化培植，通过广泛的声誉管理教育，培养所有员工的风险敏感程度，尤其是频繁接触各类声誉风险事件的业务人员和贯彻落实声誉风险管理政策措施的中高层风险职能部门，将风险动态融入保险资管机构经营管理的全过程。

附表1 保险资产管理行业利益相关者调查问卷

尊敬的××女士/先生：

非常诚挚地感谢您参与此次关于"保险资产管理行业利益相关者的调查"。问卷中"保险资产管理业利益相关者"是指那些能够影响保险资产管理业目标实现的群体或个人，又能被该行业的经营管理活动所能影响的群体或个人。

请在您认为符合保险资产管理业利益相关者这一范畴的备选对象后进行勾选，也可以在空白处添加您认为表格中未包含的有关对象。

备选对象	符合定义	不符合定义
股东		
管理人员		
员工		
监管机构		
其他政府部门		
行业协会		
保险资管同业		
金融同业（除保险资管机构外）		
非金融企业		
社会团体（除行业协会外）		
社会公众		
社区		
媒体		
其他		
…		

谢谢您的支持！

附表2　保险资产管理行业利益相关者各项属性得分调查问卷

尊敬的××女士/先生：

诚挚地感谢您参与此次关于"保险资产管理行业利益相关者各项属性得分"的调查。请您按照下面的说明对保险资产管理机构的各个利益相关者进行重要性评分。

一、说明

本调查问卷通过收集汇总保险资产管理机构利益相关者各个属性分值，从而对各利益相关者进行分类。根据米切尔（Mitchell）评分法，利益相关者需要至少具有权力性、正当性及紧急性三个属性中的一个。其中：

1. 权力性（power），指相关组织、群体或个人具有能够影响或决定保险资产管理机构的权力或能力，从而使保险资管机构采取一定的措施以满足其诉求。

2. 正当性（legitimacy），指相关组织、群体或个人对于保险资管机构的要求符合社会通行的法律、规范、价值及信条等。

3. 紧急性（urgency），指相关组织、群体或个人的诉求对保险资管机构来讲在时间效力上具有一定紧迫性。

二、评分

请根据您对保险资管行业与利益相关者之间关系的理解，对下面的表格中各个利益相关者的属性进行打分，并在相应的选项下进行勾选。

利益相关者	权力性					正当性					紧急性				
	很不符合	不符合	符合	较符合	非常符合	很不符合	不符合	符合	较符合	非常符合	很不符合	不符合	符合	较符合	非常符合
股东	1	2	3	4	5	1	2	3	4	5	1	2	3	4	5
管理人员	1	2	3	4	5	1	2	3	4	5	1	2	3	4	5
员工	1	2	3	4	5	1	2	3	4	5	1	2	3	4	5
金融监管机构	1	2	3	4	5	1	2	3	4	5	1	2	3	4	5

续表

利益相关者	权力性					正当性					紧急性				
	很不符合	不符合	符合	较符合	非常符合	很不符合	不符合	符合	较符合	非常符合	很不符合	不符合	符合	较符合	非常符合
其他政府部门	1	2	3	4	5	1	2	3	4	5	1	2	3	4	5
行业协会	1	2	3	4	5	1	2	3	4	5	1	2	3	4	5
保险资管同业	1	2	3	4	5	1	2	3	4	5	1	2	3	4	5
金融同业（除保险资管机构外）	1	2	3	4	5	1	2	3	4	5	1	2	3	4	5
非金融企业	1	2	3	4	5	1	2	3	4	5	1	2	3	4	5
社会团体（除行业协会外）	1	2	3	4	5	1	2	3	4	5	1	2	3	4	5
社会公众	1	2	3	4	5	1	2	3	4	5	1	2	3	4	5
媒体	1	2	3	4	5	1	2	3	4	5	1	2	3	4	5
其他	1	2	3	4	5	1	2	3	4	5	1	2	3	4	5

如果您认为还有其他重要的利益相关者未在表格中予以体现，请在下方划线处列出，并按照权力性、正当性及紧急性的属性特征标明其分值。

如：×××（3/5/3）。

谢谢您的支持和配合！

备注：本调查仅用于个人课题研究，与供职单位及工作无关。

附表3 保险资管行业声誉测评问卷

您好：

　　首先感谢您在百忙之中参与此次问卷调查。该问卷旨在了解各利益相关者如何评价保险资产管理机构的声誉。问卷答案无所谓对错，只要反映您的真实意向即可。问卷调查的数据仅供科研之用，与本人供职的单位及工作无关，您个人的回答将受到严格的保密。对于您的参与及贡献，在此表示衷心的感谢！

20××年×月

序号	因子	具体测评指标	不重要	较不重要	一般	较重要	很重要	备注
1	社会感召力	公众认知及了解程度	1	2	3	4	5	
2		大众媒介的曝光程度及倾向	1	2	3	4	5	
3		品牌的认知度及传播能力	1	2	3	4	5	
4		是否具有高知名度的公众人物	1	2	3	4	5	
5	产品和服务	产品和服务的质量	1	2	3	4	5	
6		产品和服务的性价比	1	2	3	4	5	
7		产品和服务是否达到承诺	1	2	3	4	5	
8		是否能够满足客户需求	1	2	3	4	5	
9		产品和服务创新能力	1	2	3	4	5	
10	愿景和领导力	社会影响及行业地位	1	2	3	4	5	
11		发展愿景与战略规划	1	2	3	4	5	
12		组织领导和管理水平	1	2	3	4	5	
13	财务绩效	历史业绩及盈利水平	1	2	3	4	5	
14		资产规模及行业排名	1	2	3	4	5	
15		财务增长前景及趋势	1	2	3	4	5	
16		资产流动性及与负债的匹配能力	1	2	3	4	5	

续表

序号	因子	具体测评指标	不重要	较不重要	一般	较重要	很重要	备注
17	工作环境	办公场所和工作环境	1	2	3	4	5	
18		员工的福利待遇	1	2	3	4	5	
19		员工的职业发展机会	1	2	3	4	5	
20		公司文化与氛围	1	2	3	4	5	
21	公司治理	产权结构清晰合规	1	2	3	4	5	
22		治理结构完备高效	1	2	3	4	5	
23		内部运作顺畅高效	1	2	3	4	5	
24		内控与审计	1	2	3	4	5	
25		绩效评价与问责	1	2	3	4	5	
26	政策因素	符合国家的产业发展方向	1	2	3	4	5	
27		获得政府等部门的支持	1	2	3	4	5	
28		股东有政府及国企背景	1	2	3	4	5	
29		受到政府机构的警示及处罚	1	2	3	4	5	
30	风险预警及处置	对经济社会等环境变化的适应能力	1	2	3	4	5	
31		抵御外部风险的能力与水平	1	2	3	4	5	
32		突发事件的应急及处置	1	2	3	4	5	
33	社会责任	履行法律规范与商业伦理	1	2	3	4	5	
34		对社会发展贡献度	1	2	3	4	5	
35		支持教育、环保等公共事业	1	2	3	4	5	
36		公开透明地经营与治理	1	2	3	4	5	

三、如果您对于本次调查有任何建议，请写在下面的方框中：

（问卷到此结束，再次感谢您的参与！）

参考文献

[1] Albert Caruana, Corporate Reputation: Concept and Measurement [J]. Journal of Product & Brand Management, 1997.

[2] Charles Fomburn, and, Van, Riel. The Reputational Landscape [J]. Corporate Reputation Review, 1998.

[3] Gostsi, M, Wilson. Corporate Reputation: Seeking a Definition Corporate Communications [J]. An International Journal, 2001.

[4] Fombrun, C. J. & Shanley, C. M. What's in a Name? Reputation Building and Corporate Strategy [J]. Academy of Management Journal, 1990.

[5] Fombrun, C. J. Repuation: Realizing Value from the Corporate Image [M]. Boston: Harvard Business Sehool Press, 1996.

[6] Gray, E, R, Balmer, J, M, T. Managing Corporate Image and Corporate Reputation [J]. Long Range Planning, 1998.

[7] Hamed M. Shamma. Toward a Comprehensive Understanding of Corpora – Te Reputation: Concept, Measurement and Implications [J]. International Journal of Business and

Management, 2012.

[8] Kreps, D. M. Corporate Culture and Economic Theory, In James E. Alt and Kenneth A. Shepsle, Eds., Perspectives on Positive Political Ceonom – y [M]. New York: Cambridge University Press, 1990.

[9] Rosa Chun. Corporate Reputation: Meaning and Measurement [J]. In – Ternational Journal of Management Reviews, 2005.

[10] Niklas Lumann 1979: Trust and Power. John Weley & Sons Chichester, New York.

[11] Polanyi K. The Great Transformation [M]. Boston: Beacon Press, 1957.

[12] Granovetter M S. Economic Action and Social Structure: The Problem of Embeddedness [J]. American Journal of Sociology, 1985, 91 (3).

[13] Bull C. The Existence of Self – Enforcing Implicit Contracts [J]. Quarterly Journal of Economics, 1987, 102 (1).

[14] S. J. Brammer, S. Pavelin: "Building a Good Reputation", in European Management Journal, 2004 (12).

[15] Coombs W T, Holladay S J. Helping Crisis Managers Protect Reputational Assets: Initial Tests of the Situational.

[16] Crisis Communication Theory [J]. Management Communication Quarterly, 2002, 16 (2): 165 – 186.

[17] Druckenmiller B. Crises Provide Insights on Image [J]. Business Marketing, 1993, 78 (8).

[18] Claeys A S, Cauberghe V, Vyncke P. Restoring Reputations in Times of Crisis: an Experimental Study of the Situational Crisis Communication Theory and the Moderating Effects of Locus of Control [J]. Public Relations Review, 2010, 36 (3).

[19] S. Moscovici (1988) La Machine a Faire Des Dieux, Fayard, Paris.

[20] Deutsch, M., 1958. Trust and Society, Journal of Conflict Resolution.

[21] Barbra A. Misztal. Trust in Modern Societies: The Search for the Bases of Social Order. Cambridge: Polity Press, 1996.

[22] Niklas Lumann. Trust and Power. John Weley & Sons Chichester, New York, 1979.

[23] Rousseau Dm, Sitkin Sb, Burt Rs, Etal. Not So Different after All: A Cross – Discipline View of Trust [J]. Academy of Management Review, 1998, 23 (3).

[24] E. H. Lorenz. Neither Friends Nor Strangers. in Trust: Making and Breaking Cooperative Relations, 1988.

[25] Polanyi K. The Great Transformation [M]. Boston: Beacon Press, 1957.

[26] Granovetter M S. Economic Action and Social Structure: the Problem of Embeddedness [J]. American Journal of Sociology, 1985, 91 (3).

[27] Granovetter M. The Strength of Weak Ties [J]. American Journal of Sociology, 1973,

78（6）.

[28] Bian, Y. Guanxi, in J. Beckert & M. Zafirovski (Eds.), International Encyclopedia of Economic Sociology, London: Routledge, 2006.

[29] Putnam R. Making Democracy Work: Civic Traditions in Modern Italy [M]. Princeton: Princeton University Press, 1993.

[30] Lin N. Social Capital: A Theory of Social Structure and Action [M]. Cambridge: Cambridge University Press, 2001.

[31] Harold D Skipper Jr. International Risk and Insurance an Environmental – Managernal Approach. Irwin/Mcgraw – Hill, 1998.

[32] Efama. Asset Management in Europe, Http://Www. Efama. Or/, 2015.

[33] The World's 500 Largest Asset Managers, Https://Www. Towerswatson. Com/, 2013.

[34] Janbebbington, Carloslarrinaga, Jose m Moneva. Corporate Socialreportingandreputationrisk Management [J]. Accounting, Auditing & Accountability Journal, 2008 (21).

[35] Pekkaaula. Socialmedia, Reputation Risk and Ambient Publicity Management [J]. Strategy & Leadership, 2010, (38).

[36] J. Tirole. A Theory of Collective Reputations (With Applications to the Persistence of Corruption and to Firm Quality), In Review of Economic Studies, 1996.

[37] J. A. Winfree, J. J. Mccluskey. Collective Reputation and Quality, In American Journal of Agricultural Eco-Nomics, 2005, 87 (1).

[38] Leiboldm A. The Niche Concept Revisited: Mechanistic Models and Community Context. Ecology, 1995, 76 (5).

[39] Ferguson M. A. Building Theory in Public Relations: Interorganizational Relationships. Paper Presented to the Association for Education in Journalism and Mass Communication, Gainesville, 1984.

[40] Pearson, R. Ethical Values Or Strategic Values? The Two Faces of Systems Theory in Public Relations. in L. A. Grunig & L. E. Grunig (Eds.) Public Relations Annual. Hillsdale, N J: Lawrence Erlbaum Associates, Inc, 1990.

[41] Dejan Vercic & James E. Grunig: The Origins of Public Relations Theory in Economics and Strategic Management. In Danny Moss, Dejan Vercic & Warnaby, G. (Eds.), Perspectives on Public Relations Research, 2000.

[42] [德] 马克思恩格斯选集（第1卷）[M]. 北京：人民出版社，1995（6）：56.

[43] [德] 马克思，恩格斯. 马克思恩格斯全集 [M]. 北京：人民出版社，1979.

[44] [英] 哈贝马斯. 交往行动理论 [M]. 重庆：重庆出版社，1994：121.

[45] [英] 休漠. 人性论 [M]. 北京：商务印书馆，1980：400.

[46] [英] 洛克. 人类理解论 [M]. 北京：商务印书馆，1981：326.

[47] [日] 青木昌彦，周黎安译. 比较制度分析 [M]. 上海：上海远东出版社，

2001: 6.

[48] [英] 吉登斯, 田禾译. 现代性的后果 [M]. 译林出版社, 2000: 30, 12.

[49] 巴伯, 年斌、李红、范瑞平译.《信任的逻辑与限度》[M]. 福建: 福建人民出版社, 1989.

[50] [美] 福山, 李宛容译.《信任: 社会道德与繁荣的创造》[M]. 内蒙古: 远方出版社, 1998.

[51] 罗家德. 社会网络分析讲义 [M]. 北京: 社会科学文献出版社, 2010年1月, 第2版.

[52] [美] 查尔斯·J. 福诺布龙. 西斯·B. M. 范里尔. 声誉与财富 [M]. 北京: 中国人民大学出版社, 2004: 64 - 79.

[53] 戴维斯·扬, 赖月珍译. 创建和维护企业的良好声誉 [M]. 上海: 上海人民出版社, 2009: 146 - 165.

[54] 缪荣、茅宁. 中国公司声誉测量指标构建的实证研究 [J]. 南开管理评论, 2007.

[55] [美] 雷蒙德. W. 戈德史密斯. 金融结构与金融发展 [M]. 上海三联书店. 上海人民出版社, 1994.10, 第1版.

[56] [美] 巴伯, 年斌、李红、范瑞平译. 信任的逻辑与限度 [M]. 福建人民出版社, 1989 - 02.

[57] 郑也夫. 信任论 [M]. 北京: 中国广播电视出版社, 2001: 16 - 17.

[58] 陈先红. 公共关系生态论 [M]. 北京: 科学出版社, 2006: 68 - 96.

[59] [美] 詹姆斯·格鲁尼格, 卫五名译. 卓越公共关系与传播管理 [M]. 北京: 北京大学出版社, 2008.

[60] [加] 戴维·克劳利/保罗·海尔, 董璐等译. 传播的历史 [M]. 北京: 北京大学出版社, 2011.

[61] [美] LintonC. Freeman, 张文宏等译. 社会网络分析发展史 [M]. 北京: 人民大学出版社. 2008.

[62] [美] 林南, 张磊译. 社会资本 [M]. 上海: 上海出版社, 2005.

[63] 罗家德. 社会网分析讲义 [M]. 北京: 社会科学文献出版社. 2010 - 01.

[64] 罗家德. 中国人的信任游戏 [M]. 北京: 社会科学文献出版社. 2007 - 02.

[65] 边燕杰/费尔德曼/林南. 关系社会学 [M]. 北京: 社会科学文献出版社. 2011 - 06.

[66] 边燕杰等. 社会网络与地位获得 [M]. 北京: 社会科学文献出版社. 2012 - 08.

[67] 边燕杰等. 社会学盖伦 [M]. 北京: 高等教育出版社. 2013 - 05 - 27.

[68] 胡百精. 公共关系学: 公关思想史及范式 [M]. 北京: 中国人民大学出版社. 2008 - 06.

[69] 胡百精. 中国公共关系史 [M]. 北京: 中国传媒大学出版社. 2014 - 5 - 01.

[70] 胡百精. 危机传播管理 [M]. 北京: 中国人民大学出版社. 2009 - 04.

[71] 陈先红. 关系范式下的公关研究 [M]. 武汉：华中科技大学出版社. 2010 – 09.

[72] 陈先红. 公共关系学原理 [M]. 武汉：武汉大学出版社. 2007 – 01.

[73] [美] 马丁·齐达夫. 社会网络与组织 [M]. 北京：中国人民大学出版社. 2007 – 01.

[74] [美] Maksim Tsvetovat / Alexander Kouznetso. 社会网络分析 [M]. 北京：机械工业出版社. 2013 – 06.

[75] 张文彤/邝春伟. SPSS 统计分析基础教程 [M]. 北京：高等教育出版社. 2011 – 11.

[76] 吴明隆. 问卷统计分析实务 [M]. 重庆：重庆大学出版社. 2010 – 5.

[77] 曹荣湘. 走出囚徒困境：社会资本与制度分析 [M]. 上海：上海三联出版社, 2003.

[78] 林聚任. 社会信任与社会资本重建 [M]. 山东：山东人民出版社. 2007.

[79] 林聚任. 社会网络分析 [M]. 北京：北京师范大学出版社. 2009.

[80] 雷毅. 深层生态学思想研究 [M]. 北京：清华大学出版社, 2001：27.

[81] 缪荣. 公司声誉 [M]. 北京：经济管理出版社. 2008：89 – 124.

[82] [美] 史密斯. 生态学理论与野外生物学 (M). 李建东, 译. 北京：科学出版社, 1988：3.

[83] 丁鸿富. 社会生态学 [M]. 杭州：浙江教育出版社, 1987：4.

[84] [法] R 达若. 生态学概论 [M]. 兰州：甘肃人民出版社, 1981.

[85] 祝廷成. 生态系统浅说 [M]. 北京：科学出版社, 1983：4, 5.

[86] [美] 斯蒂芬·李特约翰. 人类传播理念 [M]. 史安斌译. 北京：清华大学出版社, 2004.

[87] [苏] 马尔科夫. 社会生态学 [M]. 雒启珂, 刘志明, 张耀平译. 北京：中国环境科学出版社, 1989.

[88] 叶浩生. 西方心理学的历史与体系 [M]. 北京：人民教育出版社, 1998。

[89] 贾生华、陈宏辉、田传浩. 基于利益相关者理论的企业绩效评价——一个分析框架和应用研究 [J]. 科研管理, 2003 (4).

[90] 徐双庆. 经济学和管理学声誉研究对比——企业声誉研究述评 [J]. 天津大学学报 (社会科学版), 2010 (3).

[91] 陈先红. 关系生态说的提出及其对公关理论的创新 [J]. 国际关系学报, 2004 (3).

[92] 张连国. 广义循环经济学的科学范式 [M]. 北京：人民出版社, 2007.

[93] 陈宏辉. 企业的利益相关者理论与实证研究 [D]. 杭州：浙江大学管理学院, 2003.

[94] 刘靓. 企业声誉的构成及其驱动因素测量研究 [D]. 杭州：浙江大学管理学院, 2005.

[95] 李卫东. 商业银行声誉机制研究 [D]. 成都：西南财经大学金融学院, 2011.

[96] 罗智琼. 我国商业银行声誉测评指标体系构建的实证分析 [D]. 成都：西南财

经大学金融学院. 2009.

[97] 李卫东、翟立宏、罗智琼. 我国商业银行声誉指标体系构建研究 [J]. 金融研究, 2010.

[98] 方征. 中国企业声誉测评指标体系构建研究 [J]. 山西财经大学学报, 2008.

[99] 贾和亭. 法人治理结构：分权与制衡 [M]. 福州：福建人民出版社, 1995.

[100] 张杨. 中国企业声誉结构的实证研究 [D]. 合肥：中国科学技术大学管理科学与工程学院. 2009.

[101] 李向阳. 企业信誉、企业行为与市场机制——日本企业制度模式研究 [M]. 北京：经济科学出版社. 2000.

[102] 邓俊峰. 银行公共关系问题研究 [D]. 杨凌：西北农林科技大学. 2004.

[103] 钱学森, 许国志, 王寿云. 组织管理的技术——系统工程 [N]. 文汇报, 1978 - 09 - 27.

[104] 曹雪琴. 保险学概论 [M]. 中国立信出版社, 1997（10）：290.

[105] 马明哲. 挑战竞争——论中国民族保险业的改革与发展 [M]. 商务印书馆. 1999（12）.

[106] 王国军. "哈定悲剧"：保险声誉之症结 [J]. 金融时报, 2011.09.28, 09 版.

[107] 戴相龙. 领导干部金融知识读本 [M]. 中国金融出版社, 1997（11）：17.

[108] 余津津. 现代西方声誉理论述评 [J]. 当代财经, 2003（11）：18.

[109] 汪凤桂, 戴朝旭. 企业社会责任与企业声誉关系研究综述 [J]. 科技管理研究, 2012（21）.

[110] 吕卓. 保险行业声誉风险监管与企业社会责任关系研究 [J]. 求是学刊, 2016（05）.

[111] 崔亚, 谢志刚. 保险行业声誉风险的成因与管控研究 [J]. 保险研究, 2014（07）.

[112] 杨婕. 从修辞学看公共关系历史 [J]. 青年文学家, 2013（14）.

[113] 陈先红. 论新媒介即关系 [J]. 现代传播, 2006（03）.

[114] 张维迎. 法律制度的信誉基础 [J]. 经济研究, 2002（1）.

[115] 邬爱其. 集群企业网络化成长机制研究 [D]. 杭州：浙江大学管理学院, 2004.

[116] 王翠菲. 诚信建设对保险企业发展的综合影响力研究——基于中国人寿销售队伍调查数据的分析 [J]. 保险研究, 2014（6）.

[117] 祝伟, 黄薇. 保险业低声誉的经济学解释：基于时间不一致偏好的视角 [J]. 经济研究, 2013（8）.

[118] 赵军. 声誉机制：保险市场行为监管的优化路径 [J]. 渭南师范学院学报, 2013（7）.

[119] 周小平. 生态是什么 [J]. 生态学杂志, 1991（5）.

[120] 叶峻. 社会生态系统: 结构功能分析 [J]. 烟台大学学报, 1998, (4).

[121] 朱春全. 生态位理论及其在森林生态学研究中的应用 [J]. 生态学杂志, 1993, 12 (4).

[122] 王刚, 赵松岭, 张鹏云, 等. 关于生态位定义的探讨及生态位重叠 计测公式改进的研究 [J]. 生态学报, 1984, 4 (2).